雍正皇帝

九王奪嫡〈上〉

二月河◎著

内容簡介

滿清康熙皇帝晚年，吏治逐漸敗壞、國庫空虛。再加上衆皇子不服太子爲人，互相之間拉黨結派，使康熙憂心如焚。

四阿哥胤禛爲人嚴苛冷酷，在衆阿哥之中，並非最得人望。但他在策士鄔思道的密謀之下，避免介入黨爭，對康熙交辦的事項，不計嫌怨，全力去做。引起康熙很大的好感。

康熙在位愈久，愈在乎自己將來在歷史上的名聲。「全始全終」是他晚年最大的心願。偏偏康熙的兒子們不能體會他的苦心，爲了奪嫡激烈競爭，使得康熙兩度廢太子，並且索性不再立新太子，只將傳位遺詔放在乾清宮正大光明匾後，待其駕崩，再行宣旨。

面對這個變局，本來無意於參加奪嫡的胤禛，爲了自保，也不得不暗中部署……。

《雍正皇帝》是《康熙大帝》作者二月河又一部氣勢磅礴的鉅著。

康熙皇帝諸子：

胤禔——大阿哥
胤礽——二阿哥（皇太子）
胤祉——三阿哥
胤禛——四阿哥
胤祺——五阿哥
胤祚——六阿哥
胤祐——七阿哥
胤禩——八阿哥
胤禟——九阿哥
胤䄉——十阿哥
胤禌——十一阿哥
胤祹——十二阿哥
胤祥——十三阿哥
胤禵——十四阿哥
胤禑——十五阿哥
胤祿——十六阿哥
胤禮——十七阿哥
胤祄——十八阿哥

雍正皇帝 九王奪嫡〈上册〉目次

1

瘦西湖他鄉逢故知
天光樓布衣窘官宦

遊三吳不可缺揚州，治揚州不可無虹橋。虹橋這地方，面湖臨河，西鄰「長堤春柳」，東迎「荷浦薰風」，虹橋閣、曙光樓、來薰堂、海雲龕……諸多勝地橫亙其間，粉牆碧瓦掩映竹樹，天風雲影山色湖光，只須一葉扁舟便覽之無餘，原是維楊北郊第一佳麗之地。這自然風光粉黛不施乃天生其美，就勾得離鄉遊子、騷人遷客到此一掃胸中積垢塊壘，留連忘返。若論起風土，那就又是一回事。橋北有個廟，名字起得也怪，叫「虹橋靈土地廟」，每年正二月祀神廟會，俗名兒叫「增福財神會」。逢到會期，早早的就有城裡商家趕來，錯三落五搭起席棚，圍著這座土神祠連綿起市，一二里地間耍百戲打莽式的、測字打卦的、鑼鼓、「馬上撞」、小曲、攤簧、對白、道情、評話、打十番鼓的……喧囂連天，湖下遊船如梭，岸上香客似蟻，夾著高一聲低一聲唱歌似的賣小吃的吆喝：

「吳逢聖的炒豆腐——誰要啊？康熙老佛爺金口親嚐，頒賜近臣！」

「走炸雞——田家走炸雞！香酥焦嫩！」

「施胖子梨絲炒肉，不吃算你沒來揚州！」

「汪九公家拌鱘鰉——天下一絕囉……」

「豬頭肉、豬頭肉！江一郎十樣豬頭肉！」

……如此種種，更把廟會場子攪得開鍋稀粥般熱鬧。

這是康熙四十六年的春天，二月二剛過，揚州地氣溫暖，虹橋兩岸已是春花嫣紫姹紅，芳草新綠如茵。一個架著雙拐的殘疾人出了橋南的「培鑫客棧」慢慢踱著，篤篤地隨著熙熙攘攘的人流上了虹橋。

他叫鄔思道，無錫有名的才子，府試鄉試連戰連捷，中秀才舉人都是頭名。康熙三十六年他應試南京春闈，三場下來，時文、策論、詩賦均做得花團錦簇一般。出場自忖即便不在五魁之列，穩穩當當也在前十名裡頭。不料皇榜一張，「鄔思道」三個字居然忝列副榜之末！鄔思道大怒之下仔細打聽，才知道主考左玉興、副主考趙泰明都是撈錢的手，除了朝中當道大老關照請託的，一概論孝敬取士，名次高下按質論價童叟無欺！鄔思道憑著本事拉硬弓不肯撞木鐘鑽營，自然名落孫山。鄔思道原本性高氣傲，氣極了，糾集四百餘名落榜舉人，抬著財神擁入南京貢院，遍城撒了揭帖，指控左、趙二人貪賄收受，壞國家掄才大典，罵得狗血淋頭，把個南京科場攪得四腳朝天。他大鬧一場揚長而去，苦得江南巡撫因拿不到他這個「正犯」被連降兩級，左、趙二人革職罷官「永不敍用」——官司直打到紫禁城當今天子康熙御前，明珠索額圖兩大權相都差點吃掛落。

因此，朝廷嚴令各省緝拿他這個鬧事的「正犯」。如今明珠早已抄家籍沒，索額圖謀劃逼康熙遜位太子，事發被囚，往事風流雲散時過境遷，蟄居武夷山清虛道觀的鄔思道因知太后駕崩，大赦天下，這才敢露面，回到久違了的三吳家鄉——但他的兩條腿，卻在逃亡路上被幾個翦徑的水匪打折了。

鄔思道上了橋頭，住了步悵然回顧，清癯的臉泛上一絲苦笑。從幽僻山谷乍回這煙花世界煩惱人間，真有恍若隔世之感。鄔思道口中喃喃說道：「白楊綠草，風雨憂愁，十年一別，這樹都合抱了……」

「喲！這不是靜仁先生麼？」背後突然有人說道，「這些年您在哪兒？又怎麼獨個兒在這裡呢？」鄔思道回頭看時，這人三十多歲，白淨面皮，團團一個胖臉，留著墨黑兩綹八字髭鬚，頭上一頂六合一統帽，結著紅絨頂兒，靛青夾袍外套著件套扣背心，腰間繫著滾邊繡花玄帶，精精幹幹一身打扮。半晌，鄔思道才想起來是同鄉戴家灣的孝廉戴鐸，因笑道：「項鈴，原來是你！十年前你和高家爭牛灣那塊風水地，打輸了官司，敗落得叫化子似的——如今出落得這樣闊，都不敢認了！」戴鐸嘻嘻一笑，說道：「士別三日便當刮目相看，何況十年！說起這裡頭的周折，真是一言難盡——不怕靜仁兄你笑，如今我在北京給人家當聽差呢！來，我給鄔兄引見一下！」

鄔思道跟著戴鐸下橋，心裡不住犯狐疑：這戴鐸雖然敗了家，好歹也是書香門第，有過功名的人，何至於就淪落成人家的奴才？一邊想，一邊跟過來，果見橋下石欄旁站著一個二十五六歲的青年公子，打扮也並不出奇，只穿件灰府綢銀鼠夾袍，月白夾褲，腳蹬一雙黑沖呢千層底布鞋，雖不侈華，卻是乾淨俐落纖塵不染。那青年倚欄而立，一條烏亮的髮辮直垂腰間，似笑不笑地看著他們過來，剛要說話，戴鐸已一個千兒打了下去，稟道：「四爺，這就是您常念叨的鄔思道鄔先生：可巧兒今兒就叫奴才碰上了！——哦，這是我們殷四爺，北京城沒人不知道，十八家皇商位列第四！」

「殷眞。」那青年微微一笑，八字眉下一雙黑瞋瞋的瞳仁閃爍著，說道，「你叫我月明居士好了——敢問鄔先生台甫？」一面說，目光幽幽地上下打量鄔思道。鄔思道不禁一怔：哪有這麼托大的人，一見面就把大號抬出來，叫人家稱自己「月明居士」！口中卻笑道：「我沒有號，你高興，叫我靜仁好了。」

殷眞略一躬身，將手一讓說道：「實在是久仰你的大名了——連家父也十分賞識你的才學！屈尊一同走走如何？」鄔思道聽說他是皇商，原本心裡膩味的，但這位殷四爺眼中有一種沉穩靜嫻的氣質，不帶半點商家庸俗，竟不自禁點了點頭。殷眞一邊走，一邊從容說道：「先生，我不是虛逢迎你。當年你的揭帖傳到北京，眞是傾動京華！記得裡頭對左玉興、趙泰明二人有誅心警句——朝廷待其不爲薄矣……二君設心何其謬也？獨不念天聽若雷、神目如電？嗚呼！吾輩進退不苟，死生唯命，務請尙方之劍斬彼元凶，頭懸國門，以儆天下墨吏！士立紫桓噤口不言。一旦有義士者挺身而起，或刺之闕下，或殺之輦中，四方聞之，獨不笑士大夫之無人耶？——這寫得何等酣暢淋漓，眞個罵死天下尸居餐位之徒！難怪聖上震怒之下又擊節讚賞呢！」戴鐸也在旁湊趣兒道：「難爲主子記得這麼清爽，奴才只記得那副對聯——左丘明有眼無珠，不辨黑黃卻認家兄；趙子龍一身是膽，但見孔方即是乃父！」「是嘛！」殷眞似乎變得隨和了一些，格格一笑道：「萬歲爺當時拿起來一看就說：『此人這筆字風骨不俗！』」

「唔？」鄔思道渾身一顫，盯了一眼殷眞和戴鐸，心中陡起疑雲。這揭帖對聯當日傳遍天下，二人能背並不稀奇。只這二人，一個是「皇商」，一個是聽差，連皇帝當時的態度都瞭如指掌，未免就太出奇。聯想到戴鐸昔日也是一方名流，竟肯在這位「四爺」跟前屈身爲奴，毫無羞慚之意，他已隱隱猜到這位極修邊幅的殷眞，絕非等閒之人！但對方既不肯說破，鄔思道也難問端底，便淡淡一笑，說道：「難爲仁兄如此厚愛，竟記得這麼清楚！我眞有他鄉遇故知之感！不過，這十年蟄居山中，讀了點書，從前那點子專用來做取功名的敲門磚文章，想起來都覺得臉紅，八股文章誤盡天下英雄啊……」說罷無聲嘆息了一下。戴鐸因見鄔思道感慨，岔開話題道：「四爺，今早您不是說要到人市上買兩個孩子使喚？這個店不錯，你們兩位進去吃酒攀談，我去辦事回來再侍候，如何？」殷眞笑道：「那是什麼打緊的事！明兒再辦就遲了？走，咱們進去坐坐！」

鄔思道抬頭看時，果見前頭一座酒肆，歇山亭頂，一邊壓水，一邊靠著驛站，看樣子新造不久，雕甍捅天飛檐突兀煞是壯觀，泥金黑匾上端正寫著「天光湖影」四字。戴鐸不禁道：「好字！」

「字是不壞，」鄔思道仔細看了看，笑著對殷眞道，「但筆意太過嫵媚，鋒中無骨，算不得上乘之作。」殷眞也點頭道：「先生說的是，這字神韻不足。」一邊說，二人隨著戴鐸進來。

殷眞見樓下熱鬧嘈雜得不堪，不禁皺了皺眉頭，說道：「這太亂了，我們上樓去！」跑堂的一怔，賠笑道：「三位爺，請包涵著點。新來的太尊車銘車老爺今兒在樓上宴客，樓上不方便。爺們要嫌底下鬧，那邊還空著一間雅座，面湖臨窗，一樣兒能賞景致的……」話未說完，戴鐸便笑道：「你別放屁！這樓我來不只一回了，上頭三四間雅座呢！各吃各的酒，誰能礙著誰？」說著，從懷裡取出一塊銀餅丟了去。伙計接過看時，是一塊「眞圓繫」，足有五兩重，底白細深，邊上起霜兒，正正經經九八色紋銀，頓時滿臉綻上笑來，打躬兒道：「爺台，店裡夾剪壞了，恐怕找不出來。」

「多的都賞你！」戴鐸道，「你在樓上給我們安排一下！」伙計笑得兩眼瞇成一條縫，身子一蝦道：「謝爺的賞！樓上實話是還有一間雅座沒佔。原說怡性堂韋老爺訂下的。爺既一定要去，小的斗膽就作主了。只不要大聲喧嘩，新來的太尊爺性子不好，別擾了他老人家的雅興，就是各位爺痛憐小人了。」

三人跟著堂倌上樓來，果見屏風相隔，西邊還空著間雅座。點了菜，又要了沒骨魚、骨董湯、鯊魚糊塗、螃蟹麵四樣佐餐。殷眞見戴鐸侍立在旁不敢入座，一邊向鄔思道舉觴勸酒，笑道：「錢能通神，一點不假。我今兒能和靜仁先生同席舉酒，實在緣分不淺，你們又是故交，戴鐸也不必立規矩，沒有形跡酒才吃得痛快哟！」說罷二人舉杯同飲，戴鐸方拿捏著坐了下首。

此刻正是巳牌時分，樓外艷陽高照湖波蕩漾柳拂春風，畫舫、沙飛、烏蓬、水上漂各色遊船銜尾相接，橋上橋下信女善男扶老攜幼攢擁往來，三人高坐酒樓賞景談天，不一時便酒酣耳熱。先是聽隔壁一群人湊趣兒奉迎那個車太守「下車揚州，訟平賦均政通人和」，又議及揚州的漆器、剪紙、玉雕、泥塑，誰家做得巧，值多少銀子，正覺俗不可耐，一陣琵琶穿壁而來，接著一個女子嬌音細細曼聲唱道：

揚州好……第一是虹橋。楊柳綠齊三尺雨，櫻桃紅破一聲簫，處處住欄橈……醉扶湖中畫舟，燈影看殘街市月，晚風吹上荀兒梢……

「丟眼邀朋遊妓館，拚頭結伴上湖船。」殷眞不無感慨地嘆道，「如今世道眞正可嘆，太后薨逝才半年多，這邊早已沒事人一般了！」

鄔思道幾杯酒下肚，蒼白的臉泛上血色來，見殷眞悵然若有所思，遂笑道：「這就是『親戚或餘悲，他人亦已歌』！無論天家骨肉市井小民概莫能外！先生何必傷感？譬如你我，還有隔壁的車銘，坐紅樓、對翠袖、賞美景、聽侑歌，可知那邊半里之遙就是人市！山陽寶應一帶難民在人市啼飢號寒以淚洗面，賣身求一溫飽而不可得——心不一，情自然也就不一！」說罷，舉箸擊盂吭聲唱道：

玉堂意消豪氣空，可憐愁對虹橋東。
當年徒留書生恨，此日不再車笠逢。
推枕劍眉悵曉月，扶欄吳鈎冷寒冰。
惟有耿耿對永夜，猶知難揾淚點紅！

吟罷鼓掌大笑，卻不自禁滾出兩行淚來。

殷眞已是癡了。鄔思道疑得不錯，他不是常人，更不是什麼「皇商」，原是當今天子膝下皇四阿哥愛新覺羅·胤禛，已經封了貝勒，地地道道一個龍子鳳孫，因生性冷峭嚴峻，京師人稱「冷面王」的就是。這次卻是領差安徽督辦河工，因高家堰、寶應一帶決河，特來揚州調運糧食賑濟災民。他早聞鄔思道才名，這次邂逅相逢，見他已是殘廢，原是心裡失望，此刻見鄔思道酒後形骸放浪，飄逸瀟灑英風四流的神態，不禁大起憐愛敬慕之心，又想到他不合仗義執言開罪朝廷，爲天下不容，且終生無望再入仕途，轉覺神傷。胤禛正想著尋話安慰，屏風一動，一個長隨打扮的人進來，卻不言語，橫著眉下死眼盯了三個人一陣子方問道：「方才是哪位先生唱歌兒，又提到我家車老爺的諱？請借一步說話，我們老爺有請！」胤禛仰靠在椅上，一隻手扶著酒杯，只微睨了一眼戴鐸，戴鐸忙站起身來，正要說話，鄔思道已架了拐杖起來：

「是不才！車銘與我同榜孝廉，又曾爲同社文友，怎麼——我不能叫他的諱？」

年，又見胤禛蹺足而坐，戴鐸從容侍立，更不知什麼來頭，倒有點不知所措了。他帶了酒，神情顯得冷峻傲岸，長隨被他的神氣懾得有點氣餒，聽說是自己家主同

正在發怔，便聽隔壁有人大聲吩咐：「來呀！把這當中屏風撤掉，我見識見識是哪位年兄？」接著便聽一群人「扎」地答應一聲，幾個人輕輕抬起屏風挪轉到一邊，頃刻之間雅座打通，合成了一大間。胤禛微微冷笑啜著香茶時，對面雅座是三間打通的，卻也只有一席酒菜，擺著冷盤孔雀開屏、百合海棠羹、一盂冰花銀耳露，幾十樣細巧點心梅花攢珠般布列四周，中間大盌盆中的主菜，卻是牛乳蒸全羊——胎中挖出的羯羊羔兒：這是揚州四大名菜之一——張四回子蒸全羊了。七八個請來陪坐的名士坐在旁邊，正中一個官員身著八蟒五爪白鷴補服，也沒戴大帽子，油光水滑的辮子從椅後直垂下去，圓圓的臉胖得下巴上的肉吊著，看樣子酒也吃得沉了，油光滿面地乜斜著眼盯著這邊。

鄔思道架著拐杖迎上一步，抱拳一拱道：「車銘先生，久違了！」

「啊喃，這不是鄔思道嘛！」車銘眼中放出光來，一下子坐直了，「我當是誰呢！原來是大鬧天宮的孫行者！是八卦爐倒了呢，還是佛祖不留心弄掉了五行山的鎮山神咒，你居然又出來了——我給諸位介紹一下：你們看這位，架著雙拐，行動如倩女遢鞦韆，站立似謝家碧玉樹，一臉書卷氣。當年可了得，我兄弟不敢望其項背！眞的是一言既發詞驚四座！當年——」

「當年同窗結社作八股。」鄔思道靜靜地聽他揶揄，抓住話口破顏一笑緊盯一句，

「出題『昧昧』，好像就是車仁兄，把『日』字邊寫成了『女』，開篇驚人：說『妹妹我思之』，我只好接了句『哥哥你錯了！』——不知如今可有長進？」

一句話說得衆人哄堂大笑。幾個名士控背躬腰跌腳打頓，笑得換不過氣來，胤禛「噗」地一口酒全噴到戴鐸身上，幾個歌伎拿手帕子捂著嘴咯兒咯兒笑得東倒西歪。

「是你記錯了吧？」車銘漲紅了臉，強笑道，「我兩榜進士，殿試選在二甲四十名，闈墨遍行江南，怎麼會出這種錯兒？——今日一見，也算故人相逢，有道是貧賤之交不可忘，我和你對酌三百杯！那兩位——呃——請過來，來呀！」

戴鐸見胤禛搖頭，矜持地說道：「我們和靜仁先生也是邂逅，請自便。看樣子你們要論文，我們觀戰。」鄔思道踅回胤禛桌邊，端起一杯酒，笑道：「要是做官就能長學問，天下可以無書。你今日無非以富貴驕人，豈不知我這貧賤也能驕人！比如這酒，我飲來是酒，你飲來就是禍水，這點子分別，不知你懂不懂？」

「唔？」

鄔思道臉微微揚起，沉吟著說道，「我這酒，取粟於顏淵負郭之田，去秕於梁鴻賃舂之臼，量以才斗，盛以智囊，浸於廉泉之水，良藥爲曲，直木爲槽，以堯之杯、孔之觚酌之。所以飲此酒，淸者可以爲聖，濁者可以爲賢！你的酒不同，乃是盜跖之粟釀成，取貪泉之水，王孫公子燒灶，紅巾翠袖洗器。誤飲一杯，則廉者貪，謹者狂，聰者失聽，明者昏視——這還不是禍水？」

「你依舊如此陰損！」車銘本想小辱鄔思道幾句就罷手的，不料反被鄔思道所侮，頓時氣得臉色發白，咬牙笑道：「我以俸祿沽酒，怎見得是貪？」「你取笑我，我自然也可敬你幾句，」鄔思道淡然說道：「以你今日身分，我豈敢冤枉你？君爲揚州太守，境內飢民遍地，嗷嗷待食，你卻在此尋歡作樂！先賢有云：四境有一民不安，守牧之責也，難道我錯說了你？我雖然閉門讀書不問世事，也知道當今蠅營狗苟的事愈來愈多。嘴硬不如身硬，身硬不如心硬——記得當年同遊中岳廟，你指著門前金剛叫我作詩，當時我口占一首說『金剛本是一團泥，張牙舞爪把人欺。人說你是硬漢子，敢同我去洗澡去？』車兄，你敢麼？」說罷縱聲大笑。車銘「啪」地一聲拍案而起，想發作又按捺住了，格格陰笑道：「靜仁，沒聽說過『破家縣令，滅門令尹』？」

鄔思道笑道：「這麼俗的諺語有何不知？當日桓溫遊寺，和尚不拜，桓溫說『沒見過殺人不眨眼將軍麼？』和尚反問，『沒見過不怕殺頭和尚麼？』如今是盛世，此地乃名城大郡，你今日非禮欺人，我怕你什麼？何況我飄零四海孑身一人，外無期功強近之親，內無應門五尺之童，本來就無家可破無門可滅！」

「放肆！」車銘大怒，斷喝道：「你一個已革孝廉，在父母官前狂傲無禮，就是罪！哼！我就不信剃不了你這刺兒頭！你不是說我這酒是『禍水』麼？來！」

「在！」

「灌他！」

「扎！」

胤禛的血一下子全湧到臉上，眼中熠熠閃著火光。康熙皇帝家教極嚴，明令皇阿哥不得結交外官，干預地方政務，皇長子胤禔奉差蕪湖，杖責了一個縣令，回去被摘掉了頭上一顆東珠，因此他原本無意惹事生非。這個車銘他也知道，昨日見邸報，吏部報的三名「卓異」裡名列第三，算是頂尖兒的好官，誰知在下頭如此跋扈！眼見鄔思道要吃虧，胤禛眼中波光一閃，戴鐸立時會意，跨前一步正要說話，鄔思道卻道：「項鈴，我自己能料理這事。」便轉臉笑謂車銘：「你如此欺我，是不是看我已殘廢，無力再入宦途。要是我未除功名，即便不是進士，恐怕你也不敢輕慢，是吧？」

「對了。今兒就是拿你開開心！」車銘瞇著眼嘻笑道，「罰幾杯酒，頂多是個風流罪過，打什麼緊？」鄔思道一笑道：「這就是俗語『人在矮檐下，不得不低頭』。這杯禍水我喝。不過先有一詩奉贈，不知可肯雅納？」

他這幾句話不軟不硬，似求情又似揶揄，衆人都是一愣。鄔思道微嘆一聲，趦到放著文房四寶的案前，一手拽袖、一手提筆略一沉思，連著寫了幾個字。車銘伸著頭看時，上頭連著五個「苦」字，不禁噴地一笑，道：「這早晚才知道苦？你要識點時務，我怎會難爲你？」鄔思道毫不理會，握管疾書：

苦苦苦苦苦皇天，聖母薨逝未經年。

江山草木猶帶淚，揚州太守酒歌酣！

——無錫書生鄔思道謹贈

寫完展紙一吹，拈著踱至窗前，眺望一下，回頭笑道：「我這個多愁多病書生身，可是要打你這傾國傾城的烏紗帽了！這張詩稿對仁兄而言，也不亞當年我在貢院寫的揭帖！你今日於國喪期間攜妓高歌畫樓，已經觸了大清律，知道麼？」

誰也不防這潦倒書生還有這一手，滿樓人都驚得呆若木雞，癡坐無語，胤禛先是一怔，心下大悟，不禁目中灼然生光：這眞是個無雙才士！良久，車銘方結結巴巴問道：「你……你要幹嘛？」

「我要——」鄔思道看了看樓下，「怎麼說呢？這樓下人可眞多！看見樓上飄下一張詩帖，憑我鄔思道的文名，寫的又是本朝本郡太守，三天之內，保你全揚州都知道了。若或碰巧有個皇阿哥或部院大臣什麼的，或者有個御史、按察使什麼的官兒，正愁著考功司察他的功課，沒準兒連原詩奏明當今——仁兄，鄔某可要與你同生死，共榮辱了……」說罷哈哈大笑。

車銘見他說著話手一晃一揚的，眞怕這個愣子手一鬆，立時就招惹無窮後患！莫說城裡如今眞的住著個黃帶子阿哥，就這省官道司裡面也有不少對頭，這國喪期間攜妓高樂兒，「喪心病狂」四個字就得葬送了自己似錦前程。就沒算這些麻煩，老百姓口碑如鐵，唱起來，三年察考時就是手拿把掐的憑據！想著，車銘頭上已沁出冷汗，勉強擠出笑臉道：「靜仁——靜仁兄！開個玩笑嘛，不當家拉花的，何必認真呢？來來來，還有那兩位，坐過來，我敬你們三杯『禍水』！」

胤禛大笑起身道：「不論美酒禍水，我都吃不得了。戴鐸，你留下陪著他們吃酒，我還有事，先告退一步了。鄔先生，今日一會實在投緣，明兒我請你小酌，還有事相求。」鄔思道微笑不語，戴鐸知道館驛中還有一大群官員等著胤禛召見，也不好相留，只好賠笑道：「是，省得了。」

2

虎踞關冤家巧聚頭
人市口小僮偶作戲

鄔思道酒量很窄，與這群人又不投緣，不多時已酩酊大醉。車銘一肚皮的懊惱，還要裝出笑臉奉迎這個倒楣書生，眼見他們要辭，心裡巴不得，卻還要假惺惺邀留。鄔思道醉眼迷離地笑道：「筵無好筵。這『禍水』可不敢吃多了，就此別過吧。」說罷，跟跟蹌蹌扯了戴鐸下了天光湖影樓。

「靜仁，」戴鐸看天色時，已近申牌，一頭走一頭笑道：「我以爲你吃了大虧，已挫磨了昔日銳氣，看來竟是鋒芒不老！車銘這人我也聽說過，心底磁實著呢！難道不怕他對景時整治你麼？」按戴鐸的意思是想引出個話頭，試探他肯不肯投胤禛門下。鄔思道卻笑道：「虧你還是天子腳下混世面的，不曉得投鼠忌器？我雖不濟了，像彭鵬、施世綸這干文友都做著官——你不知道人心，但凡做了官，利祿心只有愈來愈重的，他才犯不著和我這破罐子碰他的金飯碗呢！這個車銘其實也小有才學，只太無恥，我才教訓他。爲這個揚州府肥缺，他先叫夫人曹氏拜徐乾學的四姨太爲母；徐壞了事，又巴結戶部尚書梁清標，認了乾爹才選了出來。這還是個人？好便好，不好我還有詩呢——昔日相府拜乾娘，今日乾爹又姓梁。赫奕門庭新戶部，淒涼館地舊中堂……」他沒吟完，戴鐸便截住了，笑道：「罷罷！你真醉了，我沒說一句，就引出你這一車話！你如此不饒人，連我也怕了你了！」鄔思道聽了不言聲，恍恍地望著遠處，半晌才道：「……十年一夢，醒來時人去樓也空。項鈴，心氣再高人已凋殘，我這人還有什麼指望？只有心智可用，有誰能知？只有口舌之利，難道連嘴也封住？」

「你不要難過，」戴鐸心下惦惙著，因未得胤禛明示，也不便作主，只道：「方才你不是說要去北京？何妨和我們四爺說一下，一同北上，到京我給你謀個館地。」鄔思道冷笑一聲道：「連你也小看我！要餬口有何難哉！我學的是屠龍術、帝王道！沒有英才，我才懶得教呢！」

☆

戴鐸一直把醉醺醺的鄔思道送回虹橋對岸的培鑫店，又執手叮囑了許多話才辭回橋北驛館。一進門，便見四貝勒的貼身長隨高福兒從裡頭出來，見戴鐸便逼手站住了，笑道：「戴頭兒，哪裡吃酒了，沒給咱們帶一壇子回來？」戴鐸因問：「四爺呢？」高福兒道：「今兒見了一天大人，後晌江寧布政使曹大人帶了一干子道台給主子回事兒。這會子正在上頭說話，大約是說調糧的事，裡頭還夾著說關稅銀兩，早著呢！您先在我房裡歇歇，客走了再見不遲。」戴鐸只好回身進了高福兒房中，沏了釅茶，有一搭沒一搭閒磕牙兒。直到掌燈時分，方聽上房一聲吆喝：「端茶送客了！」接著便見兩盞大燈籠從上房導引，一群官員哈腰依次辭出，戴鐸這才進來。

「回來了？我正給太子爺寫稟扎，你連他的廷諭一齊看看，有沒有疏漏的地方，回頭再謄清發寄。」胤禛頭也不抬，手不停書，直到寫完，方吁了一口氣，把信稿和一個通封書簡遞給戴鐸，自踱著方步沉吟不語。

戴鐸接過太子的廷諭和胤禛的信，只略一過目，已經明白大旨，便笑著回道：「萬歲爺五十四聖壽，已經有旨四爺不必回京。半月前內廷邸報，陝西去年大旱，今春青黃不接，萬歲也有旨，叫四爺一併在此徵糧。太子爺想叫爺早日歸京，看樣子是因為籌辦萬歲的壽典。四爺這信寫得極是，既不願回去，差使也本來是沒辦完，就遙叩萬歲聖誕的就好。」

「慶壽典這樣的眼面差使能輪到我？怕只有八爺他們才爭得到手！」胤禛冷冷道，「我不是怕出力，是怕出了力還要招忌。十三弟來信，說明年要加一個恩科，主考點的是佟國維。如今都在暗中打點。又要塞私人，又要外頭堂皇，太子叫回，無非想叫我替他攏人。你想想十八個兄弟三十六隻眼，都瞪得血紅，這種壞了良心的事我也幹不來，還要代人受過。如今這風氣，我就是哪吒，能擺佈得好麼？」戴鐸心裡雪亮，這位四爺和十三爺胤祥是「太子黨」的，大阿哥胤禔三阿哥胤祉不涼不熱，各存體系。所謂「八爺」，卻是八阿哥胤禩，與九阿哥胤禟、十阿哥胤䄉、十四阿哥胤禵，統是一窩子勢力，朝中稱為「八賢王」最是得罪不得。這干人見事就躲、見人就籠絡、見利就奪，連皇太子也不敢招惹，所以想調回胤禛幫手。想想胤禛走馬燈似地辦苦差，為太子出死力，太子胤礽一點也不顧惜痛憐，也眞叫人寒心。但「八爺黨」裡的十四阿哥胤禵現就是胤禛一母同胞，戴鐸也不敢說什麼。戴鐸一邊想，笑道：「就是四爺這話！我們奉有明旨，督修河務，辦糧賑災，這還忙不過來呢！我看這信得加上一句，明說萬歲嚴令河工差使不辦妥不得回京，四爺不敢自專。太子爺膽小，未必敢和皇上去爭的。」

「很好。」胤禛笑了笑，說道：「就怕他們弄不住我，又去尋十三弟的晦氣。科場的事舞弊拆爛汚，十三弟脾氣不好，弄出事來不得了。」十三阿哥胤祥是阿哥裡頭最潑辣豪爽的，因自幼失怙，受盡哥哥們的欺侮，養成野性難馴，只胤禛看不過，從小兒收到自己府中時時呵護，因此胤祥敬重這位嚴兄宛如慈父，從不違拗。戴鐸當然知道其中原委，因安慰道：「四爺甭著急，十三爺才十七歲，萬歲爺未必叫他獨個兒辦差，或到時候稱病也罷。」胤禛嘆道：「也只好走一步說一步了——那位鄔先生，你們談了沒有？不知他肯不肯到我這裡辦事？」

「爺的意思沒有明說，奴才沒敢自專。」戴鐸賠笑道：「這個人才具人品都極出色，可惜是個殘疾。奴才曉得爺用人的規矩，不是落難的從不收用。所以奴才沒敢提起。」胤禛不以為然地哂道：「他還不算落難？朝廷緝拿了十年的欽犯，落魄江湖懷才不用！這樣人物豈可失之交臂？你們這些人雖有忠心，只能安慰我，不能為我出謀分憂。又不是叫他跑馬拉弓放鷹捉虎，計較人家兩條腿做什麼？——他住哪裡？我現在就親自去晚間風涼！」

不料剛至二門，高福兒迎進來稟道：「四爺，海關道陳天順求見。說是奉四爺憲諭，回說買糧用錢的事。」胤禛有些爲難地看了看戴鐸。戴鐸忙道：「鄔思道吃醉了酒。就是這會子去，也不得好好說話。不如明兒我陪主子去，消消停停就把事情辦了。」胤禛皺著眉怔了半日，也只好罷了。

胤禛一晚上沒好睡，鄔思道沉敏機辯，才智犀利的影子一直在心裡晃漾。他雖沒有和戴鐸多談，但酒樓一會，已下定決心，非把這個鄔思道籠在自己袖中不可——皇阿哥之間權勢傾軋，機械萬端，他太需要一個這樣的策士智囊隨身謀劃了。朦朧到雞叫才睡去，醒來時已日上三竿。胤禛一骨碌翻身起來，趕忙洗漱了，略用了點點心。便叫上戴鐸高福兒，換了便衣迤邐奔虹橋南的培鑫客棧。店主聽說是找鄔思道，拍手笑道：「爺們來的太不湊巧！鄔爺今早天不明就算了房錢，叫小的覓船，說要去瓜洲渡遊玩幾日，再到北京看個親戚……」幾句話打發得他們主僕三人都愣了。高福兒見胤禛陰沉了臉，笑著說：「爺也是的，我還當是個什麼人物兒，姓鄔的不過是個孝廉，這樣兒的篾片相公要一把有五個，要兩把——」他話沒說完，胤禛盯了他一眼，下頭的話竟生生憋了回去。戴鐸忙道：「四爺，您別生氣。這事怨奴才不會辦事。稟爺一句話，跑了和尙跑不了寺，包在我身上，到北京我把他請到爺府裡！」

「怎麼見得？」

「說來話長了。反正這會子沒事，我們陪四爺人市上看看，我給你說說靜仁先生的故事兒。」說著三人慢步向西走著，戴鐸嘆道，「您看鄔思道待人冷冷的，其實也是個癡！他有個姑父叫金玉澤，當年納捐在南京虎踞關，補了個千總的缺。鄔思道中秀才，鄔老爺子尋思，鄉試反正要去南京，就寫了封信給金玉澤，叫鄔思道去姑父家讀書，就近兒應試。

「鄔思道在燕子磯下船。他頭一回進南京六朝金粉之地，呆頭呆腦地，就急著先遊了莫愁湖，又逛了老城隍廟。那日四月初八，佛誕日。老城隍廟人山人海，燒香的許願的善男信女挨挨壓壓擠得滿街都是。鄔思道順著秦淮河，一手擎著一包炸蠶豆，一頭走一頭吃著觀景致。因不知哪個糊塗老爺在桃葉渡上竟架了座橋，鄔思道見了笑得前仰後合。剛說了句：『這個蛇足添得有味兒！』不防一頭和一個人撞個滿懷。抬頭一看，竟是個十六七歲的年輕閨女！」

胤禛想著當時情景，不禁抿嘴兒一笑。

「那女的是進香才回來，一門心思的虔敬我佛。當著眾人和個年輕男子撞得這麼結實，頓時羞得臉紅到耳根上。」戴鐸笑道，「當時引得周圍閒人哈哈大笑。這個說是『藍橋會』，那個說是『撞天婚』，『歡喜菩薩』『風流道場』……插科打諢一片聲胡嘈。那女孩子羞急了，一巴掌打了鄔思道個滿天花，擠開人縫兒一溜煙走了，炸蠶豆撒得滿地都是。

「鄔思道只好自認晦氣。捂著打得發燒的臉往虎踞關，尋了半日才找到金玉澤下處。叩著輔首環敲了半天，那門『吱』地開了半邊。鄔思道一看，開門的正是方才摑了自己一掌的那位！頓時兩個人都傻了……」

胤禛聽得哈哈大笑，說道：「敢情是他表妹？」

「是表姐。」戴鐸忍笑接著說道，「鄔思道愣了半晌，剛說了句『這是金玉澤家麼？他是我姑父……』那姑娘雙手一捂臉，說了句『皇天菩薩』跑了。

「鄔思道只好自己蹭進去見姑姑。姑姑乍見他來，一把攬在懷裡，又是哭又是笑：『我的老天爺，可見著我娘家的人了！兒呀……如今出落得這樣了……一會兒你姑父下值就回來——鳳姑，鳳姑！快過來，你看看誰來了……』」胤禛笑得淚眼汪汪，捧著肚子道，「好……好！她來不來？」「她哪裡肯來！」戴鐸笑道，正要往下說，忽然前頭人市上鬧嚷嚷的，還夾著一個男孩子呼天搶地嚎啕大哭聲，慘厲得叫人心裡起慄兒。三個人頓時都斂了笑容，順著哭聲走過去。

這裡已經是虹橋人市，其實並不喧鬧。一街兩行錯三落五到處是高粱杆搭起的窩鋪。從寶應、山陽、龍王廟一帶逃來的難民，個個面黃飢瘦，有的三塊石頭架著煮白茉刺菜，有的燒乾苞米棒子，有的在太陽底下捉虱子，還有用毛巾裹著冷飯糰子啃……烏煙瘴氣的，散發著一股一股霉臭不是霉臭、焦糊不是焦糊的怪味。靠牆一群閒人圍著，一領草席直挺挺裹著一具屍體，只兩隻腳露在外頭。旁邊一個十三四歲的孩子，蓬頭垢面伏在席上，撕心裂肺地大哭：「哥呀！昨後晌你還好好的，是吃了什麼了？……你就不言聲兒去了？娘死的時候怎麼說來，你不記得了……叫你照應我！……你不管我了，就這麼走了……嗚……」

胤禛雙眉緊蹙，還沒走到哭屍的人跟前，早有個人牙子瞧他是主兒，扯著個十二三歲的女孩子過來，一邊說一邊比劃：「哎，這位東家，一看就知道您是積福行善的菩薩心腸！要買個孩子使喚麼？您老明鑒，這買人也是有門道的——髮爲血餘，齒爲骨餘，一要看頭髮，二要看他的牙！您瞧這女娃黃瘦，那是餓的！您看她這一頭髮，嘿！你再看她的牙——」他扳開那小姑娘的嘴，說得唾沫四濺：「糯米細牙咬金斷玉——十五兩怎麼樣？不成？買賣不成仁義在，我就狠心賠個血本，也得叫她去個好人家！十兩！十兩怎麼樣？」

胤禛方才被戴鐸講故事逗得剛剛高興一點的心情被這裡的人間慘景洗得乾乾淨淨。惦著那邊的哭聲，他低頭看了看這丫頭，相貌也還端正，黃瘦的臉龐上一雙大眼睛忽閃著，撇著小嘴，被人牙子捏搓得要哭又不敢。胤禛心頭一沉，回頭對高福兒道：「買下吧。」一說罷便踱到那群人旁邊。

那男孩已是哭得嗓子都啞了，烏眉灶眼的，張著兩隻手乞求：「大爺們哪！誰買我，誰買我？我得賣幾個錢埋了我哥……你們行了這個善，就是這輩子作過孽，死了也不進十八層地獄呀……」

「日他娘的，」旁邊有個人笑罵道，「不懂事的猢猻，哪有這樣兒求人的？」又一個人問道：「你是哪的人？」

那孩子擦淚說道：「我是寶應的——大爺呀……可憐可憐吧……」

「你是寶應的大爺！」一個閒漢笑道，「那我們都是揚州的侄兒了……」一群人哄然大笑。一個老漢蹲在屍體旁，嗞吧嗞吧吸著旱煙，嘆道：「罪過！也眞是可憐，有錢就幫幾個吧……」說著掏出幾個銅哥子放在那孩子身邊，有幾個闊人也跟著扔了些康熙銅子兒。老漢勸慰道：「孩子，你甭盡哭了。指望這點子錢發送不了你哥。黃河發水是劫數，死的人成千成萬，都用棺材埋麼？把錢收拾了，買幾刀紙燒，尋個亂葬崗子埋了——人死如燈滅，能把你哥哭活了？」說著，在牆基石上磕了磕煙鍋要起身。不料煙灰沒燃盡，火星兒迸在那雙裸露在席外的腳上，那「死屍」雙腳竟被燙得猛地一縮！

炸屍！

衆人無不大吃一驚，「唿」地散開來。戴鐸慌得一步跨到胤禛前頭護著。衆人都直盯盯注視那具屍體，看了半日卻並無異樣，只見這孩子收拾了地下的錢，頑皮地朝衆人扮個鬼臉兒，拍拍蘆席叫道：「狗兒狗兒！還不起來謝爺們賞？」

躺在地下裝死人的狗兒一個鯉魚打挺跳起來，揮手抹了臉上青泥，呸呸啐了兩口，嘻皮笑臉地打個千兒道：「活了活了！謝各位爺的賞！坎兒，你也哭累了，我挺屍挺得渾身硬，也實在餓得受不得了，先買兩個燒餅打牙祭去。」直到這時，大家才知道是這兩個頑皮娃兒做戲乞討，驚定之餘，不禁爆發出一陣狂笑。見衆人盡興而散，胤禛笑著轉臉道：「戴鐸，這兩個孩子伶俐，問問看，肯不肯賣給我？」

「是。」戴鐸答應一聲，上前拍拍狗兒的頭，問道：「多大了？家在哪裡？」狗兒用袖子抹一把鼻涕，說道：「十四了，沒聽我說，我是寶應的大爺？」胤禛看了看坎兒，卻不似狗兒的活潑機靈，腮幫微微鼓起，總似一副剛睡醒的模樣，因笑問：「你們是寶應逃荒過來的。家裡大人呢？」

坎兒閃了胤禛一眼，眸子晶然生光，只這一瞬，胤禛看出這孩子靈秀不在狗兒之下，只不過聰明不外露而已。坎兒別轉臉看看，覷著胤禛道：「你八成想買我們吧？」胤禛越看越喜愛這兩個孩子，點點頭說道：「你猜的不錯。跟了我去吧！別說燒餅，你吃什麼都有！」「要飯三年，給個縣官不幹！」狗兒瞥一眼高福兒，嘻笑道，「我才不跟你去當哈巴兒狗呢——瞧他那副樣子，在人前很露臉麼？」高福兒氣得臉色發白，在旁罵道：「瞧你那副坯子，配當我們主子的哈巴兒麼？」

「放屁麼？好臭好臭！」狗兒掩著鼻子道：「越是狗屁越聞不得——和他們囉嗦什麼，坎兒，我們找翠兒去。」

兩個孩子嘻嘻哈哈，興高采烈地正要去，高福兒身後那個女孩子怯生生帶著哭腔喊道：「坎兒哥，我在這……我叫賣了……」說著兩行淚水泉水般湧了出來。

「翠兒！」

坎兒和狗兒一下子釘住似的站住了，走到那姑娘旁邊，臉上已沒了歡喜的神氣。坎兒呆著臉只是出神，狗兒瞟了胤禛一眼，拉住翠兒的手，咬著牙道：「到底叫王三發把你賣了！說過半年給他湊四兩銀子贖你的！——日他祖宗八輩，我非叫蘆蘆咬死他不可！」翠兒淚眼汪汪看著這哥兒倆，又抬頭看看高福兒，哽咽著說道：「他把我賣了十兩銀子……咱們是見不著了……坎兒哥，你們有一日回魏家營，替我在我娘墳前磕個頭……」說著，嗚嗚咽咽放了聲兒。

胤禛眼見這三個相依爲命的孤兒生離死別的情景，心裡突然一陣酸熱，他已沒了笑容。想到小家子親朋鄰居尙有這種情誼，自己一群骨肉兄弟，卻恨不得你摳了我鼻子我挖了你眼！想著，說道：「狗兒坎兒，聽我一句話。你們不是想回寶應麼？今兒是初四，過了初七我就動身去桐城。那離寶應才多遠？我在桐城要待一年，也不定兩年。你們跟我去，我離開桐城，你們想跟就跟，不想跟三人一同回去，成麼？」

「眞的！」狗兒眼一亮，說道：「你騙我們！」胤禛不言語，凝視了三個孩子許久，說道：「我從不騙人。要是你們不想回家鄉，這會子就走吧。」

三個孩子都吃驚地抬起了頭，忽閃著眼盯視著胤禛，胤禛那雙黑得深不見底的瞳仁幽幽地閃爍著。三個孩子移步要走，又站住了，坎兒笑道：「就是這樣，咱們跟你走！

說話算話，不算是個王八！」見胤禛笑著點頭，狗兒兩個指頭放嘴裡「噓——」地尖嘯一聲喊道：「蘆蘆！」一條精瘦的狗「啷」地竄了出來，搖頭擺尾地圍著狗兒撒歡兒。高福兒不禁笑道：「這麼一條狗，還有名字？」

「對了，叫蘆蘆。」坎兒一副剛睡醒的模樣，惺忪著眼，撫著狗頭冷冷說道，「你膽大，你招惹一下試試！」

胤禛看看日頭，已是將近午時，猛地想起已傳了揚州糧道午後議事，便笑道：「咱們回去吧——今兒是又掃興又盡興，彩頭不多。」說罷一行六人款步往回走。胤禛一邊走一邊沉吟，問戴鐸道：「鄔思道後來和他表姐怎樣了？」「奴才沒細問，思道也沒多說，只說定了親。」戴鐸道，「只金家如今已不在南京。金玉澤謀了北京朝陽門城門領的差使，鄔思道說要進京，只怕就是奔他去的。唉……鄔思道犯的事還沒撕擄俐落，十年沒露面，又成了殘疾，那女的也望三十的人了，後頭的事難說了……」他搖了搖頭，沒再往下講。

3

賑糧難籌敲山震虎
往事堪憶潦水煙沙

一行人回到驛館，驛丞早已候在門口。見他們回來，忙迎上來道：「貝勒爺，揚州糧道寇明辰時已經來了，在花廳那邊候見呢！」

兩個人一前一後進了正廳，長隨們剛剛張羅好點心茶食，便見西角門一個官員，穿著八蟒五爪的袍子，罩著雪雁補服，頭上戴一頂藍色涅玻璃頂子一晃一晃走來，在階前一甩馬蹄袖，高聲報道：「進士及第，欽命揚州糧道正堂臣寇明叩見貝勒爺！」說罷叩下頭去。胤禛啜著茶答道：「進來吧，不必拘禮。」「謝貝勒爺！」寇明起身又打個千兒，方小心翼翼挑簾進來。

「坐吧，諒你也沒吃飯，這點心隨便用。」胤禛手一擺，對站在一旁的戴鐸道，「你也坐——寇明，糧食三日內能起運麼？」

寇明拿捏著剛剛坐下，忙欠身答道：「回爺的話，職道正爲這事犯愁呢！糧食有，就是現籌，市面上斗米三錢，要多少有多少。不過海關道的銀子過不來，這個饑荒不好打的。求四爺催著海關道那頭早點發銀，就是體恤下官了。」胤禛漫不經心地拈起一塊點心，卻不吃，半晌才道：「海關那頭我催了幾次了。他們受海關總督魏東亭節制。我前日已經移文總督衙門，叫他立即批銀。只在早晚銀子就過來——這是借用，終歸還由戶部出銀子，你只管放心。」寇明賠笑道，「爺聖明！不過如今銀子沒來，一下子湊不齊十萬石米。只能把庫底兒都叫四爺運走，大約五萬石的樣子吧。下餘五萬石得等銀子。我已經下令，所有存糧大戶、米棧均按現時米價平糶國庫，不得借機哄抬，不得囤積居奇，不得擅自外運。三月中銀子一到，職道親自押運送桐城欽差行轅，不知成不成？」

「你辦事尚屬盡心。」胤禛瞥了一眼寇明，起身橐橐踱了兩步，站在門口隔簾望著院外，良久方道，「揚州也有兩萬飢民，我今天人市上看了看，心裡很難過——這也得賑濟，本來五萬石就少，再留糧豈不更難？所以非買糧不可！」「可沒有銀子也是枉然吶……」寇明喃喃說道，「揚州府要能出點錢就好了。」

戴鐸在旁笑道：「就是這個話，叫車銘拿幾個！」寇明苦笑著搖頭，說道：「不過說說而已，前月車銘還找我衙門借錢來著！我說揚州是個放屁油褲襠的肥缺，你借著藩庫七千銀子，還要打我糧道的主意？他說是修文廟，我一打聽，滿不是那麼回事兒——他是給三——」他突然覺得說過了頭，裝作吃茶掩了過去。胤禛卻聽得句句在心，因見高福兒帶著一身新裝的翠兒進來，只點點頭，偏著臉笑道，「你說半截話兒叫四爺猜謎兒麼？」

「回貝勒爺！」寇明突然紅了臉，變得有點狼狽，「聽……聽說是給大學士揆敘送冰敬①——還有，還有——有個叫孟光祖的，是三貝勒府的，住在南京，也要點掇點掇……四爺……其實這些事下官只是風聞，只是風聞……」他說得收不住口，竟慌亂得不知如何是好了。

胤禛不禁倒吸一口冷氣，想不到車銘身後還有這麼大的背景。揆敍是號稱「大千歲」的皇長子胤禔的舅兄，這也還罷了，且又是八阿哥胤禩的門下心腹。八阿哥胤禩人稱「八賢王」，與九阿哥胤禟、十阿哥胤䄉並稱「三傑」，縱橫交錯、榮枯與共，若論在六部勢力，還在太子胤礽之上。就是孟光祖的主子三阿哥胤祉，「聖眷」也遠在自己之上……這位寇明害怕攪進阿哥們的傾軋之中，自也是情理中事。胤禛想著，冷冰冰打斷了寇明的話：「你不必說了，我已知道你的難處。好嘛！國庫裡只有五六千萬兩銀子，抄明珠（揆敍之父）家一抄就是七兆！——揆敍也是富可敵國的人了，還這麼摟錢！眞正是城狐社鼠！——告訴你，他是鐵公雞，我有鋼鉗子，拔毛是四爺的宗旨，銀子，非叫揚州府拿不可！」

「是是是！」寇明揩著腦門上沁出的汗連聲答應，心裡暗讚「怪不得人說四爺是『鐵石心腸冷面王』，眞是名下無虛」！口中卻道：「四爺知道下官苦處，下官感恩不盡！」

胤禛冷笑一聲道：「我當然不讓你爲難。你去見見車銘，我們說的這些一概不提。只說四爺叫他出兩萬銀子孝敬災民——要捨飯，開粥場。你聽仔細：飯，一日兩捨，插筷子不倒，毛巾裹著不滲、涼飯糰子要手拿著能吃。揚州府地面不許餓死一人，拐賣兒童的拿住要宰幾個——我還有三日在揚州，他要給我辦不下來，我就請王命旗牌先斬了他再奏朝廷。就是我回桐城，也要留下人看他辦這差使，違我的令，他依舊身家難保——不要想什麼這阿哥那阿哥，胡思亂想沒好處，我手中尙方寶劍就架在他脖子上！」

寇明早已汗透重衣，站起身來，胤禛說一句，他答應一聲「是」，又道：「四爺菩薩心腸，這是成全卑職，也是保全車某！」

「你照我的原話說，說了沒你的事。」胤禛慢悠悠說著，輕輕拉過翠兒，撫了撫她的頭髮，「你看看這孩子，這麼一丁點兒，爹娘都死在洪水裡……餓成這樣兒！民爲國之本，防民之變甚於防川！你也是讀書人，應該懂這點道理——回去尋一本《柳河東集》，讀一讀《送河東薛存義序》——去吧！」

待寇明喏喏連聲卻步退去，胤禛方回過臉色，坐了椅上，溫和地問翠兒：「吃飽了麼？換了這身衣裳，體面多了吧？」翠兒含著指頭一直在癡癡地聽。她年紀幼小，大人們的話多半不懂，但胤禛說的「捨飯插筷子不倒」「不許餓死人」卻都懂的。憑直覺，她感到這位威嚴冷峻的「大官」是好人，見胤禛對她如此溫存，眼便紅紅的，漸漸有了依戀之心，便道：「老爺，從沒吃這麼好的東西。狗兒坎兒哥都撐得打呃兒，商議著要出去玩呢！」

「他們去了麼？」胤禛問高福兒。

「這兩個小子野得很，又怕他們去了不回來，奴才沒放他們走。」

「叫他們去吧。」戴鐸笑道，「他們是衝翠兒才來的，做什麼一去不回？怕他們出事，跟個人就是了。」

翠兒一聽笑了，說道：「這個爺說的是。我在這，他們不會跑。我們自小一處出來，我落到人販子手裡，不是他們護著，早叫賣到秦什麼淮樓了——出事更不會，狗哥外號『纏死鬼』，坎哥外號『鬼難纏』，哪個有虧給他們吃的？」

「纏死鬼，鬼難纏！」胤禛仰天大笑，「真真是好字號！——高福兒，叫他們出去玩玩，別惹事，天黑前回來！」

☆

胤禛一番敲山震虎十分見效，三日之後，寇明五萬石糙米備齊。因漕運淤塞，一律裝了擋車，共分四百多乘，浩浩蕩蕩由旱路北運。胤禛自乘的是輛騾車，因向北天氣尚寒，依著戴鐸的意思，要在轎車外頭套上掛綢呢套兒，又暖和又展樣大方，合著阿哥身分。胤禛卻不想惹眼，只套了個納象眼（斜方塊）的棉圍子。戴鐸高福兒知他素性，諫也無益，只好罷了。

車過寶應，便進入黃泛區。這裡似乎早已沒了人煙，一望無際的沙灘，到處是洪水過後留下的沼澤。二月青草剛剛出芽，黃沙灘上滿是去歲秋天的枯茅，亂蓬蓬的在裊裊料峭春風中絲絲顫抖著低吟。馬踏沙陷，走得十分艱難。高福兒、戴鐸騎著馬前後照應，護糧的軍士時不時地還要幫車把式扳陷到泥淖裡的車輪子，一天也走不上三十里地。沿途村莊也都荒落不堪，壯年青年早已遠走高飛，只留下一些餓得滿臉菜色的老弱婦孺。胤禛因命就地賑濟，一路走一路分糧，更是忙上加忙，待入淮安境內時，大約分出去有兩千多石糧。

「總算快出這死沙灘了！」這日傍晚，累得人疲馬乏的車隊停了下來，高福兒拖著沉重的步履，到胤禛車前稟道：「四爺，今兒恐怕還得在這露宿一晚。」胤禛手裡拿本《金剛經》，正饒有興致地看翠兒和坎兒解繩交兒，聽高福兒說話，挪著顯得發木的身子下來，望了望懶洋洋落下沙灘的太陽，問道：「到了什麼地方？」話猶未及，坎兒狗兒「噌」地跳下車來，坎兒笑嘻嘻道：「這原來是個渡口，如今淤平了。」翠兒撲著車轅子說道：「我跟爹到這討過飯，叫桃花渡！」

「桃花渡！」胤禛的神情突然變得有點亢奮，目光一閃，呼吸也有點急促，半晌方平靜下來，長吁了一口氣，「好美的名字！」高福兒笑道：「是桃花渡……這地方爺來過……」他頓了一下沒往下說，卻改口道：「再往北三十里就上官道，路就好走了。」說著，戴鐸也趕上來，笑道：「也虧了四爺是個好靜的。要換了十三爺，這半個月的黃泥沙灘地，早悶急了！」

胤禛不言聲，蹲下身子扒了扒腳下河沙，半尺下去，下面是黑黝黝的熟土，一望可知，原先都是良田，不由嘆息一聲，說道：「王孫公子處繁華世界綺羅叢中，不到此不知人間之苦——可惜了這地……」因命衆人起灶野炊，就荒灘上搭起帳篷過夜。

太陽落下去了。廣袤無際的天穹，一層層粉紅蓮瓣似的晚霞在裊裊炊煙中漸漸暗下來，篝火舔著黑紅的焰兒，吊鍋裡的豬肘子散發出撲鼻的肉香，那條叫蘆蘆的狗偎在狗兒懷裡，饞得伸著舌頭流哈達子。胤禛見大家團火而坐默不言聲，知道是因自己在場之故，卻不肯放縱了戴鐸和高福兒，只對三個孩子道：「你們怎麼也都悶坐著，有歌沒有？唱起來！」

只一句話，孩子們立即興頭起來。狗兒從懷裡抽出一支笛子，舔舔嘴唇，略一試音，沉渾顫抖的笛聲立即破空而出。坎兒笑道：「我先來一個！」於是扯著嗓門兒唱道：

姐在對岸也不遠囉，弟在這邊也不遙。
兩岸相對人煙出嘛，只隔青龍水一條！

胤禛聽他五音不全地唱「情歌」，不禁哈哈大笑，拍手兒喝彩道：「好！誰再來一個！」坎兒未及開口，翠兒卻唱道：

我想娘！娘在黃水第幾浪？忍心撇手登天去，撇下嬌兒走四方……日也想，夜也想，夢裡醒來哭斷腸……

聲雖嫩稚，淸淸亮亮從心泉湧出，翠兒是動了眞情，眼中滾動著淚珠。狗兒吹著笛子嗒然閉著眼，似乎什麼也沒想。坎兒低下了頭，說道：「死的死了，活的還要活，你盡愛唱這些，叫人聽著悽惶。」說罷，雙手抱膝唱道：

天老爺！我要與你打冤家！人說你能降福祥，親娘餓死荒郊外，孝子乾看沒辦法！人說你能降災殃，只見炸雷擊老牛，甚時猛虎被天雷打？西施配了王老麻，六十歲老翁娶嬌娃……人都怕你我不怕——你恁地糊塗一鍋粥，吃我們香火做嘛？

……唱罷，笛聲嗚咽而止。許久，誰也沒吱聲，只篝火中柴草噼剝作響，火焰一竄一竄照著眾人沉思的面孔。

胤禛端坐在龍鬚草墊上，像一樽鐵鑄的雕像一動不動，他低著頭，人們看不清他是什麼神情。許久，胤禛方伸欠了一下，他的嗓音高得有點喑啞：「唱得極好。回北京要能見鄔先生，請他潤潤色，該讓皇上和六部的大官們都聽聽！」說罷，略一沉思又道：「你們想聽故事麼？」

「好啊！」三個孩子歡呼雀躍，坎兒道：「講個孫行者取經！」狗兒卻道：「那都聽俗了，什麼趣兒？還不如講鬼！」翠兒捂著耳朵道：「你們是鬼難纏、纏死鬼，我怕聽，我不要聽鬼！」

胤禛淡淡一笑，道：「不說鬼神。我這人信佛，沒有坎兒的膽量褻瀆天地，我講個有個皇帝生了二十多個兒子——」

「我的媽！」翠兒道，「這麼多兄弟？」坎兒忙道：「別打岔！沒聽鼓兒先說文王爺一百多兒子呢！」胤禛點點頭：「裡頭有個兒子，生性最膽小仁慈。地上的螞蟻他捨不得踩死，蛐蟮也把他嚇得往後縮，在皇宮裡捉到耗子也不願弄死，怕老耗子死了小耗子沒法活。」聽他說得有趣，幾個孩子都咧嘴笑了。戴鐸和高福兒卻對視一眼沒言聲。胤禛說道：「你們知道，既是龍子鳳孫，就要幫皇帝做事。管天下，好人要賞，惡人要罰要殺，這種性格兒怎麼成？況且這群兒子自小長在皇宮，沒見過世面，不曉得民間老百姓怎麼過日子。老皇帝想想，就叫兒子們都出去辦差使。這個兒子分到淮安來視察黃河淮河。

「當朝皇子坐鎮淮安，下頭的官兒自然都來趨奉。上到節度使，下到州縣官，整日圍著一大群巴結。這皇子自己也經心，眼見辦事順手，下頭人見自己像親爹似的聽話忠心，皇子覺得本事大了不少，稟了皇帝說這兒的官都是朝廷棟樑，皇帝自然也高興。

「不想那年黃河發了大水——你們曉得什麼叫羊報麼？黃河上游有個青銅峽，大禹治水時在那立了個鐵旗杆，上頭刻了分寸。青銅峽水漲一寸，下游水漲一尺。爲叫下游知道青銅峽水勢，用羊皮吹脹了，找不怕死的好漢縛在上頭帶著寫了字的竹籤順河漂下，叫下頭的人知道了好預備著護堤，這年上面漂下的羊報，青銅峽水漲三尺！」

狗兒嚇了一跳，閃著眼道：「天！那咱這就漲三丈，淮安城要漫了！我記事那年就漫過一回！」

「就是這個話！」胤禛沉吟道，「那年下游也下雨，……已經連陰了半個多月。這天，雨下得格外大，眼見傾缸倒河似的，怕這城難保，皇子命衙中官員備船，他只帶了一個長隨到城西，想看看河堤到底有指望保住沒有。

「天上的雲厚極了。正晌午時分，黑得像鍋底的天上吊著墨線一樣的龍尾，一縷縷搖擺著，雲縫裡掣著閃，有紫色的、有金黃色的，還有的像火球一上一下跳著炸開……那雷一陣緊似一陣，震得城樓都打顫兒。」翠兒渾身機伶一個冷顫，說道：「您還說這位皇子爺膽小！這是龍發怒，還不快逃？」

「我還說過他心地仁慈。」胤禛的臉色多少有點蒼白，「他喃喃祈禱上天，請免去這一城大劫。他的長隨眼見黃河水崩捲了大堤，五尺多高的潮頭轟鳴著，排山倒海價湧來，驚叫一聲，『主子快走，回衙門上船！』也不管這皇子答應不答應，拖起皇子上馬就跑……就聽滿城的篩鑼聲『大水漫了南城門，快跑呀！』接著就聽南邊『轟』地一聲，城牆倒了。洪水灌進了城，到處都是人哭狗叫。房倒屋塌捲起的塵埃在大雨中漫起衝天黃霧。街上霎時已是四尺多深的水，連馬也跑不動了……雷聲、雨聲、河濤聲、一棟接一棟的房子倒塌聲混成一片，天色黑暗如夜，雨水又眯了眼，什麼也看不見，什麼也聽不清，天地都攪成了一團！

「主僕二人棄馬，蹚著齊胸的水總算回了衙門，都鬆了一口氣——只要上了船就不怕了——誰知一進門兩個人都驚呆了，拴在儀門上的大官艦早已無影無蹤！這些個平日滿口忠君愛民的士大夫早已解纜逃之夭夭，連主子都不管了！

「滿院的水嘩嘩地回淌著，空落落沒一個人。他們抓了個漂在水上的梯子想上房頂。忽然那僕人想起來，簽押房前有個種睡蓮的大魚缸，連忙去把缸從水裡弄出來，倒空了，抱著皇子放聲大哭，說：『主子，上房只能頂一時，這些沒天理的黑心賊未必想著來接咱們……好主子，你坐進去，我扒著缸沿，咱們順水漂……老天爺眼在上頭，就看咱們的命了……』」

聽到這裡，戴鐸悚然而悟，他想起高福兒說的康熙四十三年與胤禛死裡逃生的事，只沒有胤禛說的這樣細。高福兒已聽得眼睛發直，好像又回到當年那可怕的生死劫難中，許久，才嘆道：「主子怎麼又說起這故事兒？怪森人的，後頭的就別講了吧。」坎兒瞪著眼道：「正說到節骨上，你怎麼不叫講？我愛聽！」狗兒也道：「岳王爺不也坐水缸逃過命？大難不死，必有後福！」翠兒彷彿還浸沉在故事裡，忽靈靈閃著眼問：「爺，那太子爺逃出去沒有？」

「他不是太子。」胤禛苦笑了一下，「要是太子，那些混帳官不敢私自逃命……他們在水裡漂了兩天兩夜，倒沒餓著，河裡漂著能吃的東西不少，南瓜、柿子、茄子什麼的都有，偶爾也漂下個饅頭窩頭。只是皇子坐在缸裡，暈得不知東南西北，吃點東西就吐，那僕人呢？扒著缸沿，累得筋疲力盡，幾次打盹兒鬆了手，都是皇子用手拉了回來。

「兩天後，缸漂到了岸邊，兩人一上來，念了一聲佛，頓時天旋地轉，都暈倒在沙灘上。

「再醒來時天已黑了。皇子睜開眼，只見床前一張破桌子，上頭點著盞油燈一悠一忽閃著。一個老漢悶頭坐在凳子上抽煙，還有個十七八歲的姑娘捧著碗薑湯，呆呆地看著自己。皇子動了一下嘴唇，剛想說什麼，那女孩子驚喜地喊了一聲：『爹！他醒了……』接著就見那僕人進來，撲通一聲跪倒只是磕頭：『多謝你老人家救我們！必定補報您的恩……我們爺——』他看了皇子一眼，沒敢說出他們的眞實身分。皇子欠身坐起，說『我叫王孫龍，請教老人家貴姓？你們這麼厚道，天必定保佑你們！』

「『我們算什麼，「貴姓」，姓黑，樂戶家籍。』老漢滿臉皺紋，嘆息一聲說，『祖上造罪兒孫贖，積德也是爲自己——救你的是我的二女兒小福，去借米還沒回來，這是我的大女兒小祿……』說罷又嘆息一聲，不言聲起身去了。小祿忙著把窩頭拿來，說：『四面是水，沒鹽沒菜的，米也未必就借得來，將就著吃吧——爹也是的，救人一命，勝造七級浮屠，就嚇得那樣兒！』皇子精神好了點，燈下看小祿，容貌雖不是絕色，卻透著甜淨俏麗，說話也爽氣，不禁問道：『這有什麼怕的？』

「小祿端一碗野菜湯，招呼皇子主僕吃著，一邊說：『不瞞你說，我們家祖上在前明永樂爺靖難起兵壞的事，改姓黑，成了賤民，朝廷有旨，代代只許族裡賣唱，當吹鼓手，戲子，紮紙人紙馬，當挽歌郎、媒婆、穩婆……幫人家婚喪娶嫁……已經三百多年了。這三百年裡頭，一代一代的，出了九十四個節婦，還有兩個烈女——一個替父親吃官司流配死到黑龍江，一個沒過門死了男人，她也尋了自盡。五年前一個什麼太尊爺聽說這件事，又查了族譜，說難得這樣的賤籍，沒有賣身的還出節婦！可惜不夠一百個，說滿了這個數他就要拜本上奏，爲全族脫籍，之乎者也了一大堆。總之是族裡訂了死規矩：節烈女子不滿百，誰家要在這上頭出了事……』她忽然臉一紅，啐道，『和你說這些做什麼？』皇子笑著說：『是你自己要說的嘛！』小祿聽了，拿了個窩頭就出了外間。

「一時她又進來，卻端著一瓢米，還拿著雞蛋大一塊鹽，不言聲在案板上研碎了，捏了一點放在皇子碗裡，把米放在灶上，怯生生看了皇子一眼，掰了半個窩頭，蹲到灶下一邊小口吃著添柴燒鍋。皇子笑著說：『你怎麼不喜歡？別惱，是我的不是。』她沒答話，只疑惑地看了皇子一眼，忽然抿嘴兒一笑，又低頭燒柴。皇子正奇怪，門外又進來一個小祿，手裡拿著個洗乾淨的蘿蔔，俐落地切著，一邊笑說：『你們福氣！我打量借不來米呢——你們不知我這妹子，不會說話，人緣兒好著呢！』」

衆人這才明白，前後進來的不是一個人。坎兒笑道：「哈！這是一對雙生姊妹！」

戴鐸從沒見過胤禛有興致給下人講這麼多話，這些話傳出去叫別的阿哥知道，沒半點好處，因見肉煮熟了，一邊用筷子撈出來，先切一塊捧給胤禛正要岔開話題，坎兒淋淋漓漓啃著肉，又撕著餵蘆蘆，瞇著眼笑道：「四爺，您不用講了，我都知道了！」

註①外官給京官夏天送的常例銀子謂之「冰敬」。

4

桃花渡口故地尋舊
微服皇子誤宿黑店

胤禛素來厭葷，只吃了兩口肘筋就不吃了，聽這個一臉迷糊相的小鬼頭說話，擦著手笑道：「小猢猻，你忒是伶俐過頭了，你知道什麼？」

「這種故事鼓兒攤上我聽得多了！」坎兒塌著眼皮睁也不睁，饒有興致地啃著豬蹄，說道：「您不過講得過細些就是了。公子落難小姐相救，您改成皇子落難民女相救，下頭必定皇子爺瞧上了小福小祿。族裡不依，把皇子整得七死八活。皇子爺跑出去，發兵來到這地方兒，救出這兩個娘們兒，收了做老婆。然後回京，把那些坐船逃了的馬屁精、尖頭蟲官兒一個一個砍瓜切菜般弄掉他們吃飯傢伙——可是不是的？」

胤禛怔了一下，忽然覺得今晚自已有些失態：當著這些人講這事幹什麼？他咬著細白的牙笑了笑，不再言聲，撥著火沉思，良久，才吁一口氣道：「積鬱的太久了，隨便說說而已，何必一定問到底？」「四爺眞是的！」坎兒說道：「你說個半截故事，今晚我們還睡得著麼？」胤禛笑道，「你們只猜對一小半。皇子只是和小祿相好上了，倒也沒人知覺。水退之後，他憋了一肚子氣回京，要拿問那干子齷齪官兒。不料一查問，天照應那隻船叫漩渦捲了進去，一個活的也沒留下。」

「這就完了？那小福小祿呢？」一直浸沉在故事中的翠兒盯著胤禛問道。

胤禛深深低下了頭，許久許久才說道：「小福小祿後來怎樣，我也不知道。我編這故事只是想說，世上的事和鼓兒詞裡說的並不是一回事……要眞想知道，等我編好了再給你講。」幾個孩子眨巴著眼，意思還想問，戴鐸卻道：「天晚了，明兒還要趕路，早點歇了吧。」說罷便替胤禛張羅著往沙灘上鋪毯，狗兒坎兒也只得怏怏自去收拾行裝。

但這夜胤禛失眠了，躺在毯墊上望著墨藍色的天空和繁星出神。高福兒深知他的心事，守在旁邊輕聲道：「四爺，您走困了，心裡別想事，一會就睡著了。」胤禛沒吱聲，反倒坐起身來，因見戴鐸也沒睡，便道：「你也沒睡？這三個孩子倒好，都睡得齁齁的了──童心，童心不可再得呀。」戴鐸笑道：「爺不睡，奴才怎麼能入睡？爺睡不著也別急，只想著明兒車上能睡個好覺，一會兒就睡著了。」

「明兒我們分道走。」胤禛抱著膝頭道，「我便裝帶狗兒坎兒走西路，去看看上游高家堰黃河大堤。你們押糧車去淮安，然後在桐城會齊。」戴鐸和高福兒驚訝地對視一眼，都沒敢駁回。戴鐸賠笑道：「既這麼著，我帶幾個親兵護送四爺。」胤禛仰著臉想了想，嘆道：「可惜性音和尙沒跟我出京。有他在，就用不著你蛇蛇蝎蝎地安置了──我想微行，帶那麼多從人……」言猶未畢，坎兒一骨碌翻身起來道：「這兒到高家堰一天的路，過了高家堰一馬平川都是人煙。我和狗兒打包票四爺出不了事！」胤禛笑道：「是這話，這千里赤地過大水，還會有翦徑的毛賊不成？我們小心一點就是。」戴鐸高福兒雖覺不妥，但胤禛秉性言出如山無可違拗，當下不敢回話，兩個人裝作小解，到遠處密議了半晌，決定由高福兒帶十個戈什哈遙遙尾隨，暗中保護，這才放心回來。

☆

第二天一早，胤禛帶著狗兒坎兒，牽一頭健騾馱行李，一匹馬胤禛自騎了，帶了一隻昨日途中射死的狼，離開了糧隊，溯黃河故道迤邐西行。胤禛在馬上手搭涼棚極目望去，但見沙丘連亙直追天際，哨風在沙灘地上捲起黃漫漫的霧障高接雲天，衰草樹枝掛著乾河藻，斷垣殘檐丟棄在只露出屋脊的沙窩中，遠近不見一個村莊人煙，愈走愈是荒寒，一種悲涼之感油然而生。胤禛雖口說到上游看堤，其實他自己曉得，高家堰以東連遭洪水漫灌，治河能臣靳輔陳潢在世修造的水利設施早已蕩然無存。他存著一線念頭，是聽高福兒說祿兒身上有自己的遺子，曾在高家堰左近的何李鎮住過，他在子息上甚是艱難，四個兒子有一個還夭折了，身邊的弘時弘晝弘歷還沒出過花兒。要真像高福兒聽回來的「大胖小子，正出花兒」，那要作踐了眞太可惜。狗兒坎兒都在孩提之間，正是混沌未鑿天眞率性的歲數，盡自聰明伶俐，卻領略不到他這番心思，一路牽騾子趕馬，踢飛腳打沙仗，追逐嬉戲，毫不知疲倦，猴得寸草不生，沒片刻安靜。胤禛有這兩個小鬼伴著，倒也免了旅途寂寞。

看看行至離何李鎮還有十里之遙，天色已過申牌。遠遠一處高埠，雜樹叢生房屋錯落，夕陽下烏沉沉地，像一只反扣著的鍋壓在沙灘上。因此地就是黃河改道向北的岔口，隱隱還能聽見黃河悶嘯之聲。

「四爺……您？」坎兒見胤禛盯著前邊一動不動，臉上似喜似悲，不知何故。

「你們不是想知道那故事後來麼？」胤禛語氣濁重得叫人心裡發瘆，「孩子們，這裡沒人，我告訴你們，小祿就死在前面那棵老柿樹下……」

兩個孩子頓時瞪大了眼，彷彿不認識似地看著臉色蒼白的胤禛。不知過了多久，坎兒才道：「老天爺！原來那個皇子就是四爺您！」狗兒囁嚅著問道：「她……她是怎麼死……死的？」胤禛沒有答話，仔細打量柿樹老丫，上前撫了撫——那裡還殘留著一片燒得焦黑的樹皮。

「燒！燒死的！」狗兒和坎兒一下子明白了，打心底泛起一陣寒意，渾身起了一層雞皮疙瘩。

「對，燒死的……」胤禛突然眼中湧滿了淚水，壓抑著渾身都要沸騰的悲憤，盡量平靜地說道：「我就在那邊，一片青紗帳裡，眼睜睜看著……」

兩個孩子全都驚呆了，眼睛直直地盯著那塊燒焦了的樹皮，坎兒雙手緊緊抓著馬韁繩，狗兒臉上睡意全無，兩隻手捏得緊緊的，全是冷汗。

「這下邊原是打麥場，那邊是個池塘，池塘南邊是望不到邊的高粱地。」胤禛渾身都在瑟縮，彷彿又回到那個可怖的夜晚：「我爲尋小祿獨身趕到了何李鎮，正趕上族裡處置小祿。就在這老柿樹下，臨時搭著個土台子，台子張著燈籠，架著柴垛。幾個族丁舉著火把站在兩邊。小祿頭髮披散著，五花大綁就站在坎兒站的那個地方，垂著頭，看不清臉色。台下黑鴉鴉上千的人默默無言地盯著她，一聲咳嗽也沒有。我好像做惡夢似的大睜著眼盯著她，眼前一片模糊，只聽身邊高粱葉子淒涼地搖著，響著……」胤禛目中閃著鬼火一樣的光，兩個孩子從未見過他如此猙獰可怕的面容，竟不自禁慄慄顫抖。

「過了一會，」略一頓，胤禛又道，他的聲音帶著金屬撞擊樣的顫音，「一個管家模樣的人端著族譜上台，轉臉大聲說：『族長五爺訓話！』氣氛頓時更加緊張，人們一齊抬起了頭，幾個小孩嚇得要哭，都被母親緊摟在懷裡。

「我的心都快要跳到腔子外了。直著眼看，一個老者手裡握著銅煙袋，擺著方步上了台。我在莊上住兩個月，平日這老爺子舉止文雅、面目慈祥，極受族人敬仰的，但今晚神情卻大異平日，鐵青著臉，陰沉沉掃視著衆人，半晌才說：『幾位老哥哥，全族的老少爺們！剛才在祠堂對著祖宗和各房管領的面已經把事情說清楚了。小祿出事，我也很難過——總是一支骨肉嘛！她的曾祖爺是我的堂兄、自幼交好。按著自己的心，寧可我跳河，不願傷他的後代。但古人有訓：千里之堤潰於蟻穴。爲我們全族，只能下手毀了她！……禮義廉恥國之四維。什麼叫『廉』？就是淸淸白白地做人；什麼叫『恥』？就是切切實實地責心！她犯了這兩條，叫人痛心疾首！』……

「從班蔡賢淑到曹娥孝女，他講了足半個時辰，老態龍鍾下台回到主位，一手掩面，一手擺著：『把這敗壞族規的賤人上火柱，向祖宗神靈贖她的罪！』

「人群一陣騷動，女人在啜泣，小孩爬在媽媽肩頭哭叫『媽、怕、回家……』有的男人在罵，有的不言聲捂住了臉，老婆子們喃喃合十念佛……眼睜睜看著她被架到柴山上，我的心像被人猛揪了一把，雙手一撐要站起來，卻被一個人一把扯住，回頭看，原來是高福兒暗中不知什麼時候跟了來！他的臉在火光中也泛著青光，小聲抽泣著說：『主子、別、別……皇上知道了不得！……留得青山……』

「說話間，火苗兒竄起來了。把祿兒全身都罩在殷紅的光裡……她仰起了臉呆看著遠處，這時我才看清她的面容，白得像一尊漢玉雕的仕女……頭髮散亂著，烏鴉翅膀似地飄蕩著……直到燒死，她只是痛苦無望地扭曲著身子，連一聲都沒呻吟，一句話都沒說……」

說到這裡，胤禛已經完全控制不住自己，雙手張著，瘋人一樣踉蹌幾步，發出嘶啞的狼嚎一樣的聲音，似乎在哭，似乎又在笑，撲地爬在柿樹下，兩隻手交替死命地扒著，喊著：「小祿，小祿……我的恩人，我的……你出來，你不要在這裡……你顯靈吧——嗚……嗬嗬……我給你修廟……」狗兒和坎兒起初被他的故事驚呆了，後來又被他發狂一樣的舉動嚇傻了，一直木頭一樣站著，此時方回過神來，見他如此傷情，也不禁放聲大哭。

良久，還是胤禛控制住了自己，慢慢伏起身，向柿樹磕了個頭，對兩個哭得淚人兒似的孩子道：「起來吧，孩子們！人死不能復生，寂滅世界中小祿已經成神，我們還要活在世間……走吧……走吧……天黑了……」

狗兒和坎兒向樹磕了三個頭，默默起身，一霎間彷彿都長了十歲，牽著馬和騾子，在黯黑的夜色中踽踽向何李鎮進發。

☆

何李鎮是高家堰東最大的鎮子。黃水決潰之後由此向東即四散漫下，下游其實已經沒了主河道。只有此處因當年治河能臣靳輔陳潢處心積慮，精工修起一道凸形大壩，俱都用堅石磨縫壘起，水激之勢在這高壩前被撞回折，保住了南岸西邊數百里幾十萬頃良田。但大水過後免不了飢民暴動，加之災疫肆虐，聰明一點的行商大賈殷實人家早已攜了細軟家財、老小人衆逃往蘇杭一帶，當時稱之謂「避囂」，不過是躲災的意思。加之南北水旱路隔梗不通，所以住戶雖不少，卻甚是蕭索。胤禛三人來到莊邊，早已是戌初時分，天色黑定。偌大一片鎮子死氣沉沉，家家關門閉戶，黑魆魆的連燈火也極稀少，只遠處偶爾一兩聲犬吠略略給人一點煙火氣息。胤禛痛哭了一場，心景似乎平和了許多，因命坎兒去尋宿頭。

坎兒連敲了幾家門，裡頭倒有人答應。但一聽是外地人過路借宿，立刻回說大堤上有客棧。再問，就不出聲了。坎兒回來笑道：「十里不同風，百里不同俗。眞他媽日怪，你就開開門說兩句話，也算個人嘛！」

「那還不是叫綁票的嚇怕了。」狗兒道，「你把他門樓點火燒起，看他出不出來！」

胤禛因道：「既然有店，何必打攪人家？咱們住店去。」他心裡十分感慨：在北京聽外官們表白，一概都是「熙朝盛治、河清海宴，家不閉戶，路不拾遺」的話頭，身歷其境，才曉得都是些扯淡的套話、精緻的馬屁。嗟訝著三人向西南，果見鎮外瞭高大堤上一閃一閃點著盞「氣死風」燈，近前借亮兒看時，果見黑漆大車門上方粉底黑字寫著「倚河臨風」四字。當下三人在門口解裝，一個麻臉伙計早提著燈笑嘻嘻迎了出來，一邊幫著卸騾子，吆喝著：

「老白老侯！財神來了——快幫著卸裝頭！請馬老掌櫃的接客！」

一時便見兩個人出來，一高一矮都在四十歲上下，也都滿面笑容，幫著牽牲口拿行李。馬掌櫃打頭提著串鑰匙前頭引路，口中不住唸叨：「阿彌陀佛！小店足有半個多月沒住客了，今兒一來就是五位！爺們真是賞光！」

「五個？」狗兒一邊走一邊探頭探腦地看，問道，「前頭廂房已經住人了。爺，咱們住上房罷？」馬老闆忙道：「上房兩暗一明，正好三位安置，也好照應……」因見坎兒低頭不語，坎兒開鎖猴似的轉悠著四處亂看，又道：「東廂住的兩個孝廉，也是後晌才到的。爺請安心先歇一會，待會兒弄點酒，算小人一點孝心。只不防今兒有生意，沒有肉，菲薄了些兒，爺不要計較。」

說話間，東廂裡兩個客人也出來，一個穿天青風毛底綢夾袍，容長臉兒，一個穿一身漿洗得褪色了的藍竹布截衫，卻是修眉鳳目，十分嫺雅俊秀。兩個人大約也是涉越了黃河故道初到此店，見胤禛也是一臉書卷氣，不禁微微一笑。胤禛因打一揖道：「二位是趕北闈的麼？」

「是的，他叫李紱，我叫田文鏡。」容長臉兒笑道，「這一路千里荒沙，住店的寥寥無幾，客中相逢文友極少，也算有緣。客人尊姓台甫，也是趕順天府試的麼？」李紱卻顯得有點矜持，向胤禛一笑算是見禮。胤禛寂寞多日，乍入人煙稠密之地，也願意和人攀談，因含糊答道：「我也準備去北平。就是這話，相逢就是有緣，一會兒我們吃酒談天，好麼？」狗兒興沖沖道：「咱們有條狼，有肉吃，我們請客！」

一時安頓好，狗兒便在天井院開剝那狼，架起三叉鐵架，把狼肉燒得絲絲作響，又要來醬鹽薑蒜不住地抹擦，滿院頓時肉香撲鼻。坎兒帶著蘆蘆在上房鋪擺了行李，把桌子安在堂間，去廚下看了看，見兩把銅壺注酒，正在火上溫燙，又滿院悠了一遭，至狗兒身邊道：「不知東廁在哪兒？天黑，怪怕人的，你和我一道兒去尋尋。」因見馬老闆過來，便道：「肉烤好了，你們只管先吃。一會兒酒燙熱了我們兩個把盞。」那老闆笑著去了。

坎兒跟著狗兒抹過一段牆角，卻見廁房就在南牆西角，隔牆外便是咆哮不息的黃河，河風吹來，坎兒不自禁打了個冷顫，狗兒笑道：「快三月天了，你還冷？」

「狗兒，」坎兒一邊小解，壓著嗓門道：「剩下的醬油和鹽一會兒送廚房。你想辦法把那兩個裝酒的大銅壺換個個兒。」狗兒笑道：「這是什麼主意？」坎兒繫著褲子說道：「叫你換你只管換！看著點顏色。奶奶的，今晚住到黑店裡了！」

5

狹路相逢鬼魅相鬥
猢猻用智孩兒倒繃

狗兒嚇得渾身一震，尿也止了，倒抽了一口冷氣，半晌才道：「你多心了吧？我看了字號宅基，是個百年老店！」「這年頭千年老店也難說。」坎兒的聲音低得幾乎聽不見，「蘆蘆在中堂畫底下亂嗅，我揭開看，像是擦過的血漬！還有，四爺的床下像有個磚槽，不是黑店，設這機關做什麼？你看，外頭就是河，人弄倒了隔窗戶往外一扔……何其方便！」他冷笑一聲，笑得狗兒身上起了一層雞皮疙瘩。

兩個人精猢猻急急計議一陣，「解手」出來，上房的人已經坐好。胤禛居中，馬老闆打橫兒相陪，對面坐著田文鏡和李紱，正有一搭沒一搭說些科場門路的話。因酒未燙好，老闆張著眼直催：「錢老三，酒呢？快著點！」坎兒便蹭過廚下，果見那個麻子伙計正在捅爐子。坎兒道：「勞乏你了，侍候主子是我們的差使嘛！來來老哥，我們那位兄弟給你預備著一塊燒狼肝呢，叫他看火，咱們受用去。」錢三麻子哪裡肯離窩兒？忙笑道：「你們是客，我可沒那福分……去吧去吧，酒一會就好！」狗兒見不是事，一瘸一拐過來，攢眉搖頭一臉痛楚模樣，說道：「老錢，我的老寒腿毛病兒犯了，給咱弄帖膏藥……哎喲……」老錢怔了一下，膏藥是老店常備的藥，說沒有是不成的，想了半晌才勉強道：「我給你拿兩帖，守著火，看酒溢出來……」說罷忙忙去了。這邊狗兒審量那兩個大壺，一模似樣，只壺蓋一個是銅的，一個是鐵的，便省了事，只換了壺蓋，裝作在旁撥火。錢麻子一霎工夫就折轉來，看了看並無異樣，因聽上房又催酒，便從鐵蓋壺中倒出兩壺，遞給坎兒一壺，答應著「來了來了！」就送上去。

兩個孩子暗透一口氣回到院裡火堆旁，坎兒小聲問道：「一把壺能斟出兩樣酒麼？」

「桐城韓大老爺斷王家店的案我去看過。」狗兒翻著膏藥，小聲道，「那壺從壺嘴到裡頭都隔著，壺柄有兩個氣眼兒，堵住哪邊哪邊就不流酒——啊！老錢，還有你兩位，來，咱們梅香拜把子，都是奴才，在這吃酒聽招呼吧！」原來錢麻子和老白老侯都過來了。

狗兒坎兒懷著鬼胎，一邊招呼三個伙計說話，一邊齜牙咧嘴地「品酒」，還要聽上房動靜，渾身機關都不敢鬆懈，三個伙計一邊陪這兩個孩子說閒話，一邊招呼上酒，一邊等著藥性發作，也是不敢半分差池。因聽胤禛問老闆：「我有個親戚，叫小祿，大前年發水逃到這裡的田大發家，還帶著個剛滿月的孩子，不知你們這裡有沒有叫田大發的？」

「逃難的人海著啦，攜兒帶女的也不少，哪裡都記得？」馬老闆笑道，「田大發這人倒是有，不過河神爺發水那年春就死了——慢著，我想起來了，是有個女的抱著個孩子投奔他來著，要了幾天飯，叫什麼名字就不知道了。」

胤禛目光霍地一亮，問道：「後來呢？」馬老闆笑道：「誰能留心這些個，後來大概是走了唄！」胤禛的目光黯淡下來，良久才轉臉問田文鏡：「你方才說的倒也直爽，你這個孝廉竟是花錢買來的！這次進京，大約又要撞哪位大老爺的木鐘了？買個貢生不知什麼價錢？」田文鏡喝得紅光滿面，笑道：「貢生花不了幾個，大約千把兩就成了——只殿試這一關難過，馬齊、張廷玉中堂這些門路極難走，要沒一點眞才實學，萬歲爺那一關也是過不去的。」胤禛嫌狼肉粗糙油葷，只揀清淡的夾著，沉吟道：「我就弄不懂這裡頭的學問，卷子是密封的，又不准作記號，考官就辨認得出是花過錢的？」

「看來尹兄不通仕路啊。」李紱酒量不豪，小口品著笑道：「這只要事先商量好，八股文頭一股裡必定用哪幾個字，考官一看就知道了。」

「萬一考官收了錢，又臨時賴帳，取不中可怎麼辦，豈不白填送了銀子？」

李紱若有所失地笑笑，說道：「這裡邊的路子是一套一套的。如今哪有這樣的傻子，拿了現銀去賄賂考官？都是打的欠條。比如說甲子年的闈場，借條裡寫：『現借××老大人白銀五百兩』，落款是『甲子貢生×××』。取中了，憑條要銀，取不中，那這位×××就不是『甲子貢生』，考官也不敢拿這種條子索銀的。」胤禛仰著臉想了想，果然有理，不禁大笑，說道：「魑魅魍魎搗鬼有術！」一邊勸酒，一邊笑問李紱：「足下精通此道熟門熟路，看來也是要買個進士了！」

「我麼？」李紱自矜地一笑，「我大概無須如此。就是賣官，也要有幾個裝門面的，全都取些白癡，考官向上也不好交代。不瞞您說，我十五進學，十八赴鹿鳴宴，都取在第一，大料京闈也不在話下！」他看了看田文鏡，又道：「如今吏治昏暗，已不能單憑看是否花錢斷定文品優劣，就如田兄，家中有錢，破費幾個給考官以求進身，爲朝廷效力，也不能說就是無志之士。像我這樣貧寒的，只好一刀一槍憑文章取功名了。」說罷低頭嘆息，言下不勝感慨，田文鏡只咬著牙不言聲，胤禛想到國家吏治敗壞至此，也是暗自嗟嘆。老闆見冷場，忙道：「酒涼了，來，請諸位乾一杯，不知可對爺台們的脾味？」胤禛吃了一小口，點頭道：「甚好。」

「就是麴下得重了點，有點藥味。」老闆見藥力發作如此之慢，早已又著急又奇怪，倒漸漸覺得自己頭暈目眩，身軟難支，又嚐一口，愈覺不對頭，舔嘴咋舌地直皺眉頭——卻哪裡知道狗兒坎兒在廚下做的手腳？——眼見「毒酒」毫無效用，幾個人兀自沒完沒了地興談，待了一會更是頭昏難忍，便踉踉蹌蹌起來，拿著酒壺到廚下，見三個伙計都在，也都一個個口鼻不正，幾個人心知大錯，嘀咕了幾句，都用瓢勺著涼水大口價猛灌。

狗兒坎兒喝酒吃肉猜枚耍子，眼見幾個人著了道兒，用涼水解毒，忍不住偷笑。兩個人對視一眼，起身到廚下，坎兒道：「我們主子勞乏一日，又有了酒，一會兒安歇，得洗洗澡。你們多多燒點水，我們也洗，明兒多給銀子。」說著兩人把一個大浴盆合抬到上房東間，見幾個人都醺醺然醉態朦朧，狗兒便道：「四爺，酒少用些兒吧，明兒還要趕道兒呢！」

一時人聲靜了，帳房、庫房和後院馬廐都熄了燈，只有廚房燈亮著，坎兒和狗兒兩個人用大盆將燒好的滾水一盆一盆只管往東屋裡端，又在堂房攏了一盆火，將兩帖膏藥放在一旁烤。胤禛赤腳坐在床邊，笑道：「夠了夠了。只管端，滾燙的怎麼好用？」

「爺消停一會再洗。」狗兒倒著水說道：「這屋裡太冷，熱水氣一蒸，連房子也暖和了。爺洗剩的水，我也想沾沾光兒，洗洗好貼膏藥。」坎兒也道：「我腳叫狼糞燙了，也想洗泡洗泡呢！」

胤禛眼見一時還不能洗，便趿了鞋到堂房取書。這邊坎兒給狗兒一個眼風，狗兒走到床邊，摸索了半日，口裡笑說：「把這鞋子提過去，當心一會弄濕了。」說著從靠牆一邊抽出個小木栓——這是翻床板的消息兒——一頭說，提起床框下死力猛地一翻！

果然不出狗兒所料，那床下立時閃出個大洞坑，竟真的有兩個人並肩緊緊擠在裡邊，肩頭都揷著寒光四射的大片子刀！

這兩個賊躲在床下，原是預備著客人不肯吃酒，半夜裡好行事的。胤禛三人方才的話聽得淸淸楚楚，心都懈了。陡然間被狗兒連床帶板嘩然翻起，煌煌燈燭下一個個愣得呆若木雞，目光灼灼鬼魅一般——沒等醒過神來，滿滿一澡盆滾水，足有五六桶早劈頭蓋臉灌下……可憐裡邊偏窄一個小坑洞，擠揷著兩個人，不能挪動無可躲閃，就似滾湯潑老鼠生生受了這一飛來大劫！坎兒低吼一聲，抱著一床大棉被兜頭捂了上去，用床死死壓了。狗兒一聲招呼「蘆蘆進來侍候」，那狗「噌」地便跳進來，踞蹲在大浴盆旁。

胤禛在外間聽聲音不對，正要進來，卻見錢麻子也進來，問道：「東房出了什麼事，那麼大的響動？」胤禛未及答話，狗兒已經笑著出來，說道：「沒什麼，浴盆沒支好，撒了些兒。」錢麻子喝了毒酒，兀自頭暈，滿腹狐疑地看了看東間，但見水氣沖簾縷縷而出，裡邊毫無動靜，因道：「那麼大的響聲，我還以爲窗上花盆砸了呢！」

「沒有的事。」狗兒向滿臉詫異的胤禛看了一眼，拿起一張膏藥道：「我最不耐煩貼膏藥！這又黏又熱，貼上不好受。東家和那兩位伙計呢？」錢麻子萬不想裡邊已經網包露餡，想想那三個同夥兀自昏天黑地頭疼難忍，便道：「沒事就好。他們有酒了，有事你們叫我侍候。這狗皮膏藥——」

話猶未完，狗兒手一揚，將那張燒得滾燙流油的大膏藥毫不客氣「啪」地一聲就貼了錢麻子個滿臉花——一邊笑說：「這膏藥最治麻子臉，貼好了你好尋個大美人兒做老婆！」錢麻子猝不及防受了這一下，連眼帶鼻子嘴糊得個嚴嚴實實，跺著腳，脖子憋得筋蹦起老高，扎煞著手掙扎了好一陣，兩手拚命去扒那張膏藥。狗兒哪裡容得他緩手？「哏」地一聲命令，蘆蘆銜簾飛竄而出，一口就把錢麻子咬倒在地，兩隻爪子猛撲著，只一口就咬斷了錢麻子的喉嚨。那血，激箭般「撲」地噴出一丈多遠。

胤禛臉色慘白如紙，呆呆看著狗兒坎兒行凶作惡，渾似夢中一般，連呼喊也忘了。

半晌才道：「你們這是？這……！」

「四爺別怕！」坎兒掀簾出來，一頭熱汗淋漓，一邊解著馬鞍上的繩子，一邊說：「咱爺們晦氣，今兒住了黑店！你進屋看看就明白了！」

胤禛電擊般顫慄一下，清醒了過來，一言不發挑簾進屋，只見大床翻倒在牆邊，棉被褥枕都浸在熱水裡汪了滿地，水氣罩得燭光都影影綽綽，床下大坑裡歪倒著兩個人，頭皮都燙得剝落下來，連悶帶捂，大約來不及掙扎就死了，都張著嘴、露著白森森的牙齒，十分猙獰可怖。胤禛半張著口，囁嚅道：「是……黑店？」

「一點不假，是綠林裡有字號的，黑風黃水店！」

窗外一個陰森森的聲音格格笑道：「只沒想我老馬三十老娘倒綳孩兒，竟著了兩個小雜種的道兒。」坎兒上前撕開窗格子紙看時，不由倒抽一口冷氣：馬老闆和老白老侯三個不知什麼時候已經到了檐下，都穿皀色緊身衣靠，提著刀。黑乎乎的，卻看不清臉色。

屋子裡三個人緊張對視一霎，狗兒「撲」地一口吹滅了燈，坎兒早已將賊的兩把刀掣在手中。按狗兒坎兒的計謀，倒換藥酒麻倒店中賊人，屋裡收拾了床下強盜，至少能平安逃出這裡，沒想到他們返醒得這麼快！胤禛又驚又怒，又有點懊悔：不該拒絕高福兒戴鐸一片好意，連個從人也不跟。自己武藝稀鬆平常，坎兒狗兒盡自聰明，卻是年幼力弱，只有一條狗略可支撐……這可怎的好？正沒做理會處，坎兒湊到窗前看了看，大聲說道：「我說姓馬的，你不就是要錢麼？我們帶的一千多兩銀子都存在帳房。算我們倒楣，都送了你，你帶銀子滾蛋，我們各自走路。你知道，打牆不如修路，保不住有一日你上西市，剛好我是劊子手，活計給你做漂亮點，怎麼樣？」

「死到臨頭還耍貧嘴？」馬老闆哈哈大笑，「你毀了我三個弟兄，豈能善罷甘休？你們可知道？住我這店有死無生，祖傳手藝，到我手倒不了牌子！」狗兒笑道：「失敬得很。大約你不知道，今日是黑白無常上門，煞星高照——他名鬼難纏，我名纏死鬼！黃河邊上長大，水裡的營生熟稔——你看你這房子修得多結實！有本事你就進來——想點火就點，就怕有人來救火！」馬老闆嘿嘿冷笑，說道：「救火是人之常情，只是年頭不好，這裡的人膽小，沒人敢出來也未可知！」

坎兒嘻笑道：「想點你就點，你自燒自家房，與我們雞巴相干！燒起來我們後窗跳下去漂河跑，對付著洗個澡也罷！」

胤禛原先亂了方寸，覺得上天無路入地無門，此時才知兩個孩子天分極高心有成算，心頭一亮，急急說道：「我多少也會點水性，不要鬥口了，咱們走！」「我嫌水冷，」坎兒道，「不到萬不得已不走那條道兒——喂，姓馬的，聽見雞叫了麼？天一亮，你這店關得死巴巴的，算什麼？」

話音剛落，「嘩」地一聲響，窗格子被撞得稀碎，一個黑魆魆的大漢「騰」地跳了進來！胤禛驚得向後一跳，從靴筒中「噌」地抽出一柄雪亮的匕首，眼見那大漢揮刀砍來，將手一格，那刀嘎然火花一迸，早已折爲兩段！

「蘆蘆！」

狗兒急叫一聲，那惡狗渾身毛早蓬鬆炸起，就地虎躍拔地而起，一口咬住那人右腕，連衣帶皮肉撕下老大一塊，那人慘叫一聲：「老侯、掌櫃的，狗厲害，快……」話未說完脖子上又著一口，老白尖叫一聲就早沒了聲息！

此時正是黎明前最暗的時分，這一聲慘呼悽厲無比，屋裡屋外五個人都被嚇得怔住了，對峙著許久不出聲。

「曉得厲害了吧？」狗兒隔窗說道：「我若沒個好幫手，就敢自稱『纏死鬼』？今晚死在我蘆蘆口下的已經四個人，它已經身帶七條人命——天子親封『銀牌蘆蘆』！」那狗聽得主人叫牠名字「汪！」地一聲大叫，馬老闆和老侯在外邊腿肚子的筋差點轉過去……

正沒做奈何處，店門「咚咚咚」被人擂得山響，接著便聽高福兒躁急不安地叫罵聲：「快開門！他媽的，這是個什麼店，門口連個人侍候也沒有！死絕了麼？」胤禛精神大振，未及開口，坎兒尖聲大叫：「我們的人來啦！高福兒，把門給他撞開——這他媽的是個黑店！」這下子馬老闆和老侯再不遲疑，兩人暗中點頭會意，從東廁那邊「嗖」地越牆而逃，饒是蘆蘆竄得快，只咬下了老侯一隻鞋，接著便聽大門吱嘎嘎崩倒，高福兒十一人已經衝門而入，霎時燃起火把，照得滿院通明雪亮。

「高福兒!」胤禛一口氣鬆下來，幾乎癱倒下去，忙把持定了，帶著狗兒坎兒開門出至檐前，咬著牙吩咐道：「前後仔細再搜一遍，看還有窩匪沒有!」

「扎!」

接著便聽衆人嘈雜叫嚷著一頓混搜。胤禛吁了一口氣，轉臉對兩個孩子道：「虧你虧你!得你二人，不虛我江南一行!」恰高福兒趕來，他在四貝勒府十年之久，這個胤禛刻薄尖辣，御下最嚴，像他這樣曾與主人生死患難的，也從未得過如此考語，不禁打量了這兩個小子一眼，笑道：「四爺，賊是沒了。東廂裡兩個書生剛解了繩子，還道我們也是強盜，嚇得不敢出來。」

「是麼?」胤禛一笑，說道：「快請過來。」

田文鏡和李紱一前一後出來。大約下人們已經向他們說明了胤禛的身分，二人臉上沒了懼怕神色，卻又略帶了點惶恐局促，走至階前便叩下頭去。李紱便道：「今夜得逃生死大劫，全虧四爺拔救!李紱但有一線之明，定當銜環相報。」田文鏡粗聲說道：「四爺金枝玉葉萬金之軀，天幸神佛相助，脫了大難。知恩不報非丈夫，四爺水裡火裡，但有使令，文鏡皺一皺眉頭，不是田門後代!」

「謝的話不必說了。」胤禛玲瓏剔透的心肝，已聽出二人攀附之意，只一笑，倏然收了說道：「今晚我得大於失。與二君一席長談，知道宦途之中奸弊叢生，長了不少見識。我看二位才學尚在中人之上。好自爲之，大丈夫取功名，立功社稷廟堂，其志固然可嘉，但功名二字，乃身外之物，只可直中取，不可曲中求——就此別過，你們自己去跳龍門，只要有眞才實學，我們後會有期！」

狗兒坎兒愣著，聽不出三個人話的意思，高福兒卻不禁想：要是八爺遇上這兩個書生，不定怎麼往懷裡拉呢！想著，陪笑道：「四爺，這店怎麼辦？要不要報官？」

「燒掉它！」

胤禛冷冰冰說道。他早已想到這裡，朝中阿哥各立門派，自己的靠山太子胤礽也並不得意。自己差使裡並沒叫視察高家堰一帶，只要一報案，就要立檔，立時轟得滿城風雨。兄弟們沒事還要雞蛋裡挑骨頭，螞蟻身上榨油，不定編派出什麼新聞呢！想著又道：「二位先生，我們分手吧，但請嚴記，倚河臨風店這一晚，說出去絕無好處——這便是臨別叮嚀。」

6

鈍書生誤投虎狼穴
奸翁婿設計謀人命

鄔思道幾經輾轉艱難竭蹶趕到北京，已是過了端陽。自四月中旬以來，直隸僅下過一場透雨，這一個月中雖也降過兩次雨，只地皮也未濕盡，卻是旋陰旋晴，潮悶得人氣也透不得。北京城與開國之初已大不相同，九城之內大街小巷胡同里弄房舍櫛比鱗次，加之人煙稠密，若不颳大風，城裡連樹梢也不動一動。此時漕運已通，一船船的西瓜、甜瓜、蜜桃、水杏各類水果，還有湖廣商客販進來的竹扇、蒲席、涼枕、竹夫人、金銀花、竹葉、菊花、大葉青等解暑用品涼藥，一到朝陽門碼頭，立即就被二道販子們一搶而空。饒是如此，仍供不應求，東直門天天都有拉往左家莊化人場的，俱是耐不得熱，中暑死了的。

鄔思道風塵僕僕架著雙拐，一步一蹭在滾燙的地上趲著，來到正陽門關夫子廟東金玉澤家門口時，渾身已通被汗濕了。他在一個虎頭輔首鐵皮紅漆門前停了下來，手搭涼棚張望了一下，見門邊一個木牌，上面寫著「內寓兵部武選司正堂金諱玉澤」，略一沉思，便上前用手叩環敲門。

「你幹麼?」一個穿著灰實地紗袍子的門房開了個門縫兒，上下打量著鄔思道問道：「有這辰光敲門討飯的麼?」

鄔思道這才看看自己這一身，月白竹布截衫上下油污汗濕，頭髮已一個多月沒剃，長出寸許長來，被汗貼在前額上，腳下的鞋也綻了個洞，露出又黑又髒的「白」襪子來。鄔思道不禁一笑，說道：「你進去給金老爺傳個話，我叫鄔思道，剛從揚州來……」那家人略一怔，點點頭道：「你等一會。」便掩了門。

鄔思道舒了一口氣，把拐杖靠在門前「石敢當」上，坐在樹蔭下石條上，一邊整理著邋遢不堪的袍襟，搖著氈帽取涼兒。對面不遠就是一家湯餅舖子，涼棚下擺著一碗一碗的荊芥蝴蝶麵、青蒜過水麵、芥茉涼粉。打著赤膊的人們圍在小案桌前，一邊吃涼麵，一邊擺龍門陣。陣陣熗鍋的葱花肉香撲鼻而來，鄔思道嚥了一下口水，才覺得實是餓了。他摸了一下破爛的褡褳——錢，他有的是，五十兩散碎銀角子，還有一張一千兩的龍頭銀票。只為路途賊盜多，他不敢露富——但此刻去吃，裡頭人出來招呼不雅，只好坐著乾等。誰知足足半個時辰，那門竟毫無動靜，鄔思道又渴又累，飢火中燒，忍不住心頭又氣又恨，因起身來敲門，把鐵環子扣得一片山響，引得麵舖那邊的人都向這邊瞧。

「你這人眞少見，失心瘋了麼?」門「嘩」地開了，還是方才那人，睖著三角眼惡狠狠道：「剛才不是說過，叫你等一會，主子們都歇中覺呢!」鄔思道不等他說完，劈臉啐了過去：「呸!不長眼的殺才，我剛才也說過了，我是鄔思道！你通稟一聲，走折了狗腿了麼？我幾千里地來投親，把我乾撂到外頭半個多時辰，是什麼規矩？」

「投親？」一家人盯著看他半日，忽然噴地一笑，說道：「我來老爺家有多年了，怎麼沒聽說過？你是哪門子親戚？八成是哪個廟裡餓不死的野道士，來訛飯吃的吧？是里親、表親、丈人，還是舅子？」

鄔思道氣得渾身亂顫，看那家人一臉壞笑，恨不得一拐打將去。陡地生出一個念頭：莫非姑父故意讓這隻惡狗擋道兒？眼見旁邊閒漢們圍過來，剔著牙瞧熱鬧，因冷笑著大聲道：「你支起狗耳朵，金玉澤是我姑父，我是他姑爺，就這麼個親戚，你通稟不通？」一句話惹得人們哄堂大笑，有的說：「姑父的姑爺來了，還不快滾進去回話？」有的嘻笑，「你家有這麼個鐵拐李姑爺，福分不淺！」鄔思道逼視著那家人道：「你是什麼東西！你不通稟，我立刻就走，勿悔勿悔！」說著便要轉身。那群閒漢便起鬨兒：

「老丈人不見姑爺，要賴婚囉！」

「別走別走，走了就沒好看的了！」

「哼，嫌貧愛富！」

「咦，邪門兒！金老爺女婿不是銳健營的黨游擊麼？沒聽說他有兩個閨女啊！」

「這老龜孫……」

正亂著，便聽裡邊腳步橐橐，一個五十多歲的官員，頭上戴著亮紗嵌玉瓜皮帽，穿著竹布漂白褂子，白皙的臉上八字髭鬚和眉毛畫過似的漆黑，還戴著副水晶墨鏡，慢吞吞踱了出來，問道：「張貴，這是怎麼了，大晌午的，還叫人安生一會不叫？」

「岳丈！」鄔思道搶前一步，躬身一揖說道：「是我來了！」

金玉澤愣了一下，摘了眼鏡上下打量了鄔思道半晌，哈哈一笑道：「是思道嘛！怎麼落魄至此？也難怪家人，如今京裡難民多，冒認官親的、捻秧的、拐騙訛詐的都有，是我叫門上守得緊些兒……快進來，唉……看看侄兒你，可憐見的……」說著便喝命：「張貴，好生攙著你侄少爺進來！」

這是個兩進的四合院，前院住著家人，過了穿堂，上房一溜五間滴水出檐，中間一明兩暗是金玉澤夫婦住，兩廂耳房低矮些，住著丫頭僕婦。見老爺帶著鄔思道進來，幾個丫頭忙著便去收拾上房。金玉澤笑道：「太太正歇晌，進去不便，先去書房吧。」

「姑父，」鄔思道隨著進了西書房，落座說道：「自己姑姑有什麼不便的，我還該先過去請安才是。」金玉澤一邊命人給鄔思道打水取換洗衣服，自坐著吃茶，出了半日神方嘆道：「思道，你還不知道，你那姑姑是個癆病底子，前年春棄我去了。如今這個續姑姑你也認得，原是三姨奶奶蘭草兒，人本分，又能持家，就扶正了……你快說說你的情形。音訊一隔十年……要不是你左頰下那顆痦子，我還真不敢認了呢！」鄔思道頭「嗡」地一聲，臉色頓時煞白：自己那個溫馨和藹的老姑姑，已經不在人世了！金玉澤後頭那些話說的什麼，竟一句也沒聽清。鄔思道張著嘴「啊」了半日，陡地一個念頭升起：莫非方才門口人議論表姐琵琶別抱的事是眞的？心裡忖度著，說道：「我已殘廢，窮愁潦倒如此，有什麼可說的？我離家十年，破產讀書，原想東山再起出來應考，如今是萬念俱灰。這次進京也沒什麼奢望，只想投奔姑父姑姑尋碗飯吃，想不到姑姑也奄然物化……人生是怎麼說起？」說著，想起姑姑已在黃泉，不禁淚如泉湧。

金玉澤沒有答話，低頭嘆息一聲，起身踱著步子，良久才慢吞吞道：「這是沒法子的事，不說這些傷心事了吧……你大約還沒用飯吧？大熱的天，也得洗澡換身衣裳。我如今不比外官，應酬的事太多，不能多照應你。你如常些兒，只管安生住下來，你續姑姑很賢惠，不至於嫌棄你的。有什麼需用，只用給張貴他們吩咐一下就成。」說著，摸出一個懷錶看了看，珍愛地揣了懷裡，起身道：「皇上跟前的頭等侍衛鄂倫岱今兒邀我去朝陽門外八爺府吃酒。你安置，我先去了。」說罷便走了。

鄔思道見他絕口不提親事，連表姐的名字也不提，心知自己疑得不錯。但回頭想想，自己是「欽案要犯」在逃十年，其間音訊兩隔，另嫁他人原是題中應有之意。鄔思道心裡悶著用了點心，洗了澡，立在檐下看了看，日色已過申牌，夕照日頭放著臘白的光，大地上熱氣蒸騰，且一絲風也沒，悶熱得難受，便踅回身來，在竹涼椅上半躺了，搖扇子直搖得兩手疲困才朦朧睡了過去。

「表舅，表舅……」一個嫩稚的童音在耳畔叫著。鄔思道還沒醒過神來，一塊冰冷的東西在唇上搪了一下，激得他身上一抖。睜開眼看時，是個四五歲的小男孩，剃得趣青的頭頂挽著個「朝天橛」，穿著寧綢撒花褲，戴著個兜肚，一臉的天眞嬌憨，胖乎乎的手裡拿著一串濕淋淋的冰湃葡萄，正摘著往鄔思道口裡塞。

鄔思道坐直了身子，笑著把孩子抱到膝頭問道：「眞乖！你叫什麼名字？」

「阿寶。」

「姓什麼？」

「姓黨……」

「唔，黨阿寶，好！」鄔思道嚥下他塞進口裡的葡萄，笑容可掬地問道：「你叫我表舅？」

黨阿寶笑嘻嘻指指上房，說：「阿婆說的，你是我的表舅。阿婆叫廚上人給你做飯，做多多的好吃的給你！」

「阿婆！」鄔思道臉上的笑容凝住了，心裡空落落，亂糟糟，也不知想些什麼，半日才問道：「……你媽媽怎麼不哄你，你爹呢？」黨阿寶含著小手指說道：「我們不興叫爹，叫老爺。老爺跟外公出去吃酒了。媽——」他扭了一下臉，一個少婦正從二門進來，便掙離了鄔思道，一頭跑出去喊道：「媽！你來接我了？我表舅在這裡！你不是常講表舅的故事麼？他原來不會走路……嘻嘻……」鄔思道向外看時，不禁渾身一顫：這個挽著巴巴髻、刀裁鬢角容光煥發的少婦，竟是他十年夢魂縈繞的未婚妻金鳳姑！鄔思道挺了一下身子想站起來，幾乎栽倒了，又癱坐了椅上，已是形同木偶！

金鳳姑是從黨家回來接兒子的，萬沒想到這個「早就死了」的人會突然出現在她面前。好像一下子給人抽乾了血，鳳姑臉色青中透黃，呆若木雞地立在當院，任憑阿寶在懷中揉搓，半晌，方勉強一笑，拉著阿寶趦進來，進門蹲了個萬福，低著頭道：「靜仁表弟，你來了……」鄔思道兩手緊緊握著椅把手，他面色蒼白得可怕，渾身像是泡在冰水裡，噤得氣也透不過來。他極力抑制著心跳，木然點點頭，說道：

「鳳……表姐，你……好。」

「嗯。」鳳姑的聲音低得只有自己才聽得見，半晌才無聲透了口氣，問道：「你呢？」

「你都看見了的。」

……

「苦了兄弟你了……」不知過了多久，金鳳姑才嚶嚶低語道，「我……」

鄔思道突然冷靜了下來。他高傲地咬著嘴唇，用冷漠乾燥的喉音「嗯」了一聲，說道，「你忙去吧。」略一思忖，架起拐杖至書案上，從搭褳裡摸出一塊二兩重的銀子，輕輕放在茶几上，說道：「回頭告訴姑父，我有事走了。這是衣服和飯錢。」

「靜仁！」

「我叫鄔思道。」鄔思道不疾不徐，口氣冷得結了冰似的，「自今而後，我永不用『靜仁』二字，請免開尊口。」

「你聽我說——我是……我不是……」她急得不知怎樣說才好，扎煞著兩手，想上來攙扶，又陡地站住了腳，淚水早走珠般滾落出來。阿寶起先還癡癡茫茫地看，這會兒被兩個人的神情嚇得直往媽媽懷裡鑽，仰臉望望兩個陰沉著臉的大人「哇」地哭出了聲。

「靜仁——思道！這大熱天的，天又陰上來，你要哪裡去？」金鳳姑急急說道，

鄔思道沒有理會這母子，踱出院外，果見黑沉沉樓雲崢嶸而起，一陣風掃過，吹得他渾身起慄。他呆笑著趄回房裡，向椅上頹然一坐，仰首望著窗外，說道：「記得清涼山麼？……那兒離虎踞關多近……真好景致！記得你當時的詩麼？」他滿眼是淚，滾動著不肯落下，曼聲吟哦：

生年虛負骨玲瓏，幽幽古情雲樹中。
君子由來能化鶴，美人何日便成虹？
王孫芳草年年綠，嶺頭桃花度度紅。
碧城夜闌曲十二，是誰重訴梨花夢？

吟著，鄔思道再也不能自已，喉頭乾澀地發出一種似哭似笑的咽聲，口中喃喃道：「……當時我說，這詩並不出色，有情而已……如今想起來恍若隔世！你今日居然還有心思可憐我——笑話，我可憐麼？……」

「天爺！」金鳳姑面白如紙，「你還說這些做什麼？」說罷一把抱起嚇呆了的阿

寶，掩面而去。

鄔思道悵然望著她的背影，一陣風撲過來，他打了個寒噤：自己是不是做得過分了？但此情此事，到了這一步，住在金家無論如何是不合適的了。他略一沉思，收拾了一下自己的行裝，便架著拐杖出來。不料剛到二門穿堂，可可兒地就遇上金玉澤帶著一個三十多歲的壯年漢子說笑著進來。

「思道，」金玉澤站住了腳，神色多少有點尷尬地看了那個男人一眼方道：「你這是……？」鄔思道微微一躬，高傲地仰起了臉，說道：「姑父，侄兒有幾個朋友在京，我要去瞧瞧他們，就此別過了。」

「朋友？……我怎麼不知道？」金玉澤囁嚅道。

「物以類聚人以群分，我的都是些貧賤之交。」

「那也不必就去。你就住在我這裡，萬事都有姑父作主。」

「姑父，梁園雖好，終非故鄉，我焉能久居此地？」

金玉澤早已料到鄔思道在府住不安，只不防這麼快就折騰著要走，因端起長輩的架子道：「這成什麼話？匆匆而來，急急而去，是什麼道理？我虧待了你麼？」

「不敢，」鄔思道挑釁地看著金玉澤，「我不曾說姑父虧待了我，姑父又何嘗虧待過我？」金玉澤被他噎得一怔，但這個鄔思道他是知道的，最能惹事生非的一個人，怎麼能輕易放他出去胡說？呆了一陣，金玉澤換了笑臉緩聲說道：「怎麼就和你父親一個脾性？受了多少挫磨，仍舊這麼氣盛！哦……我差點忘了，這個就是你的表姐夫，黨逢恩，如今在西山銳健營，已經做到游擊——快回房去，你看這天立時要變，就快黑了——今晚逢恩也不回去，我們難得一處好好談談……」黨逢恩雖是武職，談吐卻甚風雅，見鄔思道氣色不善，雖不知就裡，也幫著岳丈挽留道：「原來是內表弟來了，怪不得岳父在八爺家吃酒坐不安席！表弟，久聞你的文名了，我雖是武夫，也喜愛附庸風雅。今晚就別走了吧，我們重燒絳蠟，再移酒樽，作一夕快談……」

鄔思道抬頭看了看天色，已過酉時，蒼穹上黑雲翻攪電走金蛇，不時傳來沉沉雷聲，像巨大的車輪從冰河上輾過，發出嚇人的爆裂聲。鄔思道沉吟片刻，心知難以就此脫身，又有點覺得自己過分，遂道：「那好吧……我明日再走吧。這是造化命數所定……」

☆

三個人的酒吃得並不快活。黨逢恩從他二人口風中已漸漸聽出了事情的苗頭。雖盡力周旋，盡半主之道，無奈鄔思道心意不暢毫無酒興，因見鄔思道連談文也懶懶的，便轉了話題，問道：「岳丈，您和鄂倫岱軍門坐在一席，我聽見你們那邊說，皇上有意巡視熱河，是真的麼？」

「定的過了八月節走。」金玉澤部曹小官，原本沒資格與鄂倫岱這樣的頭等侍衛攀談，此刻卻要在鄔思道跟前裝大，見女婿問，神秘地壓著嗓子道，「這回皇上去承德，是佟國維中堂坐鎮北京，張廷玉和馬齊兩位相爺護駕！已經有旨，發出廷寄，叫在外的五阿哥、十四阿哥從古北口趕回北京從駕，四爺在安徽，也叫十三爺從蕪湖水軍大營趕往桐城，從速處置河務差使，也得在八月十五前回到北京。」黨逢恩道：「巡視熱河，無非哨鹿打獵，動這麼大的干戈？五爺十四爺不說，原就要回來的。四爺十三爺那邊差事極忙，叫回來做什麼？」金玉澤連吃兩場酒，已面紅耳熱，要在鄔思道跟前炫耀體面，格格笑道：「小輩後生，好生領略萬歲爺的聖意。大約太子爺的位子要坐不穩了！」

黨逢恩眉頭一皺，說道：「你老這話非同兒戲！五月端陽節前，太子爺還代天子往西山勞軍來著，好端端的怎麼會廢了？」「八爺府的信兒還會有錯？」金玉澤「吱兒」呷了一口酒，「太子東宮裡侍衛全都換了！四爺是太子黨的，這二年在戶部清理虧空，黑眼珠盯著白銀子，要帳要得雞飛狗跳，加上十三爺這個幫手，逼著人還錢，光外省命官就自殺了二十多個，十爺把家當全都擺在琉璃廠賣——這樣的爺將來當政坐朝，還有下頭人活命的份兒麼？今兒吃酒你瞧見沒有？頭一桌上挨著九爺坐的那個，就是毓慶宮的何公公，藍翎子總管太監，如今打著盤子想投靠八爺了！」黨逢恩聽著不住搖頭，說道：「這都是明面上的事。四爺十三爺戶部差事辦砸了，到外省遮羞避禍，眼見今秋八月十五，萬歲爺恰過五十五聖誕，想兒孫滿堂，熱鬧些子是有的。岳父，八爺和太子爺有點過不去，下頭人造作這些謠言，聽一聽作秋風過耳則可，不可全信吶！」

「也不可不信。」金玉澤睨了一眼靜坐不語的鄔思道，見他一臉的漫不經心，多少有點失望，冷冷道：「逢恩，親家副憲大人已經退休多年，如今時事已非，早不是康熙十二年親家從廣東逃回北京時的光景了。皇后死了三十多年，又新添了十八個阿哥，各有各的門路，各有各的權勢，他也不可墨守舊見，你前途正遠，更要審時度勢。八爺說，自從康熙四十二年，朝局早已又是一番天地了！」

鄔思道眉棱微微一抖，他想到了胤禛，萬不料這個顯赫的阿哥處景也如此岌岌可危，陡地一陣寒意襲上來：今晚自己是怎麼了？聽了這麼多不該聽的話居然懵懵懂懂！正想著脫身，天空一個明閃，接著一聲石破天驚般的炸雷響起，撼得房宇顫動。鄔思道見他們二人被震得發呆，笑著起身道：「姑父，表姐夫，迅雷烈風助談興，今晚的酒吃得高興。不過我委實身子支撐不來了，像我這樣為世所棄的殘廢，你們功名中人談的那些，都叫個『於我如浮雲』。來，我敬你們一杯，可要先告退了。」

「我們只顧談朝局，冷落了兄弟。」一黨逢恩笑容可掬起身道，「其實這些酒後茶餘的話，滿可一笑置之的——既如此，我們共進三杯，再敬岳父一杯，也好安歇了。好在有說話的日子呢！」

於是二人連乾三杯，又敬金玉澤一盅。金玉澤已是微醺，說道：「就在姑父這安心住下，一切都在姑父身上！姑父如今和八爺府的人相與得好，八爺這人恐怕你也聽說過，有學問、仁義厚道，最惜貧憐弱的——當年你鬧南闈，八爺還誇你是真名士、大丈夫來著！如今你雖殘了身子，又沒殘了學問，明兒我就薦了你進去，他北書房還缺一個司墨，在那兒當個清客相公——不是我說誑話，多少進士翰林拚著不作官，想謀這個差使還得不著呢！姑父不虧待你！」說罷拈鬚呵呵大笑。

「多承姑父厚意。」鄔思道嘴角帶著微笑，不用心根本聽不出他口氣中的譏諷，「我雖不識宦途，聽得出你們都是要指日高升的。我已絕望政治，這次進京原想托福做個陶朱公，想不到姑父還有如此手眼！就這樣，我在這歇幾日，會會朋友，等你為我謀差的事有信兒了再商量如何？」說罷莞爾一笑，架著拐杖從容而去。這時天上已開始零星下雨，黃豆大的雨點打得院中青磚噼剝作響。

黨逢恩立在階上眼見家人用燈導引著鄔思道遠去，略一思忖轉身回來，至醉眼迷離的金玉澤身邊，輕聲叫道：「岳父！」

「唔。」

「這就是當年大鬧南闈的鄔思道？」

「唔。」

「此人非池中物。」黨逢恩突兀說道，「您老今晚說得太多了。」

「嗯？」

金玉澤一驚，瞿然開目，怔怔望著女婿說道：「你說什麼？」黨逢恩的臉泛著又青又白的光，說道：「岳丈不要誤會，姓黨的是眞男子，壓根不計較鳳姑昔年和他的事。這個鄔思道我原以爲是個莽書生，今日見著了他的顏色。」金玉澤一笑說道：「顏色怎麼的，他如今窮途末路，羽折爪傷，縱有能耐又有什麼用場？」

「他在這裡，我覺得壓抑，他離開這裡，我覺得恐怖。」黨逢恩順著自己的思路繼續說道，「這人氣質叫人害怕……他說他作官不成，想作陶朱富翁，但你今晚言及人物都是舉手之勞就能扶植起他的，爲什麼他絕不央求？」

…………

「八爺如今潛在勢力早已在太子之上，」黨逢恩目光炯炯，「如此權傾朝野的皇家貴胄，你要薦進去，他居然毫不動心！」金玉澤被他沉甸甸的語氣震得酒也醒了，久久才道：「你是說……」黨逢恩放緩了口氣，「我說，他不爲升官，也不爲發財，來京做什麼？我看他是有所爲而來！」

金玉澤瞪著眼想了半晌，搖了搖頭。黨逢恩一笑，說道：「物反常即爲妖。此人昔年率幾百名舉人抬財神大鬧貢院，事敗出走隱居讀書十年不出，滿心東山再起，卻又落了殘疾，千里風塵趕來投親，又遇上鳳姑另嫁，要是你，心裡會怎樣？」金玉澤從齒縫裡蹦出一個字來：「恨！」

「當然，」黨逢恩冷森森道，「恨天恨地恨人，但首當其衝的最恨你我！所以無論哪個阿哥或達官貴人收留了他，但只得勢，你我永無寧日！」

這番話敲骨扣髓，黨逢恩娓娓言來，金玉澤覺得句句鞭辟入裡，忍不住打了個寒噤，惡狠狠說道：「明日我就著人遣送他回籍！」

「回去依舊又來了！」黨逢恩幽幽說道，「而且恨加一倍。」

「你說怎麼辦？」

黨逢恩走到一支蠟前，「撲」地一口吹滅了，房裡的光線頓時黯淡了些。金玉澤身子一縮，說道：「京師輦下，做不得這種事。」黨逢恩來回踱了兩步，倏然轉身道：「可以借刀。」

一個明閃，天好似要裂成兩半似地脆響一聲，又恢復了黑暗，只有淙淙大雨直瀉而下。

7

情場潦倒棲身古刹
文士熱中閒論時藝

一聲輕輕的敲門聲驚醒了鄔思道，側起身聽時卻又沒了動靜，只窗外驚風密雨急促地響成一片。鄔思道以爲是耳誤，倒頭正要再睡，敲門聲卻又響了。

「誰？」

沒有應聲，但門環又響了兩聲。鄔思道披衣起身，剛把門拉開一條縫，一個黑影便閃了進來，回身又掩上了門。鄔思道睜大了眼，但房裡太暗，黑魆魆什麼也看不清。鄔思道暗中格格笑道：「做這模樣幹什麼？我是久經滄海難爲水的人，什麼事都見過。」

「是我……」

那人怯生生說了一句。外邊青光一閃，電照長空，鄔思道看得淸淸爽爽，竟是個女人！他頓時覺得渾身的血一陣倒湧，恨不得一拐打過去，惡狠狠道：「你？金鳳姑——給我滾出去！」

「我不是鳳姑。」那人在暗中，似乎也吃了一驚，良久才開口說話，聲音卻有點哽咽：「我是……鳳姑的後娘——你必定還記得蘭草兒吧？」

鄔思道吃驚地張大了嘴，一屁股坐回床沿上。蘭草兒是姑姑的陪嫁丫頭，當年在南京時常過來侍候自己。有時鄔思道和鳳姑彈琴吟詩，她常拿著針線活計癡癡地在一旁看。今日來金府一天，也沒見她露面，這時辰偷偷摸進房來，來由不問可知。想著，鄔思道陰鬱地說道：「長幼有序、男女有別，你想事想左了。今日事天知地知你知我知，什麼也別說，你快走吧！」

「鄔先生，」蘭草兒說道，黑地裡看不出她什麼臉色，「我是正正經經的人，不爲……你大難臨頭，立刻得走！」鄔思道渾身毛髮豎起，忘情間幾乎想立起身來，半晌才道：「我何危之有？」蘭草兒急得不知怎麼說好，「沒有工夫細說！就一車話也講不清！老死鬼和姓黨的定計，天明送你去順天府，要當欽犯辦……」

鄔思道緊張地思索著，他猜不透這女人爲什麼這樣做，所以斷不準她的話是眞是假。半晌，咬牙笑道：「就送順天府，也是有王法的地方兒。太皇太后薨逝，朝廷大赦恩旨，我的『罪』早赦了——我原說就走，何必用這法子攆我？」蘭草兒被他頂得一怔，許久才啜泣著說道：「我曉得你難信……我是不乾淨的人……世路險惡，順天府府丞就是老爺的把弟，隆科多老爺，也是八王的什麼親戚！哪裡有什麼道理？你……你不信我……可怎麼好……」她話未說完，鄔思道已架起拐杖，低沉地說道：「你不要說了，我立刻走！」

「阿彌陀佛！」蘭草兒念了一聲佛，輕輕開了門，一陣急雨頓時掃了進來，襲得鄔思道打了個寒顫，卻聽蘭草兒輕輕吁了一口氣，閃出門外，仰頭看看閃著電的天，揮手道：「跟著我！」

鄔思道一出門渾身就濕透了，艱難地架著拐杖跟著身影飄忽的蘭草兒，繞過穿堂，躡腳兒穿過西花廳進了花園，蹚著花間小道上的積水，踅過一座涼亭，眼見前邊黑乎乎一個角門，蘭草兒住了腳，窸窸窣窣掏出一串鑰匙一把一把試著。許久，方聽「吱」地一聲，門打開了。鄔思道出來看時，外頭一片荒郊，電閃一個接一個，照得白晝一般，四周翻江倒海價一片雷電風雨之聲，攪得天地成了混沌世界。鄔思道仰天嘆息一聲架拐便走。

「鄔——鄔先生！」

「怎麼？」鄔思道頭也不回地問道。

「你帶有錢麼？」

一語提醒了鄔思道：褡褳沒拿。想了想說道：「沒有。」蘭草兒在懷裡摸索了一下，遞過一個包兒，道：「這是我的體己，事情太急，沒來得及多預備，你……別嫌棄……」鄔思道呆呆地接過銀子，那銀子還溫溫的，帶著蘭草兒的體熱，一股似氣似血的熱浪湧了上來。正要說話，蘭草兒又問：「你奔哪裡？有地方去麼？」

「我不知道。」鄔思道悵然望著天空，搖頭道，「走著看吧！」

「四爺府有人來打聽過你，你投奔他吧。」蘭草兒輕聲道。「你……身帶殘疾，又沒個親戚，京師又有人害你，恐怕只有四爺，才護得你周全。」

鄔思道驚異地看了一眼蘭草兒，心中一動，他想起了虹橋酒樓上那位穩沉持重、極修邊幅的皇阿哥胤禛，沒想到他一直惦念著自己！想著，喃喃說道：「……這是緣分……」「你說什麼？」蘭草兒問道。「沒說什麼，」鄔思道回過了神，盯視著蘭草兒問道：「我想知道，你爲什麼救我？」

「……」

「你要叫我猜一輩子麼？」

「鄔先生……」

「唔，唔？」

「我……我是天下最不要臉的……苦命女子。」蘭草兒嗚咽著，幾乎放了聲兒，「你……你……你能……親我一下麼？」

又是一聲沉雷，車輪子輾過石橋似的在兩人頭頂上回轉盤旋。鄔思道沒言聲，近前來仔細看著蘭草兒的臉龐。閃電照來，似乎還是十年前那樣嬌秀，那樣憨憨地，癡癡地。他什麼也沒說，向她淋得濕涼的臉頰上深深一吻，輕聲道：「把這鎖砸壞，回去收了我的褡褳……」猛地一推，轉身消失在蒼茫雨夜裡。

鄔思道高一腳低一腳在蠻荒無人的蓬蒿中穿行著，越過一段亂葬崗，又繞了一個長滿蘆葦的池塘，下了官道漸入街衢。他很想靜下心好好想想夜來的事，想想眼下該怎麼辦，但雨太大了，心太亂了，近乎麻木的遲鈍膠著了他的心，也不知渾身哪來的勁，篤篤走得飛快——似乎就這樣一直走到死最好。

忽然雨中傳來三聲沉悶的炮響，鄔思道才意識到是拱辰台報時，已至子正夜半。他擦了一下滿是雨水的前額向前眺望，雨簾中遙遙隱隱一排燈光閃爍。走近了瞧時，原是一座古刹，山門飛檐吊斗畫拱罘罳，十分壯觀宏偉，正中一塊盤龍泥金大匾，寫著「敕建大慧寺」五個大字，檐下吊著四盞碩大的白紗宮燈，在風中淒涼地晃著，卻是闃無人聲，只廟裡隱隱傳出鼓鈸誦經之聲。鄔思道乍從雨地到廟門下，進了人煙之地，踩著乾燥的磚地，彷彿剛剛做過一場噩夢，怔怔盯著那幾盞燈，覺得刺眼的亮，忽然一陣眩暈，他歪倒在山門的輔首環下，就什麼也不知道了。

再醒來時，鄔思道發現自己躺在一間窄長破舊的房子裡。因天陰，屋裡很暗，被煙熏得黝黑的壁上嵌著一排斑駁的石碑——一望可知，這是一座碑廊改建的僧房，年久失修，已廢棄不用。外邊的雨已經不是那麼嚇人，但仍在沒完沒了地下，不時傳來陣陣雷聲，從破窗櫺中隨風飄進的雨珠落在臉上，帶著冰涼的甜意，很適意。鄔思道抬了一下頭，仍覺暈眩難忍，便又弛然臥倒閉目養神，暗自惦惙：不知是誰救了自己？忽然聽見一陣腳步雜沓，忙又睜開眼看。

「醒了！李紱兄——你來看！」進來的是兩個書生和一個頭陀，一眼就看見鄔思道在疑惑地看著眾人，一個方臉書生驚喜地蹲下身子招呼，「這個狗肉和尙眞是妙手神醫

——依著廟裡那群禿驢，你這會子早已在左家莊化人場燒成灰了！嘖嘖！生死人而肉白骨，性音眞是好手段！」那個叫李紱的走近了，覷著鄔思道的臉色道：「眞的是見好了。昨晚我還看著是沒指望了呢！先生貴姓台甫？要不是田文鏡和性音，恐怕早就不中用了……你昏了三天，知道麼？」「三天？」鄔思道渾身一顫，「我在這兒睡了三天？」說著，瞥了一眼那個叫性音的頭陀。

性音穿著件破爛流丟的土黃僧服，一身油膩，看去有三十歲上下，腰間一柄鑌鐵戒刀烏黑沉重地拖著，足有三四十斤，卻是嘻皮笑臉一副怪相。聽李紱田文鏡說話，也不理會，從懷中拽出一塊肥得流油的臘鵝大口價撕咬著，笑道：「鄔先生，貧僧不讓你了，諒你也沒這胃口。你可是兩世爲人了，怎麼報答我和尚呢？」鄔思道睜大了眼沒言語，田文鏡忍不住問道：「原來你們早就相識？」

鄔思道搖搖頭，聲氣微弱地問道：「和尚，何處掛搭，又怎麼認得我鄔思道？」性音大口價嚼著鵝肉，口中咂咂有聲，笑道：「你尋根盤底兒麼？我是地藏王菩薩座下判官，我不批字兒，生死簿上沒你的名諱！出家人四大皆空，也不指你報答，比不得他二位，夜夜會文，日日八股，一心要大魁天下奪個狀元，一頭栽進紅塵中，不怕來個滿嘴泥！可嘆可嘆……不過和尚也有一宗兒不如人，沒有親戚可投，沒有婚姻可賴。自然囉，哪得個女人投懷送抱，雨地裡親嘴兒偷情……」說罷呵呵大笑。鄔思道被他一頓夾七夾八的瘋話說得目瞪口呆。李紱和田文鏡卻只一笑。田文鏡因道：「也沒見過這樣的和尚，每日雞鴨鵝肉不離口，死貓癩狗一撈而食，眞的是唐突佛祖，玷汚山門！夜裡呢，咬牙放屁打呼嚕都佔全了，要不是和巨來兄路上住賊店沒了盤纏，能有一分奈何，誰和你擠在一處受罪？」說罷便拉了李紱，又道：「咱們按昨日分的題做文章，不要理他！」

「阿彌陀佛！二位眞是富貴中人，不識六祖養生法門！」性音眼見二人到北首一張破桌前磨墨鋪紙，笑著追了一句，「我這放屁如同你們做文章，那是功夫——不是童子身，恐怕還練不來呢！」說罷起身懶懶打了個呵欠，雙手合十盤膝坐了鄔思道身邊，剎那間已是換了一個人似的，一臉莊敬之色，侃侃道：「你閉上眼，不要想事，不要用力，我行功給你治病。」鄔思道也著實乏了，合上眼說道：「鄔某讀盡三墳五典八索九丘，黃帝內經金匱要略也稍有涉獵，不曾聽說過這樣治病的。你莫搗鬼，我是不信的……」性音合掌端坐，冷冷答道：「我佛以寂空濟世，藏大乘之經三十萬卷，恐怕先生不曾讀盡——阿彌陀佛，大道如海，豈有崖岸？」

鄔思道閉著眼還要回駁，忽然覺得一股似涼似麻的氣流自湧泉穴直透而上，沛然直浸泥丸宮，頓時心際如秋風過崗，不慮蕩滌如洗，心下清亮卻噤噤不能再言。陡然間已明白，這個癩頭陀眞的是身懷絕技。忙遵囑收攝心神，微睨了眼瞧時，性音木坐如偶已經入定，卻也如平常打坐一般，並無異樣。此時鄔思道覺得氣流漸漸變暖，愈來愈強，在體內沖波逆折，所向之處五臟中七葷八素格格有聲，種種積鬱被氣流導引著搖撼、翻騰、瓦解，四肢百骸頓覺鬆泰暢美，鄔思道心裡禁不住驚訝稱奇。

「好了。」許久，才聽性音說道，「睜開眼，坐起來！」

鄔思道眨眨眼，立時滿目清亮，試著雙手一撐，居然毫不費力便坐直了身子，卻不說話，直瞪瞪看著又變得笑嘻嘻的性音。性音扮個怪臉，笑道：「如何，不謝謝羅漢？」李紱田文鏡剛做完一篇破題，正換著看稿子，見此情景也都轉過臉來。李紱兀自手裡提著墨瀋淋漓的筆，驚道：「眞是神仙手段！前幾日都是抵掌授氣給鄔先生療疾，既有這法子，何不早用？」性音嘻笑道：「沉疴不用急藥，也要他身子耐受得住才成啊！豈不聞放屁容易收屁難？」鄔思道怔怔問道：「你一路跟我，救我，是爲什麼？」

「我和你有緣分嘛。」性音道，「龍華會上前世修來的唄！」鄔思道見他不肯說，也只好罷了，便問田文鏡：「二位八股做的什麼題目，可否見教一下？」「哦，」李紱說道，「是兩篇破題，題目是『殷有三仁』。」說罷便將兩張紙遞過來。鄔思道先看田文鏡的，寫的是：

道存多途，歸於仁，則歧路通聖，或忠或恕，不乖於天人之理焉。

鄔思道點頭道：「田兄這一破，道理上去得，卻不甚切題，經不得考官磨勘。『三仁』是題中點明的，你一個字也不提，『魔王』們豈能饒你？」說罷又看李紱的，卻是一色八分正楷，寫得端麗嫵媚，卻是：

三子者不同道，於仁則一。仁而已矣，何必同？

鄔思道不禁嘆道：「言簡意賅，算得上通幽入微了，就是這筆字鋒中無骨，微有缺憾——但兩卷相比，這個自然要略佔上風。」說罷，幽幽地嘆了一口氣，他忽然想起了自己，縱能做得花團錦簇似的文章，還能如李田二人躋身龍門一決雌雄麼？性音在旁笑道：「你們說的熱鬧，我聽著一點趣兒也沒有，這種敲門磚文章究竟於世人何用？」

「萬歲登極之初，曾下旨廢過八股，就是因爲它實在不能有益於世。但牢籠英雄，除此也無別的良法——沒有這塊敲門磚，你就敲不開這扇門，這就是用處！」鄔思道款款說道，「但文隨人用，這文章中也不盡是空話。比如剛才兩篇破題，說的是仁義之道，都是爲了仁德愛民，有寬的、有嚴的、有苛的、有暴的——仁是根本，但想到『仁』這個地步，各人走的路卻又不同。世道治，用法寬厚，懷柔文明；世道亂，用刑震懾，重典殺伐，也還是個仁！性音，你讀佛典三十萬卷，懂這個理麼？」性音笑道：「我哪裡讀過什麼黃子三十萬卷？就引出你這一篇宏論！世上的事都是劫數，你們讀書人都弄不清，禿驢們倒能知道？」鄔思道雙目望天，喃喃說道：「這說的也是。治世之理人人都能說一套，做起來依舊懵懂——你們聽，天上這雷聲，有人說是天鼓，有人說是天籟。總而言之是上天的威怒，可誰見過雷擊死豺狼虎豹毒蛇猛獸？只撿著人，撿著牛打！老天爺，他公道麼？」說著，天上眞的響過一陣雷聲，震得衆人打心裡起慄，鄔思道已是兩眼汪滿了淚。

幾個人正發怔，便聽前頭禪堂隱隱傳來鼓鈸之聲，夾著和尚們誦經撞磬「托托」不斷頭的木魚敲得山響，和這屋裡的氣氛十分不協調。田文鏡笑道：「松下喝道，琴邊饕餮——眞殺風景，還想再聽鄔先生高論呢！又是誰家做喪事？」

「張士平死了。當朝宰相張廷玉的三公子。」性音無所謂地說道，「這是張家做法事。沒聽和尙們唸的《往生咒》？」「張廷玉？」李紱側著頭想了想，「張家世代大儒，孔門弟子，也皈依佛家？」田文鏡笑道：「巨來眞個呆！如今還有哪家王公大臣內眷不信佛的？就連四阿哥，天璜貴胄金枝玉葉，也還是佛門弟子呢！說到大儒，張廷玉父親張英倒算得一個，張廷玉是恩蔭進士，不過沾了祖上的光罷了。」

李紱嘆道：「現下的事不能單看科舉，以爲中得高就是鴻儒，張廷玉的才學在一干大臣裡也就算出尖兒的了。國初籠絡漢人文士，擧子們好歹有篇文章略看得過，就少不了有個功名。明珠爲相二十年，不過是個同進士底子；高士奇無賴出身，以擧人身分一登龍門，當即宣麻拜相！我閒了也常想，這就是機遇。那時是世無英雄遂使豎子成名，如今恰顚倒了，是山中老虎結隊行，猴子不敢下樹來！」說罷一笑。田文鏡道：「張廷玉還算廉正，這就難得。我們既趕不上那個時候兒，也只好認命罷了。上一科北闈，是王鴻緒和揆敍的主考，下頭十八房考官，聽說沒一個是黑房①！這個張三公子，聽說是張相不許他走恩蔭的路，功課逼得緊，累得病死的——做宰相的能有這份心，這一科輿許不至於吃得一戶也不剩吧？」

「你太老實了。」性音在旁笑道，「就信了張管家放屁！這張士平是氣死的不假，不過不是為功課，倒是為了一個女人，真真切切的一個情種呢！張家不過要遮醜，放這麼個風兒，這就是張相的聰明處了。」李紱眉棱微微抖動了一下，問道：「是怎麼回事？」

性音看了一眼鄔思道，說道，「去年張相爺去金陵，張士平也跟去了，不知怎的就和宵月樓的一個叫桂兒的侍書相好上。相爺回京，張士平給她贖了身，藏在艙板裡要帶回北京。不想半道上被張廷玉查出來，把個三爺按倒在官船裡抽了四十皮鞭，打了個稀爛，又冒了風寒，回京就一命嗚呼了。」李紱聽了沒吱聲，田文鏡問道：「那個女的呢？」

「女的卻很是烈性。」性音臉上毫無表情，「當時伏在張士平身上哀哀痛哭一場，起身對張相一拜，說：『是我勾引三少爺的。相爺，我拿命抵三爺這個錯兒，您就恕了他吧！』說罷就一頭撞死在鐵錨上……阿彌陀佛，罪過！」

鄔思道聽得心裡一沉，不由想起自家：這樣的節烈女子，怎麼自己就沒有福分碰上？心下悽然，只忍著低頭不語。田文鏡笑道：「可惜了張三公子，竟是為情而死。這事叫山東蒲留仙聽到，必定寫進聊齋，又有一篇好文章可讀了。」李紱正色說道：「其實這個女子更可悲。若不能守身如玉，大可不必尋死，真的從一而終，當初就不該身入青樓。這節婦不像節婦，娼婦不像娼婦，就寫墓誌銘，也難煞文人。」鄔思道聽著越發刺心，如此慘烈故事，只是評頭論足，渾當兒戲說笑！因起身道：「道學家論人，挑剔磨勘，刻薄不在考官之下。天理人情珠聯璧合的完人，古來能有幾個？這『不得已』三字，孔夫子眞該寫進《中庸》之中。」說罷逕自架著拐杖出來，沿碑廊一路看著向南走。

這座大覺寺後頭破爛，愈往前走愈是齊整，鄔思道轉過大悲殿，頓覺金翠輝煌眼目一亮。大悲殿正中矗著的那尊青銅如來坐像足有五丈高，兩個脅從菩薩也係銅鑄，座後壁上繪五百羅漢貼金像，也都一個個栩栩如生，天風衣帶寶相莊嚴。殿廡西側壁一色水金瀝粉，繪著番佛、跟伴、娃娃、難人、鬼使，都是赤身裝扮，戴著護肩、頭箍、花冠、耳環、鐲釧、纓絡……張牙舞爪神情詭異，不知都是什麼故事。東側則滿牆金紫交錯，繪著華蓋、琵琶、降魔杵、九錫杖、流雲托、豹尾槍、牛耳刀……還有什麼寶幡、雲頭、番草、寶珠、方旗、風火輪，卻是木蓮救度佛母，還有如來雪山割肉飼鷹圖像，亂紛紛的並不見什麼好處。倒是佛前雁序列位的二十八諸天，有的和藹慈祥，有的若有所思，有的神情悲愴，有的開懷大笑，或蒼老龍鍾、或文質彬彬、或威猛猙獰，頗覺發人深省。鄔思道到底大病初癒的人，輾轉隨喜這一陣，便覺氣虛沁汗，腹中像是有點餓的光景。因雨天遊人稀少，知道沒處買東西吃，尋思著踅出殿外，卻見東邊齋房精舍外頭素幔白幃、靈幡高懸，白汪汪的一片靈棚，紙花金箔在微風中瑟瑟作抖，似為離人之泣。鄔思道便知這是張士平停柩所在，想起方才幾個人說話，不覺悲從中來，卻又無從灑這一掬之淚，便踱過來倚柱而立，臉上似悲似喜地呆看。

法事看上去已近尾聲，守在靈桌前的幾個家人披著麻肩，東倒西歪地靠著棚柱，一個接一個地伸懶腰打呵欠，顯得神倦力疲。一個管家模樣的人端了一大盤供果出來，一頭擺放，一頭喝斥衆人：「你們要作死麼？今兒可是正經日子！一會兒老太太駕到，相爺不定也要陪著來。這差使辦得差三落四，仔細著揭皮罷！看那邊擺的紙馬，有的折腿有的沒尾巴，紙轎也淋濕了，還不趕緊把廊下的祭物擺正了——好歹過了今日，太太必定放假，有你們挺屍的時候呢！」衆人方都打疊起精神整理收拾。鄔思道正要離去，突然西邊一個人「嗚」地一聲號啕大哭，捂著臉踉踉蹌蹌闖了過來。鄔思道駭得一怔，定睛瞧時，更是大吃一驚：原來竟是李紱！

註① 黑房：舉人們稱不肯接受賄賂的考官爲「黑房」。

8

大覺寺虛情哭假友
暢春園賢臣説弊政

家人們誰也不防平地裡會突然冒出個陌生人哭靈。驚愕相顧間,李紱一手執黃表紙、一手托著輓幛奔至靈前,撲身拜倒在地,已是哭得軟倒:

「梅清兄啊!我來看你來了……」李紱涕淚滂沱,淚如泉湧,「原與你約定今秋西山登高,飲玉泉水,看晚楓林,羈旅抵足,剪燭論文。你何因棄我而去?你醒一醒……回頭看看李紱,你答我的話呀?……」

他跪在柩前邊訴邊哭,哀切痛不欲生,棚裡棚外悲風裊裊、涼雨瀟瀟,更增愴涼之氣,看得人無不悽然淚落。鄔思道先是一陣茫然,略一忖度頓悟此人奸詐,鬼蜮伎倆翻新,竟假扮這齣苦戲來撞張廷玉的木鐘,以天分心地而論,足令人不寒而慄——想不到徇徇儒雅,狀若處女一個翩翩書生,竟有如此手段!正沒做理會處,轉臉一個白髮蒼蒼的老婆婆,由一個四十多歲的中年人扶著,旁邊簇擁著三四十個老婆子丫頭迤邐過來。管家低聲咕噥了一句「老爺也來了!」便上前打千兒請安道:「奴才給老太太、老爺請安!」鄔思道便知這個白淨面孔、一身月白竹布長褂的中年人,就是權傾朝野的天子幸臣、上書房行走領侍衛內大臣、太子太保兼內閣大學士張廷玉了。

那管家給老太君和張廷玉請了安，瞟一眼李紱，正要說什麼，張廷玉擺擺手，示意他不要言語，只扶著顫巍巍的母親站在一旁沉吟。

「梅清兄……」李紱哭得臉黃黃的，不疾不徐泣聲說道，「英靈不遠，琴台知心，吾有教語叮嚀，送君夜台之行——」說著從懷裡取出十兩一錠銀子，顫抖著手放在靈案上，躬身又是一拜，吟哦道：「維大清康熙四十六年仲夏六月八日，金陵書生李紱謹以心香一瓣，陌錢兩束，豪雨之泣，素幃之挽，告祭於亡友梅清獻台之前。吾兄之生也，金車之富，勛門之貴，簪纓之華，紫藻之懋，而乃懷素含清，超然雅流倜儻，淡泊沖謙，颯然林下之風。以辛夷露申之資，蘭蕙菊芳之貞，雖竹之風節，梅之芳冽，桂之倩姿，月之寒華不足喻也。僕以潦倒之身，菲薄之才，含霜之衰草，帶病之枯木，一遇於莫愁之畔，再逢於雞鳴之寺，遂蒙阮郎之青目，而得侍於子期之琴台！……憶兄交初，即云『君子之澤，五世而斬，雖遇堯天舜地之盛，空懷濟民之志，內乏治世之術，恐難遂平生之願！』斯言如陵，虛懷若谷，僕雖不敏，中心佩服，以爲當今士林子弟芸芸，稀見茂才清德者也……」

他琅琅成誦，毫無拘滯：自己怎樣結交張士平，二人如何臭味相投，又是這般如此，相約同遊京師。如今高山猶在，流水無情，絲弦一斷，空餘夢魂，碧血淌盡，蝴蝶重來……說到痛處拊心疾首，攢眉扼腕，字字句句椎心泣血，倒把衆人聽了個愣。鄔思道也不禁惦惙：此人古文做得很看得過。怔忡間，李紱文章已做到尾聲，只見他含淚向天，娓娓而言：「……今五弦尚在，秋鴻何處？白雲深處，黃鶴杳然！追思前步，瘦馬西風，咸陽古道，趑趄難行……天耶天乎！何奪我良友，而存粗材村質於斯世？心痛無聲，淚血有乾，伏地泣問，天亦無語！……伏惟尚饗！」吟到此處結篇，李紱叩了三個頭，已是氣斷聲嘶。家下人雖不懂他的那些文話，見他傷心至此，早已一片聲陪淚啜泣。

張廷玉想起不應因一個青樓女子痛責愛子，至使老母傷情、膝下寡歡，聽著這撕肝裂心的誄文，句句驚心，字字奪魂，哪裡耐得住淚水走珠兒般奪眶而出。李紱卻全不理會，怔著起身來，向守在靈前的管家一揖，說道：「這是梅清兄在南京借給我的。他說過不要還，我也原想用它沽酒與張兄共飲……唉……煩你買一罎酒，埋……埋在他的墳側吧……」

「這是士平的朋友？」老太太轉臉問張廷玉，「你認識麼？」張廷玉搖搖頭，躬身說道：「兒子不認識——難得這孽障，竟有如此之友！」老太太滿面悽容瀅瀅欲淚，一轉臉見李紱要走，便抬手道：「那位先生，請暫留步！」李紱站住腳，矜持地過來，向老夫人長揖道：「老人家，您叫我有事？」

老夫人上下打量他時，神清氣秀弱不禁風，宛然便是自己夭折的愛孫，不由長嘆一聲，問道：「你是士平的文友？」

「嗯。」李紱點點頭，差點又哭出來，「在南京認識的。」

「士平在南京只兩個月。」張廷玉皺著眉頭道，「能交上你這樣的朋友，也算不虛此行。」他畢竟諳知世故，心裡對這事多少還有點疑惑。李紱淡漠地答道：「交友之道，以氣相通以聲相結，傾蓋可以如故豈在時日長短？」張廷玉聽了心裡一動，茫然看著兒子的「朋友」，一時竟無話可說。

李紱進前一步，問道：「尊駕是……」

「我是梅清的父親。」張廷玉看著棺材，目光中的神氣彷彿要呼喚自己的兒子起來，良久才黯淡下來。李紱痛呼一聲「世叔！」卻一個字也接不下來，只是掩面痛哭。張廷玉知他是對自己有所責備，又避著尊諱不能出口，心下越發感念這孝廉知禮，也自無言垂淚。老太太在旁撫著李紱肩頭，哽咽道：「眞眞是個知禮的！——你是進京應試的吧？」

李紱也答不出話來，只嗚咽著道：「是……」叩了頭起身拭淚。老太太道：「張家這三個孫子，我最疼憐的就是士平，不想我白髮人倒先送了他去！廷玉，我看這孩子孝義兩全，又和士平要好，既是來京應試，何妨就住到咱們府裡讀書？他大哥二哥閒常一處也能一起會會文兒……」

「老太太」張廷玉忙躬身賠笑道：「兒子也是喜愛文士的。不過這位李紱先生既是來應考，理應迴避，住在府裡不相宜。既然母親有這個慈命，兒子想，不如住到我們家廟裡讀書。考過之後，無論中與不中，都好有個照應，外人也說不出什麼——朝廷今兒已經有旨，叫安徽的四爺和十三爺回京，秋闈只怕二位爺也要主持呢！」

老太太不禁一怔：這裡人多，兒子不便說什麼，但四阿哥胤禛和十三阿哥胤祥都是出了名兒的尖酸刻薄人，張廷玉處高身危，思慮周詳不爲無因，想想說道：「那就依你吧。」說罷便命人打轎回府，李紱自然也跟了去。

鄔思道拖著沉重的雙腿回到後院，才發覺雨早已停了，天色透白發亮。性音不知去了哪裡，只田文鏡抱著一本書，歪在牆邊齁齁地睡著。屋子裡空落落的，鄔思道忽然有一種莫名的寂寞。原來覺得可親可敬的田文鏡，頓時也有了一層淡淡的隔膜。他冷峻的臉上像掛了一層霜，沿著貼牆的石碑，一塊一塊十分仔細地辨別著上面的字跡。

不知過了多長時間，寺裡鐘響，是午齋的時候了，外邊傳來人聲和急促的腳步聲，有人喊著：「就在這裡，就在這屋裡！」說著便有十幾個人連說帶跑一擁而入。睡夢中的田文鏡一撐坐起，揉著惺忪的眼問道：「這是怎麼了？失火了還是起反了？」鄔思道一眼看見張貴夾在人群裡瞪著眼盯自己，頓時臉色雪白：金玉澤到底放不過自己，尋上門來了！

「就是他！」張貴棱著眉，惡狠狠掃視了一眼屋子，指定鄔思道道，「逼姦主母不從，上吊自盡，偷偷藏到廟裡——啊哈！你瞪我做什麼？你這八輩子不得發跡的野雜種，不知道人生三尺世界難藏？我還以爲你遠走高飛了呢，原來還是叫我家太太冤魂纏定了——你做的事人能容天也不容，放屁手掩，你往哪裡走？」鄔思道聽得頭嗡嗡直叫，雙拐一丟便癱坐下去，口中喃喃道：「她死了……她死了？蘭草兒死了……」

張貴哪裡由他分說，一聲「拿！」幾個長隨早如狼似虎撲了上來，套著繩子便將個毫無反抗能力的鄔思道捆得米粽似的，拖起來正要走，驚怔了的田文鏡卻清醒過來，手一擺大聲喝道：

「慢！」

田文鏡慢慢踱至張貴跟前，冷冷一笑問道：「他逼姦你主母，誰是見證？」張貴眼見他戴著鏤花銀座冠，知道是個舉人，也不敢過於輕慢，哼了一聲道：「這種事要什麼見證？主母就吊死在他房裡，還有他的褡褳都在，顯見他雨夜因姦不從，倉皇逃出。人命關天的事，你不要管！」

「哦？」田文鏡歪著頭沉思道，「你主母原來死在鄔思道房裡？就我所知，鄔思道在金家待了不到十二時辰。遠道投親，又有許多應酬，你家主母何因和他竟能有姦，又何故來到鄔思道房中？鄔思道是殘疾人，身無縛雞之力，既然逼姦，你主母又爲何不叫喊求助，反而懸樑自盡？」他一句進逼一句，問得咄咄逼人，卻又有情有據，張貴不禁瞠目結舌，半晌才回過神來，格格一笑，打量著田文鏡道：「你是順天府尹還是宛平縣令？這是審我呢，還是審鄔思道？不過瞧著你是個文人，怕糟蹋了你的功名，你就敢上這個台盤兒！混帳王八蛋，好生打疊肚裡的墨水兒，預備著進場吧！放屁辣騷，管著爺們的閒事？——拉上姓鄔的，走！」

恰正這時，性音一手端著一碗齋飯從南廊過來，屋裡的情形早已聽得清楚，因笑嘻嘻道：「喂，金家大管家，哪有這麼孟浪的？鄔先生幾天沒吃飯，全憑一口氣頂著，這會子跟著你去，還有性命麼？來來來！給和尚個面子，回去告訴你主子，說他身子有病，和尚正在給他調治，等治好了，我親自送他上門，如何？」說著便將一碗粥塞給正在發呆的鄔思道，「趁沒涼，快吃吧，趕著還能再吃一碗——老田，你也快去吃飯，晚了就沒了。哪裡見過這廟裡和尚，什麼佛門弟子，竟都是餓死鬼托生的，扒起飯來命都不要！唉呀呀，嘖嘖嘖……」他雲天霧地嘻皮笑臉喋喋不休地說著，滿屋的人竟視有如無，幾個家人忍俊不禁，掩嘴葫蘆而笑。張貴起先還當他是個瘋子，至此不禁勃然大怒，喝聲「走！」掄圓了一個巴掌就向性音臉上摑將來！不料被性音略一抬手便緊緊攥住，順勢一擰，張貴早翻轉過來半跪在地，拖著腿撅著屁股，疼得齜牙咧嘴。

「好醜樣子！」性音笑著將右手一碗滾熱的稀粥照臉扣了下去，順勢一提一攢，張貴輕飄飄從門裡直跌出一丈多遠！性音搓手譏笑道：「佛祖，罪過！好好一碗飯汚了。」又轉臉對衆人道：「你們哪位敢再試試，要不咱們齋房去？那裡還有半鍋粥呢！」說罷，一手掖了鄔思道出來，道：「咱們走，咱們走……惹不起，還躲不起麼？」衆人見他如此手段，哪裡敢攔，眼睜睜瞧著他們去了。鄔思道被他拽著走得飛快，掙了兩掙，恰如鑄在性音懷中一樣，因道：「你不要拽，我沒有罪，我要和他們順天府理論！」

「鄔先生，」性音一直拖著鄔思道出了山門——那裡早有一乘轎等著——將鄔思道塞進轎中，自己也進來對面坐了，才款款說道，「我是四貝勒府家廟主持和尚，奉四爺命護你多時！你在揚州和人嘔氣，得罪了八爺，若非四爺愛你才華，你已死多時！普天之下除了四爺，恐也無人護得你周全！我把話說明，盼你明達世務，跟著四爺做一番事業，你若一定不肯，我和尚也算盡心了。」

鄔思道靜靜望著向後倒退的街衢房舍，渾如一場噩夢剛剛醒轉，許多不明白的事也若明若暗有了答案，許久才透了一口氣，說道：「從此，我是四爺的人了……」

「四爺信中再三講，不可勉強你。」性音冷冷說道，「你好造化。四爺將以師禮待你。」

☆

張廷玉侍奉著母親回府剛剛下轎，門上的人便上前稟道：「老爺，內廷何柱兒公公剛剛出去，傳太子爺鈞諭，叫你進去呢！」張廷玉不禁一怔，忙問：「是毓慶宮，還是暢春園？」「暢春園。」那家人說，「馬中堂、佟中堂都已經去了，何柱兒聽說老爺不在，急的了不得，說叫快去，和馬中堂佟中堂一齊遞牌子進去。」張廷玉回顧母親，略一躬身子，說道：「母親自請安置，兒子得去了。這位李先生就住家廟，考完之後再見面吧。」說罷匆匆上馬。張府中幾十個家人早已預備好朝衣朝冠朝珠，上馬隨從而行。這是張家規矩，習以爲常，也不及細述。

暢春園地處京師西郊南海淀，因在圓明園之南，所以又叫「前園」。原是前明武清侯李偉的讀書別墅。滿洲人祖居北方涼爽之地，耐不得酷暑炎熱，康熙四十二年之後，國力充裕，便撥內帑二百餘萬兩，除在熱河修造避暑山莊，又在京師對這座前園大加修葺，賜名「暢春」，外環長溪，內羅碧波，其中石山徑幽、亭榭錯落，雖盛夏烈日流火爍金，一入園林，便覺水氣沁涼，苔滑石寒，確是消暑勝苑。

張廷玉帶著家人，快馬兜風出西直門，過了清梵寺，遠遠便見龍吟風嘯、碧沉沉鬱蒼蒼一大片茂林修竹，園門口左右各一彩坊，五色錦繒彩牆頂上虬盤葛纏，枝椏交錯，恰結成「萬壽無疆」字樣，藻鬟長垂下接於地。流水雙閘旁，大門金漆紅柱上，極精神一筆顏書楹聯：

仙仗五雲　鸞鳴和盛世
德車七宿　龍角運中天

張廷玉見闕即滾鞍下馬，換了朝衣，早見裡頭走出一個官員，頭上戴著金青石頂子，插著雙眼孔雀花翎，八蟒五爪的袍子上卻沒有補服。張廷玉暗自詫異：「沒聽說四品文官有賞花翎的呀，再說見皇上怎麼連補服也不穿？」思量間那人已經走近，張廷玉這才看清，原來是朝鮮國使臣金中玉，常駐北京連絡兩國，四品京銜還是去年萬歲賞的，便站住了，笑問：「老金，見過皇上了麼？」

「見過了。」金中玉笑道。他一口極漂亮的京話，單聽口音，根本不知他是外國人，

「今兒得了彩頭。因要回國述職，八貝勒在皇上跟前老金長老金短說了一車好話。皇上一高興，賞了這支翎子，不怕得罪張相，連你還沒有呢！」「哦，你要回國了？」張廷玉沉吟了一下：這個八爺，連外國使臣的馬屁都拍得山響，還嫌勢力小麼？想著，笑道，「偏我這幾日事多。看吧，要能抽出空兒，我親自送你；要不得閒呢，我叫家人送點程儀——回去代我問著國王好！」

金中玉笑吟吟說道：「你是忙人，有這句話什麼都有了。程儀八爺送我六千兩，足足夠用，明春來了有難處我再找張相打飢荒——快進去吧，馬齊佟國維都在佩文齋等著呢！」說罷舉手一揖辭了去。張廷玉不敢再耽擱，由小太監引著進了彩坊，穿過一道玫瑰月季交枝兒搭成的花洞，往西一帶空地——一邊九個油布黃棚，卻是各省入京述職引見官員候旨所在——便見一座三楹相連的歇山式小殿兀立路北，上寫「佩文齋」三個大字，裡頭一個高個子官員戴著起花珊瑚頂子早迎出來，拍手道：「衡臣！怎麼弄的，這早晚才來？萬歲爺剛見了朝鮮使臣，正在更衣。再一會不進來，我們算怎麼一回事呢？」

「馬齊，」張廷玉微笑道，「你這急腳鬼脾性，是宰相模樣兒？我這不是來了？」一邊說，踱進齋內，卻見另一個上書房大臣佟國維，隔著茶几正和一個官員說話，見張廷玉進來，只略一點頭算是見禮，說道：「衡臣，我來紹介一下，這是安徽布政使施世綸……」施世綸早已立起身來，就座中向張廷玉一躬，移身出來又行廳參之禮。張廷玉忙雙手扶起，笑謂佟國維，「我是久仰大名的了，靖海侯施琅大人的六公子施世綸嘛！」

施世綸笑道：「恐怕中堂是『久仰』我的醜名──出了名的『十不全』麼！」

一句話說得衆人都笑了，連架子十足的佟國維也不禁莞爾。張廷玉這才仔細打量施世綸，果眞如民間說的：吊梢眉、三角眼，鼻子和嘴湊得很近，下巴𨱍子似的向前翹起，雞胸、縮脖，聰明疙瘩滴淚痣，走路還略微發瘸，十足的敗相集於一身，只一雙眸子精光四射，灼灼生光，透著渾身筋節強悍，因笑道：「誠然是十不全，易經所謂否極泰來，反成貴相了。」佟國維因道：「廷玉，皇上今兒叫老施一起進見，恐怕要問吏治的事，得有個預備。四爺和十三爺在安徽叨登得大發了，一個參本就革掉三十名府道官員──老施從安徽來，皇上一定要問──這是批本處的節略，你先看看。」說著遞過一本黃綾封面的折子。張廷玉接過折本瀏覽著，心下只是躊躇：這一對兄弟搭檔在京清理積欠，逼死十九員命官，弄得朝野沸騰。太子叫他們去安徽辦河工，其實是避避風頭，怎麼在安徽依然故我，照舊逼債？就不爲自己，難道也不替太子想想？沉吟間馬齊嘆道：「不管別人怎麼說，難得四爺和十三爺這片心，眞正是赤心爲社稷，如今的吏治還了得？一手從國庫裡挖銀子，一手向百姓敲骨吸髓。你看看，當考官收孝廉的錢；當軍官吃當兵的空額，撈軍餉；斷案收賄賂，收捐賦火耗加到一二兩──大清的天下，也眞得有四爺這樣的人痛加整頓。不然，非叫蛀空了不可！」

「治大國如烹小鮮。」佟國維笑道，「稀嫩的小魚，你用𨱍子胡翻亂攪，行嗎？欲速則不達，不能急。」他是康熙生母佟佳氏的嫡親弟弟，一副天璜貴冑架勢，說話時總帶著不容置疑的口氣，出口便是教訓人。張廷玉聽二人意見相左，輕輕合起折頁子，說道：「吏治敗壞是明擺著的，難怪四爺十三爺著急，但積重難返，單憑血氣之勇一味地捅，也不好辦——世綸，說說看，安徽人對這事是什麼口風？」

「回張中堂話。」施世綸躬身答道：「官員是一種口風，民間又是一種口風。官員們說『天不怕，地不怕，就怕四爺叫回話』，老百姓說，『天不驚，地不驚，就怕四爺調回京。』口風是不一樣的——」他梗著脖子只管往下說，張廷玉一眼瞧見一個五十多歲的人正兀立齋前鎏金大銅鼎旁背著手靜聽，慌得急忙擺手，立起身來趨前一步跪下叩頭道：「萬歲！您幾時來的？奴才們只顧說話，竟沒有瞧見主子！」施世綸也嚇了一跳，忙轉過身來行三跪九叩大禮，馬齊佟國維也直挺挺長跪了，請康熙皇帝進齋。

9

畏艱途能吏辭重任 清庫銀明君呈愁顏

康熙皇帝略一點頭，腳步槖槖從容而入，本來議論風生的佩文齋變得鴉雀無聲，走來走去的太監們也都控背躬身，一聲咳痰不聞。施世綸突然一陣緊張，感受到咫尺天顏和天威不測的雙重壓迫。自中進士授官，雖然也引見過幾次，但都是遠遠照一面，略問幾句話便躬身卻步退出，加之近視，根本不知道康熙是什麼樣子，這次幾乎造膝而跪，偏是不敢抬頭。

「你說得有意思，怎麼就啞了？」康熙一邊坐了，笑道，「想看看朕，就抬起頭來，朕又不是老虎，能吃了你『十不全』？」一句話說得張馬佟三個人都笑了，齋裡的氣氛頓時緩和下來。施世綸暗透一口氣，伏身一拜，真的抬起頭來，認真打量一眼康熙。

五十五歲的康熙戴著一頂絨草面生絲纓蒼龍教子珠冠，剪裁得十分得體的石青直地納紗金龍褂罩著一件米色葛紗袍，腰間束著漢白玉四塊瓦明黃馬尾絲帶，已是花白了的鬍子梳理得一絲不亂，嘴角眼瞼都有了細密的魚鱗紋，只濃眉下一雙瞳仁炯炯有神，黑得深不見底，精神看去還算健旺，舉手投足間卻顯出老相——換一個地方，換一身藍衣，他很像一位方正慈祥的三家村學究，根本不會想像到他精算術、會書畫、能天文、通外語，八歲登極，十五歲廟謨獨運智擒鰲拜，十九歲乾綱獨斷，決意撤藩，四下江南，三征西域，征臺灣，靖東北，修明政治，疏浚河運，開博學鴻儒科，一網打盡天下英雄——是個文略武功直追唐宗宋祖，全掛子本事的一位皇帝！

「不能小看了你施世綸啊，敢這樣看朕的惟你一人！」康熙哈哈大笑，右手輕輕拍著案上的奏折，說道：「當日你父親出師臺灣回來，朕問他『你的兒子有幾個可造就的？』施琅說了五個，絕口不提你。後來朕才知道，施琅有個小九九，五個都是不中用的，所以要恩蔭，眞正有能耐的是這個老六，他料定你能自立功名，所以壓根不提，知其子莫如其父呀！」張廷玉見康熙高興，忙湊趣兒道：「方才奴才們還說來著，相書上有破相貴，有似雀兒牌中『窮和』，施琅老將軍大概讀過的，所以鑑人不謬。」施世綸沒想到康熙如此爽明豁達，亦莊亦諧如談家常，頓時輕鬆下來，因笑著回道：「不知子都①之惡者爲無目也，不見無鹽②之美者爲無心也。」

衆人聽了又復大笑，康熙卻改容說道：「說正經事吧。你們都起來——李德全，給幾位大人搬凳子坐！」李德全是養心殿副總管太監，跟康熙二十餘年，差使辦得十分俐落，一疊連聲答應著，早指揮幾個小蘇拉太監擺好凳子。待幾個人坐好，康熙才道：「今兒叫你們上書房人進來議議。施世綸呢，是老十三薦進來的。你在安徽杖責總督府的戈什哈，風骨硬挺，朕想借重你的剛毅廉正……」他仰了一下身子，又道，「戶部的事如今越來越不成話，還要痛加整頓。前番老四從安徽遞來折子，說修河銀子短三十萬，朕原以爲至少也要一百五十萬的，這算很難爲老四老十三的了，誰知戶部就到太子那兒叫苦，給駁了。朕叫人查了一下，新收上來三千萬銀子，不到半年，又借出去千把萬，餘下的朕說過誰動殺誰，虧得這旨意，不然早又借空了！官員們淸苦，指庫借銀的事朕自以爲心裡有數，誰知竟到了這個地步兒！」說著便搖頭，彷彿含著一枚苦橄欖品嚼，良久又嘆息一聲。馬齊忙安慰道「銀子沒有，帳在。這事奴才也略知一二，裡頭的情弊不可勝言。有些戶部官員是把錢拿出去放債取息，這些銀子好追。庫裡還有兩千多萬，一時又不用兵，斷不至於連修河治漕的錢都叫四爺十三爺爲難的。」

「可怕之處正在於此，」佟國維沉吟道，「官缺苦樂不均，俸祿一概菲薄。萬歲說的還只是戶部，吏部的情形更不可問，除了一年冰炭敬常例，下頭不孝敬，該升遷的壓下不奏，不該黜降的就揑造罪名，刑部愁的沒人打官司，只要一件官司到手，必定把犯人證人左鄰右舍都押到京裡，熬油刮骨地折騰。唉……老百姓說屈死不告狀，不單是怕冤獄，更怕的這種折騰。一人犯罪一村精窮，人命案子私和的不知有多少！」佟國維平日不大說話，今日卻說得有點收不住口。康熙靜靜聽著，一聲不吱，只目光幽幽地看著殿門口。張廷玉雖然年輕，但二十幾歲就進了上書房，閱事旣多，深沉練達，只謹守「萬言萬當，不如一默」一箴言。他並非不同意佟國維的見解，六部裡的弊端實情遠遠超出他這點皮毛之見，但他卻有點不明白佟國維的用意。佟國維是「八爺黨」的中堅，愈這樣說，豈不愈加說明四阿哥十三阿哥幹得對，差使辦得好麼？想了半日，心中忽然一動：這些年六部部務，統都是太子胤礽一手主持，六部亂得一團糟，太子有何政績可言？康熙本來就對胤礽的庸懦無能十分不滿，佟國維不動聲色侃侃而言，原來竟是在火上澆油！張廷玉正要說話，馬齊卻道：「老佟，所以皇上才下旨痛責弊端，要狠狠整頓嘛！」張廷玉此刻已經想定主意，因撫膝長嘆一聲。說道：「這都是我們幾個上書房的臣子沒有把事辦好。『主憂臣辱，主辱臣死』，一想起這兩句話，我就慚愧得寢食難安，不遑寧處。」

康熙臉上毫無表情，冷冰冰說道：「各人有各人的帳，這也用不著代什麼人受過。但為人臣，揆之天理，應該有這點子良心不安。」他乾咳一聲，臉色已漸緩和，微笑著問施世綸：「聽說四阿哥在桐城召集全省鹽商，會議聚金修復決潰河道，你知道這事不知道？」「回萬歲話。」施世綸忙欠身答道：「臣是五月十九離開安徽。到京聽見風傳，說四爺十三爺召集鹽商，要強行募捐。其實——」他沒有說完，康熙便擺手制止了，說道：「朕已下旨，叫他們回來。十月朕要去熱河狩獵，會見蒙古王公。所有皇子都要從駕。朕離京前，官員虧空要一體還清，調你來這裡，也就為辦這差使。你到戶部任侍郎，先熟悉一下部務，四阿哥他們也就該回來了。」

「皇上，」張廷玉在旁問道，「你這次離京，還是太子爺在京坐纛兒吧？」

康熙沒有理會張廷玉的問話，盯著施世綸道：「知道為什麼調你來？你這人一介不取，清廉自守，火耗銀子只取四錢，這是好的。但和死了的于成龍患一樣的毛病：敢抗上，窮人和秀才打官司，你偏向窮人；秀才和財主打官司，你偏向秀才。這個秉性有失公道——朕偏取你這秉性，叫你來理財。人手不足，回頭叫老四老十三調幾個，今年進士中也可選幾個留部辦差。」施世綸聽罷旨意，忙起身伏地叩頭道：「萬歲身居九重，洞鑑萬里，說臣的不是都是有的，但臣知過能改。臣秉性嚴剛迂闊，不宜做京官，不拘哪一省，請萬歲仍調臣出去，或按察使、或道府，臣保三年之內，全境夜不閉戶。戶部差事任難事艱，臣才力棉薄，恐難應付，有傷皇上知人之明。」「唔？」康熙拍了拍折子，「怕不是的吧！朕知道，辦這差使要得罪人。但事君惟忠，後路的事該由朕替你想。朕於臣工，包容的多了，你還怕落個沒下場？」

施世綸嚥了一口唾沫，他其實最怕的就是這主子的「包容」。寬仁大度，原是極好的事，但過了頭便成了「放縱」，其弊更不勝言。自四十二年清除索額圖這群「太子黨」，天下久已無事，康熙一心要做古今完人，包容寬縱，一味簡政施恩，弄得文恬武嬉吏治敗壞，種種貪風愈颳愈熾，都從這「包容」二字上生出來。但這又是康熙一直引爲自喜的「盛德」，施世綸如何敢輕易褒貶？囁嚅半晌，竟乍著膽子說道：「臣……不是怕得罪的人多，是怕……得罪的人太大！」齋中幾個大臣不禁面面相覷，心裡都知道他想說什麼，一時把心提得老高。

「太大……」康熙微微一愣，轉臉笑道，「三位輔政，你們有誰收了賄賂，或借了庫銀？」佟國維就挨著康熙下首坐，忙賠笑道：「奴才自己有十幾處莊子，俸祿之外皇上又不時恩賞，怎麼敢背君妄爲？連張馬二位，奴才也敢保的！」康熙因笑道：「朕修這兩處行宮園林，自有正項支用，朕也沒有挪用庫銀。你這『太大』二字據何而云？」施世綸低頭沉思良久，說道：「臣進京已有數日，戶部裡也有幾位同年，談起來相與嘆息。如今朝中有口號：『不欠庫銀非好漢』，萬歲可知道麼？就是上書房幾位宰輔，從前也都借過，四爺十三爺進了戶部才歸還的，聽說阿哥爺們，阿哥爺們……」他看了一眼臉色愈來愈難看的康熙，突然打了個寒顫，說話也結巴了。「大約還有太子？」康熙已經洞若觀火，明白了施世綸所謂「太大」的涵義，伸手彈了彈袍角，「這也沒什麼大不了的。」

張廷玉馬齊佟國維早已坐不住了，通紅著臉站起身來，佟國維聲音低得幾乎只有自己聽得見：「請主子治奴才欺妄之罪，奴才們確曾借過銀子，已是還清了。」

「都坐下。」康熙呆了半晌，突然笑道，「欠債還債，談何欺妄？總比往百姓身上刮搜好！朕是有點不明白，難道連你們這樣的還缺銀子使麼？」佟國維突然雙膝一跪，連連頓首，說道：「萬歲爺……奴才們也是不得已兒。昔日桓公倦政，管仲築宅蓄妓，實有難言之隱……」「放屁！」康熙早就在強按捺性子，聽佟國維的話實在刺心難過，不禁勃然變色，「桓公先明後暗，乃是亡國之君！文死諫武死戰，是臣子本分。太子有不是處，你們只可苦諫，何況朕還活著，爲什麼不奏明了？卻要學管仲爲他分謗！」

他這一發怒，三個大臣和施世綸一提袍角「撲通」一聲跪下，只是叩頭謝罪，滿屋的太監宮女，俱都嚇得面如土色顫慄不語，一時齋內荒廟般死寂，只東壁那座范金大座鐘不緊不慢地咔咔作響。東宮太子胤礽是康熙的二兒子，原是孝誠仁皇后赫舍里氏的獨子，自康熙四十二年索額圖私自結黨，圖謀逼康熙遜位，擁立胤礽事發被誅，一直不得意兒，嚇得避貓鼠似的，除了晨昏定省，不敢多見康熙一面。上書房大臣日日擔心的，就是這一對半老不少的父子不能和衷共濟，夾板氣難受，見康熙公然發作太子，焉能不驚心動魄？張廷玉心中雪亮，康熙今兒這股怒氣，全是佟國維撩撥起來的，但佟國維現是國舅，後頭是八阿哥胤禩強大的勢力，自己一個漢臣，如何敢躋身其間？馬齊素性率眞粗疏，卻不肯跟著佟國維蹚渾水，因叩頭道：「奴才借銀另有緣故：如今六部九卿，無人不借庫銀。奴才和李光地幾個，說起來是一品大員，其實每年一百八十兩俸銀，只這點錢，別說應酬，就是妻兒也養不活！仰仗皇上恩賞，原籍省裡的冰炭敬，又有莊園，本不該借銀子。但若不擺個樣子，外人如何能知底細，想著我們必是指著賣放收受過日子，這貪官惡名兒，如何承擔得起呢？」

「到這地步兒了？借銀子的有好名聲，不借的反倒成了混帳人，聞之令人驚心！」康熙一按桌子起身來，踱了幾步，注目看了看西壁上自己手書的「耐煩」二字，慢慢地，臉上回過顏色，回頭看著滿臉惶惑的施世綸道：「施世綸」。

「臣在……」

「朕越想事體越大。」康熙踱著步子慢吞吞字斟句酌地說道：「準噶爾部的阿拉布坦是隻狼羔子，很不安分，已經佔了喀爾喀部的一大片牧場。也難保朕不第四次親征準噶爾！國家一旦興兵，庫中無銀還了得？所以戶部的積欠銀子一定要儘快收回，你不要心存猶豫。」

「……扎！」

「不要瞻前顧後。戶部尚書梁清標，今日就下旨，著他在京致休，以免掣肘。」康熙目光灼灼看著張廷玉，「張廷玉你草詔。」說罷，將髮辮向後一甩，又對施世綸道：「黃馬褂、王命旗牌朕都賜給你，有專斷之權。後邊又有太子和四阿哥十三阿哥作主，你只管放膽去做。上自朕躬，下至太子群臣，一視同仁一清到底！」

施世綸推諉差使，最怕的就是康熙皇帝心志不堅，見康熙如此決心，一塊石頭頓時落地，他深深伏地，喑啞著嗓子道：「國士報主不計身家，萬歲如此信任，臣焉敢瀆職？」

「這話說得好啊！」康熙慨然嘆道，「朕方才說太子，其實太子爲人朕最清楚，並不是糊塗不明事體的人，要有忠貞之士去輔佐他成全他。外頭傳言說朕要怎樣怎樣太子，都是沒有的事——你們可都聽見了？」四個人都正聽得發怔，忙都叩頭答應，卻聽康熙又道：「朕有一語告誡，天下大權，惟朕一人受之，一人操之，斷無旁落之理。做臣子的不可有了異樣的心思，拉幫結派，禍國營私，被朕查覺，憑誰不能袒護你；但凡你實心爲社稷，有朕在，憑誰不能加害你！」

他的這些話粗聽似乎支離破碎語無倫次，細思則辭意相連首尾相顧，內涵深不可測。幾個人都是文心周納，有什麼不明白的？額頭都密密沁出汗來，一齊答道：「是！」聲音大得連自己也嚇了一跳。

「跪安吧。」康熙目光陰鬱，擺了擺手道：「朕也乏了。施世綸去見見太子，你們幾個下午再遞牌子進來，把擬好的旨稿拿進來朕看。」

註① 春秋時著名美男子，心腸狠毒。

註② 春秋著名賢后，醜女。

10

刻薄貝勒惡宴刁客
硬弓射鳥鞭騾馬驚

調胤禛胤祥入京用的是毓慶宮太子廷寄，早三日前已經飛遞桐城。安徽省上至巡撫將軍，下至縣令司牧無不以手加額，口雖不言暗自慶幸——這兩個無事不管，見樹踢三腳的阿哥爺終於要回北京了。官場的事無秘密可言，於是巡撫衙門早早會同安徽將軍行轅，連同布政使、按察使各開府大吏，紛紛遞折子請領差早日移駕省城安慶，明面兒上說「諸多公務賴請四爺十三爺代稟太子千歲」其實是想「一杯水酒」送神趕鬼，把兩個煞星早早打發回京完事。

「安慶府今兒來了個搖頭大老爺，」胤祥在簽押房佈置好請筵鹽商的事，急急趕回後衙書房，一見胤禛便笑道，「說是請安，其實我聽著是奉了他上司的憲諭，要催著我們去安慶。眞不知我們在這礙著他們什麼事了，比皇上還急著叫我們回京！」

胤禛正在看戶部轉來的清欠條陳片子。年羹堯侍立在側，胤禛看一件遞給他，就在上邊加蓋胤禛的小印。其時正是六月，溽暑難當，但胤禛穿得一絲不亂，年羹堯也只好官帽靴袍周正齊楚，盡自屋裡四角都放著冰盆，依舊熱得一身燥汗。眼見胤祥葛袍芒鞋，長辮盤頂，一身短打扮，幾乎是赤膊，年羹堯不禁欣羨地看了胤祥一眼，卻沒敢言聲。聽了胤祥的話，胤禛沒說話，一份一份折子都看完了，才道：「他們是想燒香送鬼。哪有那麼便宜的事？方才高福兒說，鳳陽與鹽商勾結私吞鹽稅的縣令已經拿到，這場聚銀子的鴻門宴也就好開場了。安慶這群混帳行子，無非收了鹽商的賄，借著旨意壓我上路。不給他們點顏色瞧瞧，用狗兒的話說，就是不知道喇叭是銅鍋是鐵！」說罷一笑，呷了口茶，晃了晃手中一份折子又道：「羹堯，你這份整飭鹽政的條陳寫得呆了些。北京昨日寄來一份，是鄔思道先生草擬的，我想就用他的。」年羹堯素以文武兼備自負，不禁臉一紅，忙躬身道：「奴才的能耐爺最知道，鄔先生當日有江南第一才子的名號，必定好文章！」

「是不是從前四哥說的那個鄔先生？」胤祥見年羹堯難堪，便道，「如今到了四哥府？」胤禛微笑著點點頭，衝裡屋大聲道：「戴鐸，你出來，把那篇策論讀給十三爺聽。」

戴鐸在裡屋正謄寫文稿，一疊連聲答應著出來，手裡拿著幾張薛濤箋，向胤祥打千兒請了安，清清嗓子，讀道：

臣胤禛謹奏：鹽之一道，朝廷之所謂「私」，乃不從乎公者也；今官與商之所謂私，乃不從乎其私者也。近日皖浙新規，土商隨在設肆，各限疆域。不惟此邑之民，不得去彼之邑，即此肆之民，亦不得去彼之肆，豪據壟斷，朝廷實受其害。漏數萬之稅非私，而負升斗之鹽則治之國典、械之刑獄。今大法綻露四出，私肆通官而橫行無忌，是爲大盜逍遙而專殺貧難之民！上無慈惠周密之法，而聽奸商肆虐，官於春秋之節，受其欺須之潤，而置王章於不顧，若不及早整頓，日變日詭，則朝廷之鹽政廢矣……

「等一下。」胤禛忽然擺手道，目光向門外看著，衆人看時，卻是狗兒和坎兒帶著那條叫蘆蘆的狗從二門進來，後邊還跟著翠兒。這三個孩子到了桐城，就要胤禛兌現諾言，要回家鄉。胤禛雖然捨不得，卻不願在下人面前落個失信的名聲，心知他們必一去不返，還是賞了些銀兩資助他們去了，卻不料兩個月的工夫，又都自己返回。三個孩子穿的都是走時的衣裳，雖不破爛油漬汗浸的十分埋汰，只腳底下的鞋開幫脫底，不成個模樣。看上去他們氣色還好，臉上表情羞澀忸怩還夾著不好意思，見胤禛注目盯著，一個個低著頭蹭進來，就門口跪下了，六隻大眼睛互相望望，還是狗兒先開口，齜牙一笑說道：「四爺，我們回來侍候你老人家了……」胤禛眼中閃過一絲憐憫，卻冷冰冰說道：「我沒有說過還叫你們回來。我有規矩，不收留叛奴。」說罷，也不理會三個孩子，卻對年羹堯道：「鄔先生這個策論可當一篇鹽法論。有一層意思他沒有明說，如今私鹽巨商劃地爲界，與官相通，明日就敢佔山爲王！前明高大起黃任秋乘亂而起，十日之內便自稱侯王，不單是國家少收幾個錢的小意思。何況現今國庫空虛，錢的事也不是小事！」

「是，鄔先生之見十分透徹。」年羹堯忙賠笑道：「公中之私，私中之私，糾葛紛亂，害不可言。」

胤祥眼見三個孩子羞得無地自容，因近前問道：「你們不是都要回去種地麼？家裡出了什麼事，大熱天兒這麼遠的路趕回來？」一句話觸了幾個孩子隱痛，坎兒嘴一咧「嗚」地放聲大哭，狗兒眼淚成串滾落下來，翠兒已是哭得伏地不能抬頭。這一突如其來的嚎啕，引得院裡的親兵戈什哈都探頭探腦往屋裡瞧，連胤禛也怔了。

「沒有……地了……」坎兒哭得咽著氣說道，「大水沖了地界，家裡沒了長輩。龔家……老爺早就從外地招了難民，霸了田，都租了出去……這世道沒道理……沒路走……」

胤禛的心不禁一沉。胤祥咬了咬牙，問道：「他霸你的地，寶應也是朝廷管，你們不能告麼？」狗兒泣道：「官憑印信地憑契，我們從水裡逃出去，誰家還能保住地契？就這麼叫人家欺負……」說著幾個孩子又放了聲兒。高福兒在後院聽見，忙趕過來，喝斥道：「四爺正在和十三爺說大事，這是什麼地方，你們就進來嚎喪？」胤禛待他們漸漸住聲，立起身來踱了兩步，轉身道：

「你們不要哭了，我收留你們。」

三個孩子一下子抬起頭來，眼中閃著驚喜的光，連高福兒戴鐸也怔住了，這位從來說一不二的皇子今兒竟破了例！正詫異間，胤禛伸出兩個指頭，說道：「你們要記住，四貝勒府是阿哥裡頭規矩最大的，進門不容易，出門更難。既來了，就預備著老死在我府。」他屈下一個指頭，說道：「我吩咐差使，歷來只交代一遍，沒聽清當面問。差使辦走了樣兒，沒有寬恕，沒有第二次悔過。這是一。」

「第二，」胤禛眼中閃著寒森森的光，「人人知我秉性刻薄，你們得敬重我這秉性。我講究一句話：辜恩負主的事，再小我也難容；不欺主，無心犯過，再大的事我也不究——戴鐸高福兒，你們跟我有年了，你主子是不是這樣兒的？」戴鐸高福兒深知，這都是實情，有心順著話頌聖，但胤禛特別忌諱當面奉迎拍馬，只得老實答道：「是！」

胤祥卻是灑脫性子，因見高戴二人哼哈二將似的綳著臉，三個孩子直瞪瞪盯著胤禛，因呵呵一笑，說道：「你們別犯傻，四爺賞明罰重，這不是貴重秉性？是你們祖上有德，才攀上這樣的主子！你看看這個年羹堯，放出外任才幾年，如今已是參將，戴鐸也在吏部註冊要放外任官，高福兒一年的收項只怕比得上一個知府！愣什麼，他娘的還不趕緊磕頭謝主子，換衣服填肚子是正經！」一席話說得胤禛也破顏一笑，見三個孩子磕了頭，頷首說道：「狗兒坎兒進我的書房捧硯，翠兒留給福晉使喚。高福兒帶他們去吧，年紀都還小，不要拘管得太緊。」

「四爺，」年羹堯瞟了一眼日頭，已時已過，因賠笑道：「鹽商們都已叫到城隍廟，安徽布政使裡的兩個道台已經等在那裡，咱們該動身了。」胤禛嗯了一聲，戴鐸忙進裡屋取出兩套皇子冠服，張羅著哥倆更衣，胤祥雖不情願，也只好罷了。

☆

桐城城隍廟離欽差行轅只里許地遠。費時三個月，從全省各地請來的鹽梟早已等在城隍廟前大照壁旁。這些人雖然平日割據一方，自有巢穴，相互之間聲氣相通間有照應，所以都很熟識，心裡都明鏡一般知道四皇子筵無好筵，卻都沒想到胤禛會選這麼個地方請客，懷著鬼胎三三兩兩竊竊私語。安徽布政使下頭鑄錢局的道員柳祺和鹽道陳研康都是資深老官，知道胤禛胤祥都是康熙的愛子，太子的心腹手足，性格乖戾不入常情，都不敢說什麼，坐在專爲他們設的涼棚下只是吃茶沉吟。柳祺和陳研康主管通省銀錢鹽政，心裡當然盼著兩個金枝玉葉替他們整整這些鹽狗子，但安徽鹽商不但平日和巡撫將軍衙門過從甚密，早已一鼻孔出氣，單鹽商裡爲首的任季安，現就是九阿哥胤禟門下任伯安的嫡親四弟，都是「八爺黨」的錢袋子，所有鹽商都以任季安馬首是瞻，即使是胤禛胤祥，也不能不心存投鼠之忌，因此今日這事弄不好就要磨盤壓手，倒楣的還是小官……陳研康想著，不由瞟了一眼不遠處坐著悶頭吃茶的任季安，見那張圓臉上眼泡下垂，毫無表情，不由心裡一悸，回臉剛與柳祺相對，忙都閃了開去。衆人正沒做理會處，便聽鹽商們一陣騷動，有人嚷著「四爺和十三爺駕到了」！

「四爺來了，」任季安也站起身來，沉著地對圍在身邊的幾個鹽商道，「咱們也迎迎。」說罷便帶著五六十個衣色雜亂的鹽梟迎出照壁，一排一排跪在柳祺陳研康身後。眼見氣度沉著的胤禛和一臉漫不經心的胤祥次第下了杏黃大轎，穿著石青團龍通繡蟒袍，戴著紅寶石東珠三層金龍冠，一大群太監、親兵、戈什哈簇擁著迤邐近前，任季安心裡突然泛起一陣慌亂：他倒不是出不起這點銀子，只要他帶頭認捐十萬，鹽商們再疼也得拔毛，百十萬銀子須臾之間就湊齊了。但哥哥任伯安信裡說得明白，一是不能破了這個例，倒了九爺的招牌；二是八爺說了，不能讓四爺再往太子爺臉上貼金。但今兒這勢頭，這排場，自己應付得下來麼？正胡思亂想間，猛聽炮響三聲，柳陳二人已是請過聖安。

胤禛答了「聖躬安」，呆著臉一笑，對眾人說道：「這麼熱天兒，生受你們等了。今兒我請你們的客，卻是要與虎謀皮，要勞諸位破費了。」胤祥咧嘴無聲一笑，將手一讓，說道：「四哥走前頭。宴席就設在十八地獄廊前。滿院都是樹，涼爽得很。」胤禛略一會意便率先進廟，後頭扈從和官員鹽商亦步亦趨地跟定了進來。一進廟便覺與外面迥然不同，一溜石甬道兩側柏檜森立，遮天蔽日陰冷浸人，一座座神道、靈績、功德、述異石碑參差林立，死人臉似的又灰又白。胤祥心下暗自惦掇：四哥整治這些人眞挖空了心思！想著便聽胤禛格格笑道：「這副楹聯是方苞題寫的，好一筆字！」眾人抬頭看時，卻是：

呀！暗室虧心，巧取豪奪，帶來幾何玉女孌童，財貨金帛？

喂！神目如電，敲骨吸髓，取去多少身家性命，人肉膏血？

任季安看時，盤虬石柱，一筆顏書朱紅大字，果眞墨瀋淋淋，彷彿人血還在往下滴淌，竟不自禁激靈一個寒顫，卻聽胤禛說道：「戴鐸，回頭叫人拓下來，帶回北京。上次皇阿瑪還說要看看方靈臯的字來。」

於是衆人接著往裡走。進了二門，早有貝勒府的侍衛們迎出來，稟道：「四爺，十三爺，筵席就設在那邊廊下。請爺和各位大人紳士入席。」

胤祥看時，果見一溜遊廊下齊整擺著十桌八寶席面，水陸果珍、魚鴨雞肉一應俱全。只廊邊木柵後全是泥塑的十八地獄，刀山油鍋斧鉞炮烙種種刑法俱備，牛頭馬面黑白無常監刑，無數獰惡小鬼將種種不忠不孝、不仁不義、貪財殺生、淫惡亂倫之輩，脖子上掛了罪名簽，按著頭，有的刀劈，有的索絆，有的火燒，有的水煮，有的磨壓，有的油炸……陰慘慘逼人毛髮。胤祥在阿哥裡號稱「拚命十三郎」，最是氣豪膽大，倒也不在意，看衆人時，卻都是臉若死灰，哪有心景吃得下？胤祥一回頭見狗兒坎兒也混在長隨裡看熱鬧，便叫過來小聲道：「你們也湊個熱鬧，解解饞！」狗兒扮個鬼臉只「嘻」地一笑沒言聲。

「諸位！」待人們紛紛入席坐定，胤禛帶了胤祥坐了首席，環視衆人一眼。他的神情突然變得隨便了些，笑著說道：「今日這點菲酌，全是從我俸銀中備辦的。當然，這也是民脂民膏，卻是十分潔淨。今天這個地方潔淨，飲食也潔淨，可以放心盡量地用。我是信佛的人，極少茹葷酒，今兒也破例飲一大觥！」說著端起杯來一舉道：「請，二位大人請！」自己先一飲而盡，衆人一齊起身將門杯飲了，便聽胤禛又道：「十三弟，我酒不勝力，你代我多勸大家幾杯。」

胤祥答應一聲，滿臉陰笑輪桌勸酒，一頭走一頭大聲說道，「好，我代四哥行酒，讓到即飲。我是個帶兵的阿哥，行伍裡滾出來，喜歡軍令行事，有逃酒的，規避的，我要提耳灌酒！」衆人見他昂首挺胸，雄赳赳鬥雞一般，誰敢違令，盡是安慶老窖酒烈性十分，也只好依命從事。任季安躲在第七桌，見胤祥一路行酒過來，心裡暗自打著主意，笑著起身道：「十三爺，上回九爺府來信，還說到爺喜歡好兵器，九爺叫小的給爺物色。特地請江西號上鍛了兩口寶劍進上去，不知爺賞收了沒有？」「哦，那兩口劍原來是你孝敬的？」胤祥心蹬咯噔一下，沒想到在這裡也會碰見九阿哥的人，隨即笑道，「那太好了，原來這裡頭還有咱哥們的門人！既如此，你更該為國效力，捐他二十萬，如何？」說罷一飲，也不等任季安答話，逕自移步去了。首席上陪坐的柳祺陳研康聽得解氣，一會意舉杯一碰，各自飲了，穩著心神看這場惡宴。

「不要吃枯酒，」胤禛突然大聲說笑著道，「快奏起樂來！」此時各桌讓酒已近尾聲，座中人漸次活躍起來，嗡嗡蠅蠅人語嘈雜，聽得這一聲，忽地又靜下來，便聽樂棚那邊笙簧齊奏，十幾個樂戶隨調而歌：

薤上朝露何時晞？露晞明朝更復滋，人死一去何時歸……蒿里誰家地，聚歛魂魄無賢愚。鬼伯一何相催促，人命不可少踟躕……

滿座的人都被這悲涼愴楚的歌聲弄得一怔。柳陳二人一聽便知，這是有名的《薤露．蒿里》。眼見這些財雄一方勢蓋官宦的鹽梟們被整治得欲哭無淚欲笑無顏，二人不禁掩口偷笑。

胤祥今日放量豪飲，樂聲中兀自不停輪桌勸酒，一邊逼著鹽商們猛灌，回頭大聲道：「妙哉斯情，妙哉斯景，妙哉此歌！」

「是麼？此乃喪歌！」胤禛彷彿不勝感慨，擺手止了樂撫膝起身，繞席踱著步子緩緩說道，「我畢竟是欽差，是龍子鳳孫，鐘鳴鼎食之間，不能忘情於生死天命。其實這歌，上半闕是送葬王公貴人的，就是指我和十三爺這些人；下半闕是送葬士大夫庶人的——就是指的在座諸位。王公也好，庶人也好，其實一死魂歸，終歸難逃一抔黃土。想來生時聚斂聲色財貨，百年光陰倏然過隙，又有誰能帶了去？何如生時做些功德，散財鑄福，上有益於國，下有利於民，遠昭祖宗厚德，近追來世之福——你說是麼？」他突然停在任季安身邊，問道。

任季安嚇得渾身一哆嗦，忙起身賠笑道：「四爺說這些學問奴才們不懂，也知道錢財是身外之物，生不帶來死不帶走。請四爺劃個章程，奴才們遵諭認捐。」

「赤條條來去無牽掛。」胤禛略一點頭，踱著步子走著繼續說道，「這些話說說容易做來難。去年黃河決潰，大堤失修，這是國計民生的大事，要一百二十萬銀子才辦得下來。我自籌九十萬，向戶部要三十萬，戶部竟然勒啃著不給。這些混帳王八，我回京自然要找他們算帳。但這一百二十萬銀子，卻要著落在你們這些大財東身上！」

一席話說得一眾人等面面相覷，心裡一千個不自在，卻沒有一個人敢出口和這個蠻不講理的貝勒爺理論。戴鐸因見胤祥使眼色，早抱著一卷宣紙出來，一頭鋪紙，一頭就磨墨。衆人被揉搓得心都緊成一團，說不上是冷是熱，頭上汗津津的卻只是打顫兒。恰這時年羹堯戎裝佩劍大踏步進來，向一臉佯笑的胤祥耳語幾句，又後退一步肅然聽令。

「這還了得？」胤祥勃然大怒，脖子上青筋脹起，厲聲喝命，「把那個王八蛋拿進來，請四哥發落！」胤禛沒言語，只用詢問的目光看著胤祥。胤祥鐵青著臉道：「池州府那個知府拿來了，方才年亮工問著他，爲什麼不遵欽差憲命，出告示徵收鹽商路橋稅。他說沒有奉省裡的文書，還說要等朝廷旨意，單憑四爺一個札子，四爺又不管鹽務，他不敢作主！這樣的混帳東西，還不開消了他？」

胤禛聽了，轉臉問席上衆人：「你們誰是池州府的？」這時席上的鹽商們早就嚇懵了，一個個呆若木雞，半晌才從第五桌上站起兩個士紳，嘴唇烏青，結結巴巴說道：「小……小人們是池州府的。」

「你們知府叫什麼名字？」

「李太尊……不不，知府官諱叫李淦——回四爺，李大老爺是……是……」

「是什麼？」胤祥大喝道，「是他娘的老虎、豹子，能吃人？」

那老頭兒吃這一嚇，口齒倒伶俐了些，顫聲兒道：「是大千歲的門人……」聽這一聲兒，所有的人都抬起頭來，任季安也定住了神，目光冷冷睃過來。

「唔。」胤禛略一沉吟，冷笑一聲道：「好嘛，帶他進來，我當面問他！」

李淦官服袍靴齊整地被押解進來。城隍廟裡立刻一片死寂，只聽微風掃過，遠處楓林嘩嘩作響，近前柏濤嘯聲隱隱。天下人無不知道，「大千歲」是康熙的頭胎長子，握著鑲藍正藍兩旗，阿哥裡除了太子，是頭一個封王的，十分得康熙愛重。任季安暗自舒了一口氣：你不整李淦，也難整我。你整了李淦，我就順著你，九爺也不會怪我了。

「李淦，」胤祥看了胤禛一眼，格格笑道，「你好難請啊！頭一次欽差行轅發出傳票，你竟敢當面頂回來！知府是個什麼鳥官兒？永定河裡的王八也比你這一色人少些，你就敢抗命？是吃了什麼藥，或者是什麼人給你撐腰了？」李淦原是皇長子胤禔最得意的貼身伴當，從小跟胤禔在家學讀書，見慣了衆人欺侮胤祥，壓根也就瞧不起胤祥這個「淫賤種子」，只是旁邊坐著「冷面王」胤禛，他不能不心存忌憚。聽了胤祥的話，李淦翻著眼皮偷瞧了胤禛一眼，說道：「奴才哪敢抗欽差的命！恰那日行轅來人，奴才本主大千歲爺也發來通封書簡，福晉的嫡親侄兒要去福州，叫奴才備辦東西等著侄少爺，因此懇求寬限幾日……」胤祥見他一臉打擂台架勢，知道他小看自己，氣得嚥了一口唾沫，又問道：「這個過節兒不說。欽差行轅四月就傳令要各府整飭鹽務、徵收鹽車鹽船路橋稅，你憑什麼不出告示，不設關卡？」

李淦怔了一下，這件事事關胤禛政令，他不能不認眞對付。其實胤禛的公文一到，他就召集了當地鹽商。大家都求他瞧著「任爺」的臉，不要發這個公文。今年他已向鹽商私自盤索了十幾萬，一半孝敬了胤禔買花園，一半自己置了莊子，無論於「公」於私，他都不能不買鹽商的帳。但這話斷然不能出口，想來想去，還得抬出主子，因道：「十三爺，奴才的難處一言難盡，四爺的差令一登邸報，京裡主子就來信，要奴才把今年年例銀子送進去。池州府地面的鹽稅早已徵過了，要是再加稅，弄起民變，奴才擔不起。鹽務是朝廷大法，至今沒見旨意也沒有部文，那個地方民風刁悍，和鳳陽府一樣，動不動就出事。奴才小心從事，也是怕激出大變，辜負了四爺十三爺拳拳愛民之心……」

「什麼大千歲二千歲，你他媽滿口柴胡！」胤祥越聽越氣，「碰」地一拍桌子，酒盞菜盤都跳起老高。但他心思伶俐不在胤禛之下，立刻意識到自己說脫了口，口風一轉厲聲說道：「——三張紙糊個驢頭，你好大的面子！動口就是大千歲，大哥要知道你在下頭這麼沒王法，早他媽揭了你的皮！」李淦盯了胤祥一眼，神氣中滿是怨毒，不言聲垂了頭，一副死豬不怕開水燙的模樣。

胤禛陰著臉站起身來，背著手踱至李淦面前。李淦雖然看不到他臉色，見他只是沉默，覺著一種無形的威壓迫過來，心都縮成一團，竟不自禁微微發起抖來。半晌才聽胤禛說道：「太子爺、大千歲、三爺，還有我和老十三這些弟弟，一父同體，一朝爲臣，休戚與共。今日我在這十八地獄之前筵客，原就是表我這片心，內不疚神明，外不負朝廷，上可對蒼天，下可告黎民，徵收鹽船鹽車橋路之費，實爲集銀修復河道，疏通漕運，這裡邊沒有我和十三爺的私意兒——你左一個大千歲，右一個『本主』。是什麼意思？你要挑撥我們皇兄皇弟鬩牆相鬥麼？」

「奴才不敢……」

「你已經敢了。」胤禛淡淡地說道，「而且當著這麼多鹽狗子！——年羹堯！」

年羹堯跟從多年，深知胤禛說話聲音愈淡，愈是陰毒刻薄性子發作得厲害，一點不敢怠慢上前叉手大聲應道：「奴才在！」「李淦，」胤禛乾巴巴說道。「你這官是朝廷給的，而且來之不易，所以我不剝你的官印。但你是大哥的奴才，我瞧著就和我的奴才差不多。是不是？」

「是！」

「很好。」胤禛把玩著黃帶子上的漢白玉墜，不動聲色地繼續說道，「譬如戴鐸高福兒，得罪了大哥，自然要請大哥處置。反過來也是同理。——十三弟，按家法辦他！」胤祥八字眉一展立時變得神采奕奕，笑道：「四哥說的是！年羹堯，剝了他官服，捆到那邊樹上，抽三十鞭！」

「四爺……十三爺！」

「來吧你！」年羹堯哪裡由得李淦分說求情，上前只一提，老鷹撮雞般將李淦提起，只一摔，早有幾個戈什哈如狼似虎撲上來，一頓拾掇，將個五品命官扒了袍服，赤條條捆在樹上，揮起皮鞭「日」地一聲兜頭就抽，立時便傳來李淦鬼嚎似的慘叫。

這干子士紳明知是打騾子驚馬，但事在其間不能不驚，早已是魂飛魄喪面如土色。任季安眼見高福兒戴鐸拿著寫了「治河樂輸」題頭的宣紙，頭一個便尋自己，一聲不言語提筆在上頭恭正寫了「任季安樂輸白銀十八萬兩」的字樣，抽了筋似的癱在椅中。一陣陣慘嚎聲裡，胤禛擺手笑道：「奏樂，唱歌，給大家助助酒興嘛！」

須臾樂聲大起。胤祥抽身出來小解，卻見狗兒坎兒提著一串爆竹進來，便笑問：「你們這是做什麼？」坎兒揉了揉眼，道：「咱們奔了個好主子。買串鞭炮也給狗日們的湊熱鬧！」胤祥笑著搖頭道：「留著過年放吧，已經夠他們受的了。」說著便聽那邊歌起，卻不再是喪歌，一個女子聲氣歌如穿石：

燦燦乎，而還乎，而乃幽我廣寒乎……

11

冷面王夜宿江夏鎮
熱腸郎仗義鏟不平

辦完籌款大事第二天，胤禛便悄沒聲離開了桐城。照胤祥的意思，還該繞道走一趟安慶府，在省裡打個花胡哨兒應酬一下，但胤禛卻道：「省裡人雜，小人口舌，什麼是非生不出來？如今北京官場裡謠言四起，說皇上放出口風要廢太子，時辰咱們也耽擱不起。留下年羹堯在這兒交兌銀子，早早回去是正經——我也實在耐不得這裡的熱了。」

於是一眾人等收拾行李，由胤禛、胤祥帶了高福兒、坎兒、狗兒裝作舉人進京便裝小道，其餘儀仗隨從官兵走大路，明分夜合曉行晚宿，戴鐸則兩頭連絡。

看看這日行至江夏鎮地面，高福兒高興起來，向胤禛道：「四爺，今晚能投個好宿頭了。咱們一路走的，盡避開了官道，這個江夏鎮小人幼年跑單幫來過，最是熱鬧的。不但三十六行俱全，連戲園子也有，今晚好好疏散疏散……」胤禛騎在騾子上乏得渾身痠疼，搖頭道：「我從不看戲，也不想樹大招風地進戲園子，只想清清淨淨睡個好覺。」高福兒聽了沒敢言聲，胤祥卻有興頭，笑道：「四哥也眞是的，沒見狗兒坎兒都眼巴巴瞧你？天天三更起，摸黑住，避熱走路，我也悶得受不得了。」

「那好，」胤禛似乎心事重重，勉強笑道，「眞要有戲，你們去看就是。索性告訴戴鐸他們，在前頭一站等咱們。八十號人跟著，阿哥去看戲，難免傳出去，阿瑪知道了不歡喜。」話音一落，狗兒坎兒高興得一竄老高。

一路說笑走著，眼見金烏西墜倦鳥歸林，前面橫亙著一座大鎭。胤禛緩緩下了騾子，把繮繩丟給狗兒，說道：「老十三，下馬走走吧，兩條腿瘦困痲木，走兩步好。」胤祥滾鞍跳下馬來，笑道：「四哥只顧了管政務，弓馬都荒了，像我在古北口練兵，三天不下馬，睏了就在上頭打了盹兒也罷了！」正說著，胤禛卻轉臉問道：「高福兒，你不說這地方熱鬧嗎？怎麼看上去死氣沉沉的？」

衆人看時，莊子已在近前，夕陽已經沉落，正是造晚飯的時辰，可煞作怪的，這麼大一片城鎭，只寥寥幾處炊煙，鎭口麥場樹下，擺龍門陣吃晚飯的人一概全無，只西邊一片金紅的晚霞餘輝中，成片的烏鴉忽起忽落翩翩翔舞。胤禛心裡一森，說道：「見這光景，我就想起黑風黃水店，別是又遭上了吧？」「沒有的事。」狗兒忽貶著眼道：「這裡又沒遭災，太平時節人煙稠密地方兒，哪來那麼多黑店？」

「我去問問。」高福兒心裡也自詫異，見幾個莊丁模樣的人從麥場那邊過來，便走上前去，逕自問道：「爺們，吃過飯啦？借問一句，這裡可是江夏？」幾個莊丁都站住了腳，看看高福兒，又打量他身後胤禛等人，爲頭的點點頭道：「過去是江夏鎭。我們劉爺買了過來做莊院，如今是劉宅。附近兩百里誰不知道？你們敢怕是外地的吧？」

胤禛不禁一怔，胤祥也吃了一驚，好乖乖，這個鎮子比得上一個中等縣城，買下來得多少錢？但搭眼一看便知他們不是說謊，一條正街已拆掉一小半，腳手架紮著正在蓋造正宅門樓，靠東一大片民宅已經毀掉，一排排高房大屋黑沉沉的，很像是新建的庫房，沿門樓前不遠一處都立有木杆，上邊吊著「氣死風」燈，這群莊丁有的拿著火折子，有的帶著棍棒，看樣子就是來點燈巡邏的。胤祥不禁讚道：「好大氣派！勞煩你們通稟莊主，我們是趕北闈的孝廉，失了道，這會子天已黑了，就借寶莊貴地歇宿一夜，明早就上路。」

「你們聽他說的！」那打頭的笑謂衆人，「叫我們通稟莊主！告訴你，我們這些人都是外院守莊的，離著劉爺的二管家還隔著多少層呢！依著我說趁早別費這個事，往北十里鋪，有乾店。一路都是官道，夜涼正好走路，到那兒不誤夜飯。」旁邊一個莊丁道：「王頭兒，眼見是幾個白面書生，莊北空著多少房子，不拘哪兒留他們胡亂住一夜，也算陰騭。」王頭兒道：「你不懂事。北京任大爺的二舅爺來了，還帶著一群蘇州姑娘，天這麼熱，來來往往有個不方便，主子那個脾氣，咱們吃罪得起？就連他們也要吃虧，我哪不是好心？」

他們這邊說著話，坎兒不言聲混進人群裡，悄悄往一個莊丁手裡塞了個包兒，那人用手一捏，是銅子兒，便上前笑道：「罷呦！王頭兒，才叫人家收了幾天地，就這麼忠心保國？依著我說，誰背著房子走路呢？莊西北張家老墳院有兩間房，引他們住進去，大門一關，他們就在莊外，就有什麼事，與我們雞巴相干？」王頭兒背著手正沉吟，狗兒也繞過去塞了一包錢，便改了口，說道：「那就這麼辦。老王頭，你帶他們過莊，我們在鎮西土地廟等你。」

「行啊！」一個老漢答應一聲，吭吭乾咳著點了手中燈籠，招呼胤禛道：「那位老爺，你們跟我來。」

天已經黑定了，老王頭帶著他們一行五人和蘆蘆，過了寨河，穿街鑽胡同迤邐往鎮子西北行去。胤禛看著黑黝黝闃無人聲的大街小巷，心下不勝感慨：國庫裡銀子不滿四千萬，下頭豪紳卻富可敵國，一邊是坎兒狗兒死得滅門絕戶，鹽商們卻善財難捨：這就是盛世——裡頭的隱憂讓人不寒而慄！想著，問道：「老人家，你家莊主叫什麼名字？」

「劉八女。」老王頭答道，「前頭七個都是姐姐，怕養不活，取這麼個賤名。唉……有福之人吶！」說罷又咳。胤禛又問：「方才說的『外三院』是什麼意思？」老王頭苦笑道：「這鎮上原來住的人，無房可賣，無地可種，八女爺收留了三個院子，白天當人家佃戶，夜裡守莊子，都是外三院的，八女爺自己身邊的奴才也分了三院，叫『裡三院』。都是奴才，分著三六九等啊！八女爺手面大得嚇人，別說你們幾個舉人，省裡的巡撫還拉手說笑話兒呢！今晚來的這個舅爺，聽說就是北京城九王爺門下任大爺的親戚，任大爺又是八女爺的兒女親家，這裡的知府老爺都來陪客了呢！」

胤禛不由悚然醒悟：原來這個劉八女和九弟還有這麼深瓜葛！回頭看看胤祥，燈影裡不知什麼臉色，只將腳下石頭一踢，蘆蘆猛地向前一撲，失望地回到狗兒身邊。走了足有一頓飯光景，終於來到鎮西北角一所大院落前。看樣子從前是個會館，前頭搭著戲台子，楹聯上寫的聯語是什麼「三分鼎」、「一部書」，暗中瞧不清楚，顯然是山陝行商聚集會議，供奉關夫子的廟宇，唯其是神道，劉八女沒敢驚動，一切維持了原樣。這裡的氣氛比前鎮大不一樣，門前人來人往，滴水檐下一溜玻璃瓜燈，照得雪亮，院內還不時傳來一兩聲簫笛，遠處還有人抬著大桶大桶的洗澡水往院裡送。

「別說話，」老王頭又交代一聲，「跟著我穿過這院，後頭就是張家老墳。」衆人會意，魚貫跟了進去。到東北角門上，老王頭抖抖索索取鑰匙開門，擺擺手，胤禛便頭一個出來，接著高福兒狗兒坎兒也出到門外。老王頭道：「你們看，那邊兩間房，原來看墳人住的，裡頭有草墊，還算乾淨。你們人多，也不怕有鬼。」

野外的風吹來，將胤禛袍角撩起老高，他突然感到一陣涼爽，因笑道：「我帶著一個鬼不纏，還有個纏死鬼，還怕什麼鬼？老人家，你回步吧！」話猶未及，便聽角門內「嘩」地一聲，幾個人急回頭看時，卻是胤祥被東屋一個人兜頭澆了一盆洗澡水，一個女孩子聲氣罵道：

「姓胡的，天下哪有你這樣不要臉的？一個女人洗澡，你左一趟右一趟在門口轉悠！沒見過女人，回去叫你媽解懷！」

幾個人都是一怔，卻聽胤祥笑道：「是我。我看門上這副楹聯，還罵麼？」那女的大約是很尷尬，半晌才囁嚅道：「……我不知道，我還以爲又是……怎麼辦吶？要不我賠你幾個錢？」胤祥道：「我不稀罕錢。你長得這麼水靈，也捨不得打你。怎麼辦呢？要不跟了我做老婆吧？」接著便聽那女子「咣」地關了門，在裡頭啐道：「你也不是個正經人！」胤禛聽得不耐煩，便道：「祥弟，只管囉嗦，快來吧，明兒還要趕道兒呢！」

胤祥落湯雞似的進屋，老王頭已經點著一支蠟燭，見他進來，狗兒坎兒都捂著嘴笑。胤祥笑著一瞪眼，說道：「笑什麼，吃呱呱雞屁眼了麼？這叫香湯沐浴，你們還沒這份艷福呢！」老王頭說道：「你們先安置，我去看廚房裡有剩飯沒，給你們墊墊心。」胤禛忙道：「生受你了，白忙活這半晌。我們帶的有點心，胡亂吃些就歇了。」胤祥已經換好衣服，見這老人心眼厚道，從馬褡裡掏出幾個金瓜子遞過去，笑道：「拿著。別瞪眼，我們不是江洋大盜！你這樣好心該當好報——怕什麼？有人問，就說是北京四貝勒府的人賞的。你也不用弄東西來，你自己是個下人，白討人家的黑臉！」

「謝爺的賞……謝爺的賞……」老王頭兩手捧著燦然耀目的金瓜子，驚異得不知說什麼好，結結巴巴道：「爺們要不用飯，也就罷了。要餓，今晚筵著客，吃的東西不難。說句那個話，就吃窮了八女爺？還不是拉到他家地裡？」說罷千恩萬謝地去了。

胤禛有個習性，每晚睡前總要坐禪，略用幾口點心，便靠牆趺坐默然入定。狗兒坎兒孩提之間，既不能睡，抓耳搔腮的沒一刻安靜，因見胤祥在草墊上枕肘而臥，望著屋樑出神，狗兒便問：「十三爺，你還在想方才那個婆娘？」「你人小心大，懂得的倒不少！」胤祥一笑，轉臉說道，「我是在想，這個姓劉的有多少地，我們吃東西就必定拉到他地裡？」高福兒賠笑道：「別聽老王頭放屁，他是沒說的了，哄爺的！」

胤祥和狗兒坎兒在一邊猜謎說笑，逗得胤禛也忍俊不禁，睜開眼笑道：「我這裡打坐，你們只一味胡攪！」

「四哥別怨我們，」胤祥也笑道，「到底你不是神仙，沒這份定心。」胤禛正要答話，忽然南邊院裡「咔喳」一聲，很像是木柴劈裂的聲音傳過來，在這靜夜裡顯得異樣刺耳，連坎兒狗兒高福兒都嚇得一愣，彈簧般跳起身來。接著便聽一個粗重的嗓門大喊大叫：「阿蘭小賤人，你是他娘的什麼東西，就敢作踐我老胡？一個下三等的婊子，王八粉頭裝你媽屄什麼正經，指望給你立個貞節牌坊麼？」

胤祥這才知道，方才潑了自己洗澡水的女郎叫阿蘭，這個老胡吃醉了酒，要尋她的霉頭。接著聽見阿蘭抽抽泣泣對答：「誰是婊子？誰是王八粉頭？買我的時候沒說過，賣嘴不賣身的麼？」話音未落老胡又是一聲大吼：「買來就是我的人！你是什麼嫦娥西施？就選到九爺跟前，也輪不到你挨毬——你這麼正經，怎麼和那個小白臉兒調情？爺方才急著去赴宴，沒顧著調理你，躲了初一躲得過十五？把這個淫賤材兒拖出來！」接著便聽幾個人闖進去，把哭哭啼啼的阿蘭拖出去，唏哩咣啷也不知是怎樣動作。

胤祥氣得臉色雪白，一躍而起便去馬褡子裡摸腰刀，一探手卻不在裡頭，劈手摘下牆上掛著的馬鞭子，一聲不吭掉頭就走。胤禛聽老胡罵得忒是犯葷，連胤祥也掃了進去，不禁皺起眉頭，眼看弟弟要去惹禍，沉著嗓子喝道：「老十三！和這種混蟲計較什麼？小了你的身分！回去告訴你九哥，難道治不了這混帳東西？」胤祥惡狠狠盯了角門一眼，站住了腳，臉色又青又灰，盤著鞭子來回踱步：這個四哥是他的主心骨，他不能違他的命。但院那邊的事卻沒有完，哭罵聲中響起了皮鞭，夾著阿蘭的慘號。直抽了十幾鞭才住手，便聽那個老胡的聲氣格格奸笑道：

「賣嘴不賣身？好哇！反正這會子睡不著，撿著好聽的給爺唱一個！」

一時沒了聲氣，院那邊像是調弦，良久，簫箏漸起，飄過一陣帶著嗚咽的歌聲：

流螢飛渡，草濕林暗游青磷……望流水高山，家鄉路遠，高堂萱草春消息，卻為關河鎖禁。徘徊遲回，芳心還驚，杜宇一聲血染盡……

「不好不好！」老胡大聲道，「換個高興的！」接著阿蘭一頓，改唱：

聊將春色作生涯，宿民園林幾樹花……

「重來！」老胡又叫住了，「給我唱——雲房十試呂洞賓！」

「雲房十試呂洞賓」是白牡丹調情，盜取洞賓仙根的故事，出了名兒的風月戲，最是淫褻不堪，胤禛聽老胡如此作踐人，心中不禁大怒，咬著牙思量片刻，說道：「祥弟，這太不像話，代你九哥教訓教訓他！」

「是了！」胤祥答應一聲，將實地紗袍脫掉了，提起鞭子就走。胤禛便命，「高福兒把行李備好，一會兒咱們走路。你們兩個陪著我到角門口接應一下。」說罷三人帶了蘆蘆出了房門，只見胤祥赤了膊站在角門口，相了相那門，一腳猛揣將去，那門本就不甚結實，「咔」地一聲爆響，已是嘎然崩倒，胤祥大叫一聲：「王八蛋，忒煞是欺侮人！」便撲了進去。

院子四角都掛著燈籠，很亮。胤祥乍從暗處進來，覺得亮得刺眼。定了神看時，那個叫老胡的是個黑胖子，脫得赤條條地半倚在當院石板上，胸前黑毛如亂草蓬生，喝得醉醺醺的，正叫兩個婆子按著不肯唱歌的阿蘭往地上碰頭。乍見胤祥提著鞭子虎勢雄雄闖進來，雪練也似一身肉塊塊綻起，滿院的人都嚇怔了，老胡「唿」地坐起身子，問那婆子：「這是哪裡的野雜種？是你們莊裡的人麼？」

「奸賊！」胤祥自幼受哥哥和太監的氣，都從「雜種」二字上起，最聽不得這話，哪裡還等他們從容回答？叫罵著一個箭步竄上去，劈臉就是一鞭！老胡「媽呀！」一聲慘叫，打個滾翻身起來，捂著鮮血淋漓的左頰，殺豬價大叫：「來人哪！強盜打劫了！門上的小廝們死絕了麼？」胤祥哪裡管顧，只手中皮鞭掄得風響，趕著老胡猛抽，一院子丫頭老婆並買來的樂戶女子齊哭亂叫呼爹喊娘。

滿院子鬧得沸反盈天，外頭守門的長隨們早驚動了。一陣吆喝，十幾個人提著棍棒跑進來，也不分說圍著胤祥就打。但胤祥身爲皇子，秉承祖訓自幼不棄弓馬，教習師傅俱是大內侍衛，天下一等好手，他又愛武，身手在阿哥裡數一數二。這些豪奴欺侮百姓是把式，野雞手段哪裡放在胤祥眼裡？打得興起，縱跳橫躍，一只普普通通的馬鞭矯若遊龍，恍恍惚惚飄飄閃閃，鞭著處無不皮開肉綻。胤禛在角門口看得目眩神迷，坎兒狗兒咬指驚嘆。半晌，狗兒才回過神來，說道：「四爺，放蘆蘆吧？」

「不到萬不得已，不能放狗。」胤禛冷冷說道：「十三爺對付得了他們！」

但外邊擁進來的家丁越來越多了。胤祥十分機警，抽冷子一把擒過老胡攬在懷裡，兩眼睜得渾圓，大喝一聲：「都他娘住手！」這一聲猶如炸雷般的怒吼驚得衆人身上一顫，竟都停了手，只圍了個半圓逼著胤祥。胤祥將腰中黃帶子一撩，冷笑道：「你們說爺是賊？看看這個！老子行不更名坐不改姓，是北京城十三貝子愛新覺羅·胤祥！今日代九哥收拾這個奴才！」

衆人不禁呆若木雞，提棍的拿刀的掣鞭的都一動不動，活似泥塑神胎。正不可開交處，胤祥格格笑道：「老胡，打了半日，還沒請教你大名兒呢，你叫什麼？」

「胡世祥！」老胡是從黑山莊上才調進北京，並沒見過胤祥，哪裡肯信這愣小子是十三阿哥？仰著頭答應一聲，翻著怪眼問，「怎麼樣？」話音剛落便被胤祥「呸」地啐了個滿臉花：「你也配這個名字！這是答主子話的規矩？」說著轉臉問：「你們誰是姓任的舅子？這個阿蘭我買了！」

眾人你看我，我看你，誰也不敢遞腔。任伯安的舅子早已趕來，混在人堆裡，他倒是在京遠遠照過胤祥一面，只今夜的事太湊巧，而且他也喝得醉眼迷離，恍恍惚惚覺得像又覺得不可思議，只約制眾人等著瞧，卻不敢回話。那胡世祥卻不知起倒，大聲道：「不賣！你也不是十三爺！」

「不賣？」胤祥哼了一聲，用馬鞭子指定阿蘭，「這個女孩子爺買定了！你們好好兒給我護送到北京，掉一根汗毛，我叫你立旗杆——回去我和九哥說話！」說罷猛地一搡，胡世祥直滾出丈許來遠。

胡世祥一骨碌翻身起來，指著胤祥大叫道：「你們都是死人！憑幾尺黃布就信他是阿哥？拿下！」但眾人這時已暗地裡得了話，還哪敢輕舉妄動，胡世祥跳腳還要罵，不防被縮在一旁的阿蘭抱住了腿，猛地就是一口。胡世祥疼得摟著腿打了個磨旋兒，「咕咚」一聲歪倒在地下。

胤祥將皮鞭掖在腰裡，拍了拍手上的灰，冷笑一聲逕自去了，一邊走一邊說道：「作死麼？不看九哥的臉，你這會子早見閻王爺了！」

當夜一行五人便離了江夏。行至第三日正午，在五里坡歇馬，一打聽，剛剛到了劉八女的地界邊。高福兒等人搖頭咋舌驚訝不已，胤禛、胤祥見劉家如此豪富，也自心下駭然。

12

討没趣溜須碰硬壁
惡作劇拍馬踏筵席

朝陽門碼頭是運河北端之終點，明末戰亂失修，原是久已湮沒淤塞，不成模樣了的。康熙十六年之後國力漸次充裕，其間經治河能吏靳輔、陳潢、于成龍幾度曲劃精心修葺，不但舊貌盡復，而且河道拓寬數十丈，水深丈餘，便又興隆起來。夾岸舖店堂肆櫛比鱗次，危樓翹翅飛檐插天，彷彿北京城外一座獨立的小城，煞是繁華熱鬧。

八貝勒胤禩的府邸就在碼頭北岸。接到胤禛即將回京的邸報，他心裡很犯躊躇。按照國禮，不奉旨他不能去迎接；按兄弟名分，哥哥遠道回來，在門口下舟，斷無不見之理。在康熙衆多的兒子裡頭，胤禩只管著正紅正藍鑲白三旗，坐纛兒皇子，最是淸閒不過。但他爲人精明練達，寬仁和藹，無論兄弟還是外官有了煩惱難爲的事，都樂意尋他訴苦情求幫襯。能幫的事，不分親疏遠近，不管要錢求官或奪情免參，胤禩從不袖手旁觀看人落水不救。因此這「八賢王」盡自足不出戶，恪守祖訓不干政務，六部的事沒有一件能瞞過他的，也沒有一件事駁過他的面子。思索良久，胤禩決定換了便裝去迎接胤禛。九阿哥胤禟昨日來府，已經學說了江夏的事，十阿哥胤䄉欠著庫銀，正和施世綸嘔氣，內務府早已透出風來，萬歲對太子胤礽愈來愈不滿。胤禛、胤祥是胤礽的左右臂，這些事一回京立刻就知道了，自己不出面見見，兄弟間越發生分難堪。朝臣們已在暗中滾傳，廢了太子八爺當政，雖說是無稽之談，但兄弟之間猜忌起來，什麼閒話出不來？

和清客們下了一會子棋，待到天將黑定，外邊的人飛奔進來稟道：「八爺，四爺十三爺的官艦到了！」「忙什麼！」胤禩含笑道，「等他們接過我再去。」說著便起身，換了一件月白府綢袍，也不穿褂戴帽，腰間束了一條檀香馬尾臥龍帶，腳下踏一雙黑沖呢千層底鞋，只帶了兩個小奴飄飄逸逸信步踱著出了大門。

碼頭上接欽差儀式剛過。看樣子胤禛、胤祥也是才下船，正和幾個禮部的人執手寒暄。此刻蘆棚裡歌止樂歇，十二盞黃紗宮燈下一群翎頂輝煌的官員眾星捧月地將胤禛、胤祥簇擁在中間湊趣兒說話，見是胤禩來了，忙都閃開一個胡同。

「四哥、十三弟，一路風塵辛苦！」胤禩幾步緊走，至胤禛面前打了個千兒，起身緊握著胤禛冰涼的手笑吟吟道：「看上去氣色還好。在京日日見面，也不覺得什麼，你們一去八九個月，這心裡就空落落的，總是手足關情啊！」說罷轉臉又道：「十三弟英風猶昔，見這略加歷練，看上去像是老到了些兒。」「叫八哥惦記著了！」胤祥笑嘻嘻道，「我們在外頭也著實想著你呢！眼見八月十五了，你給我預備了什麼好果子吃？」

胤禛只微笑著聽，因道：「咱們走吧，蘆棚那邊還有許多人跪著呢！」胤祥笑道：

「男兒膝下有黃金，叫他們多跪一時還巴不得呢！升官發財不靠下跪請安，指什麼呢？」

「十三弟幼時不是這樣的，如今忒伶俐了！」胤禩一笑，「只這張嘴太不饒人。」

三人一頭說笑踱過蘆棚這邊。在岸邊接駕的都是郎官以上的官員，這邊棚裡都是科道司官，足有上百的人，見他們過來，一齊叩下頭去。禮部四譯館司官劉典和姚燮兩個人領銜請安道：「四爺十三爺吉安！」他們都是胤禩府走動的人，起身時向胤禩注目會意而已。

「罷了，生受你們了！」胤禛臉上閃過一絲微笑，略一抬手道：「大家都起來。天已這麼晚了，有的還住在西直門外，就此散了，改日再會罷。」禮部侍郎宋文運隨侍右側，忙道：「四爺，大老遠地回來了，這會子也未必用過晚飯。奴才們預備了點水酒，略用點再去。」

胤禛瞥眼看了看，果見棚下齊整擺著二十幾桌席面，乾鮮果品水陸珍饈一桌桌小山似的攢起老高，不禁皺了眉頭，站住腳說道：「早就有旨意，欽差出巡，外地還不許張羅呢！我和十三弟在船上已經用過了。這會子身上乏得生疼，只想早點歇下。村竹，你是辦老了事的，知道我的脾性，怎麼還弄這個？我在外頭從不吃地方官一席之請，回到輦下，更用不著了。再者，今晚迎接儀仗也太侈，我是有點承受不起。」

衆人熱炭團兒般趕來，滿以爲即便不能討親熱，至少也不至於落個沒趣。挨這幾句冷炮，不禁面面相覷，人人心頭不是滋味，臉上乾笑心裡直罵娘：媽的，咱算硬拿熱臉來蹭冷屁股了！宋文運心裡窩著蒼蠅，賠笑道：「四爺，您甭疑心，這用的不是宮中的錢，是下官們巴結的。您不用，下官們臉上怎麼下得來呢？」胤祥肚裡早餓得咕咕直叫，聽胤禛說「已經用過」，又好氣又好笑，卻不好說什麼。

「多少用一點吧。」胤禩見衆人一個個沉著臉不言聲，爽朗地一笑說道，「下不爲例。現已做好了，不吃也是暴殄天物。算在兄弟身上，是我請您的，本來我府備的也有，就叫他們罷了。」說著，便隨了胤禛進來。

衆人此時方略鬆一口氣，魚貫而入安席。不一時觥籌交錯，豁拳行令之聲漸起，才熱鬧起來。胤禛卻是一腔心事：按理皇子出巡歸京，迎候宮燈不過八盞，龍旗也只九面。如今外頭就擺了十二宮燈十二龍旗，而且動用了暢音閣的御樂，唱皇子出巡回鑾凱歌。無一處不用太子排場，這是誰的主意？若是奉旨，就該說明，若不奉旨，那就是擺了圈子給自己跳！看看席面，也是仿膳規格，胤禛越發起疑，只是沉吟。胤祥卻不管不顧，不論葷素一撈食之，一頭大嚼著笑道：「這一席沒有十五兩銀子，斷然辦不來。八哥有錢請客，我可要大快朵頤了！」

「席面是他們辦的，老十三要承他們的情。」胤禩何等機警，一聽便知這個老十三不懷好意，要把「請客」名聲往自己頭上扣，因一仰身子道：「我要吝著不出錢，你們二位拂袖而去，太掃大家的情分了。」又勸胤禛：「四哥怎麼不動筷子？如今的事不能太認真。上年我去奉天，巴海張玉祥他們請我也是這席面。我沒說他們兩句，他們倒說：『這膳譜還是萬歲爺東巡時賞的呢！要是不叫吃，賞我們做什麼？』你說說，可不是清楚不了糊塗了麼？」「我這人就喜歡清楚。」胤禛拿定主意絕不進食，笑道，「我不是不敢吃這個飯。一來確實不餓，二來我在想，這麼一餐要三四百兩銀子，天下這麼大地方，這麼多官，得多少？我們眞的富得這樣了麼？就這筆應酬錢省下，也很能辦些事了……」

衆人一邊吃，一邊聽他教訓，一個個氣得無可奈何。一會兒這個說：「這雞怎麼做的？淡極！」那個說：「哎喲，刺扎著了！」劉典竟無端「啪」地自打一個耳光，姚燮便問「怎麼了？」劉典一笑說道，「這蚊子叮人！」宋文運乾笑著只是勸：「四爺，菜涼了，請……」

「我眞的是吃不下。」胤禛心裡雪亮，只管說道，「過駱馬湖時韓春和請我，一隻烤豬就是一百多兩銀子。我跟他講『你看看我這兩個伴讀童子，一個叫狗兒一個叫坎兒。父母都叫餓死了。我買一個使喚丫頭，身價只五兩銀子，這都是民間膏血！』」胤祥啃著一隻雞腿，想法兒要咬下裡邊的一團筋，笑道：「四哥，省得了省得了，您也用一點罷！」

胤禛突然臉色一變，站起身來逕自去了。胤祥打個飽呃，紅光滿面起身道：「吃飽了吃飽了！你們只管慢慢吃。」也就跟出來。胤禩見宋文運等一大群人面紅耳赤尷尬萬分，忙起身撫慰道：「四爺就這脾氣，瞧著我的臉，別往心裡去！」道了失陪也跟了出去。

他們兄弟一走，這邊官員們立時開鎖猴兒一般放肆起來。劉典用筷子將菜盂敲得山響，大聲道：「請請！村竹公，吃嘛！發什麼呆？」

「村竹這回拍到馬蹄子上了！」姚燮一邊笑著給宋文運斟酒，說道，「臉都叫踢白了！怕怎地？不過認個晦氣罷了，別說咱們，阿哥爺們還弄得雞飛狗跳呢！」

一個參將舉著杯子笑道：「什麼晦氣，吃個雞巴打個呃兒，一股子毬氣！」眾人一陣哄笑，這個說：「公公背兒媳過河，出力不討好兒！」那個說：「編派的倒好！什麼溝兒坎兒？世上有過不去的溝坎兒？十不全把欠債官員名單子都開給皇上了，頭一個就是曹寅，第二個是魏子煦，都是擎天保駕出生入死的勛貴！等著瞧，看是誰過不去溝兒坎兒？」胤祥因小解還沒走，回來時見狗兒和坎兒都在棚外等著自己，便道：「你們怎麼還沒走？」

「你聽聽！」狗兒咬著牙道，「這些個驢日的嘴裡嚼的什麼蛆！」

胤祥側耳聽聽，裡頭果真七嘴八舌，不涼不酸指桑罵槐，隱約還有人說什麼「龍生鳳養有九種，老鼠代代會打洞」，卻極像含沙射影罵自己，不禁氣得臉色雪白，一邊帶著兩個孩子往外走，口中說道：「我非整治他們不可！」坎兒一眼看見河岸邊拴著二十幾匹馬，都是棚裡官員們騎來的，都在吃酒，並無人看管，眨巴眨巴眼，向胤祥耳邊嘀咕了幾句。

「好法子！」胤祥眼中陡地一亮，笑道：「眞有你的！只管做去，出了事都是十三爺的！」坎兒點點頭，從腰裡取出一掛鞭炮，無聲一笑，走到一匹馬跟前，便將鞭炮牢牢繫在馬尾上。狗兒早已會意，忙著上前解韁繩，打著火笑道：「十三爺，有點不雅相，爆竹一響，咱們得撒丫子跑吶！」說著便牽過來。胤祥見他點著了捻子，照馬屁股上狠命就是一腳，笑道：「給你主子湊湊興，叫他們再罵！」

那馬被踢一腳，向前跑了幾步，剛剛站住腳，尾巴後的爆竹「噼哩啪啦」地響起來。這畜牲驚得一跳老高，長嘶一聲便向棚子衝去，頓時裡邊老鱉反潭價，人叫聲，桌翻聲，馬嘶聲，杯兒盞兒唏哩嘩啦，也不知是怎樣鬧騰。胤祥得意地一笑，說聲「走！」三個人便直奔八貝勒府來尋胤禛。

待到八貝勒府門前，三個人放慢了腳步，府門口的長隨都認得胤祥，便逕自進去直趨胤禩的書房怡性齋。卻見胤禛的三個兒子弘時弘晝弘曆都必恭必敬地侍候在齋門口，因大的不過八歲，小的才五歲，都在孩提之間，身後還簇擁著一大群太監丫頭老婆子。長子弘時便忙搶前一步，雙膝跪了道：「十三叔回來了？方才阿爹還問你來著。」弘晝弘曆磕了頭，便撲進胤祥懷裡，扭股糖似的撒嬌兒。胤禛在裡邊已經聽見，便踱出來道：「放開你十三叔。高福兒帶著你三個世子爺回去，告訴福晉，我是欽差，明兒見過皇上才好回家，也給鄔先生文覺性音他們帶個話。」胤祥一把抱起弘晝弘曆，左右一親放下了，笑道：「四哥也眞是的，父爲子綱做得到家，就把孩子調教得避貓鼠似的。雖說君子抱孫不抱子，沒了這份天倫之樂，還有什麼味兒呢?」又回頭道:「狗兒坎兒，你們也跟著三個爺回去，把我從無錫買的泥人兒、折扇香袋兒、竹編蟈蟈籠都給他們。」又逗了一陣子才進書房和胤禩、胤禛吃茶說話。

「四哥，」一切安頓停當，胤禩親自擺好點心，方搖著湘妃竹扇坐下，誠摯地說道:「兄弟有一言相勸。不說憋得慌，說了呢，又有點怕您，不知該怎麼說?」胤禛漆黑的瞳仁盯了胤禩多時，噗哧一笑道:「我就那麼厲害?你說就是了。」胤禩莞爾一笑，道:「四哥天生煞氣，嚴威逼人，群小雖怒而不敢不敬，這原是難得。只古人說過橈橈者易折，強不勝弱，柔則能久。總要剛柔相濟才是萬全之道。桐城募捐的事我聽了心裡極痛快，但北京城這麼大，什麼小人沒有?也就難免……」他看了胤禛一眼，沒再往下說。胤禛笑道:「哦?都說些什麼?只管講嘛!」

胤禩微一俯身，說道:「我這裡有一份揭帖，寫得極陰損，是刑部接過來，我叫扣住了不往裡頭遞的。」說著從案頭書下撿出一張黃紙遞給胤禛。胤禛接過看時，上頭寫著:

告狀人鹽商柳下跖，爲勢吞血產事:極惡伯夷叔齊兄弟二人，倚父祖二兄聲勢，發掘許由墳塚，又通連皖省壁臣柳祺陳研康，縱惡奴年某敲詐民財，竭澤易漁，窮凶極惡，逼獻首陽山薇田三百畝，有契無交。崇侯虎見証。泣思武王至尊，尚容叩馬而諫，區區螻蟻遭逢堯舜之世，豈無仗馬之鳴？激切上告！

胤禛看了只是一笑，遞給胤祥，說道：「文筆不壞，不知是多少銀子買的——你看看。」因又問道：「還有什麼話？」

「別的沒什麼。」胤禩沉吟道，「再如方才的事，四哥做的不差，只我覺得稍過了點。到底大家好意，興興頭頭來接風，太難堪了些。」胤祥暗地偷笑，裝個悶葫蘆，心裡道：「後來的難堪你還沒見哩！」

胤禛拈了兩顆松子仁兒在手中搓著，半晌才道：「天若有情天亦老，月如無恨月常圓吶！又想馬兒好，又想馬兒不吃草，天下哪有如此美事？」他略一頓，轉了話題，「皇阿瑪身子骨如何？」

「還算結實。」胤禩舒了一口氣，說道，「今年一夏，他老人家沒離開暢春園。但精神看去有時濟不來了，愛忘事兒。漕運總督吏部薦的豐升運，他已經照允，召見吏部的人又說，『怎麼新河督封志仁還不進京引見？』弄得吏部的人乾瞪眼不敢回話，還是張廷玉提醒說是大阿哥的門人豐升運，才想起來。」說罷抿嘴兒一笑。胤祥敞著懷扇風兒，端茶一口接一口解渴，笑道：「豐升運這條老狗，到底鑽營出來了！四哥沒見過這人，大下巴，鏟子似的這麼翹著——」他翹起下巴，一翕一翕地好像嚼什麼東西，「就這德性！」逗得胤禛、胤禩都是一笑。

胤禩因道：「叫你們回來，還是爲清理積欠。施世綸已經上任，這人風骨硬挺，皇上也看得重。如今該還的帳已經還上，咱們兄弟裡頭只有老十，一時沒有還清，外任裡頭還有一二十個，像曹寅穆子煦一干子，有的是還不起，有的是跟著皇上幾次出兵放馬的將軍。這些功勞情分擺著，很難下手。上次見老施，急的了不得，等著你們二位回來呢！」說著，他立起身來邁著方步踱著，言下似乎不勝感慨，「老十是個二五眼性子，其實還好說。曹寅魏子煦他們都是萬歲爺的老侍衛，打從康熙元年至今，生生死死風風雨雨都和皇上一塊滾過來。明面上是他們借的庫銀，其實都是主子花了的，幾百萬銀子，砸鍋賣鐵敲骨熬油也還不起啊！」

「我看不要緊。」胤禛揣摸著胤禩的用意，像是爲這些人說情，呷了一口茶說道：「還不起帳的我們心裡有數，皇上也知道。逼急了，皇上自有章程保他們。至於老十，素日最聽八弟的話，你勸勸他，不要爲幾個錢傷了體面，我雖窮，也可幫他幾個。前人撒土，迷後人眼，我不能不顧公義，也不能不顧私情。」胤禩沒想到剛試探著求情便被堵得嚴嚴實實，不禁一怔，隨即啞然失笑：「四哥你這心田，叫人不能不服。老九老十還有老十四不過管著皇莊，和我過從密些。其實他們是敬你，又有點畏你。連我見了你，就有一肚子笑話兒，也都憋回去了。」

胤祥卻似乎沒有聽出兩個哥哥鬥心思，用手指彈著杯子笑道：「一見面就談公務，也不累得慌！八哥，我可是有求於你囉！」

「什麼事？」胤禩轉臉笑道。

「我臭揍了九哥一個奴才，要請八哥在九哥跟前斡旋幾句」。胤祥收起了笑容，「聽說那幾個戲子是九哥叫奴才們給你買的，我瞧著不錯，八哥是個大方人，送了我如何？」

胤禩一聽便知是任伯安稟過的那檔子事，故意怔了好一會，說道：「你說的都是什麼？我一點也不明白。我府裡沒有奴才出去，也沒有買戲子呀！」又轉臉對胤禛道，「我最不愛看戲。四哥你知道的，前年老十弄了幾個人硬要送過來，我倒是收下了。一問，都是好人家的女兒，千里迢迢賣到北京。可憐見的，我一下子都打發她們回去了──敢怕有人冒我的名在外頭做這事？倒要查一查！」胤禛這才把江夏鎮胤祥大打出手的事說了，又道：「我本來不想管。聽他們鬼哭狼嚎實在不成體統，是我叫十三弟去管教這個奴才的。」

「好一齣英雄救美人，何其妙哉！」胤禩哈哈大笑，「不過，人，確實不是我的。既然這事十三弟關心，又連著我的名聲，我一定能查個水落石出。時間打得富餘一點，容我去辦，要是老九的人，十三弟盡可放心，包在我身上了。」

胤禛一笑起身，掏出懷錶看了看，說道：「亥時了，我們得去驛館，話沒有說完的時候，留著日後談吧──明兒還得見皇上呢！」胤禩也不相留，直將他們送出大門。

13

畏鬩牆胤祥爭出頭
敲木鐘御苑學驢鳴

兩個人回到驛館，胤禛才叫了飯菜胡亂吃了幾口。胤禛漱著口，見胤祥半歪在安樂椅上，好像換了一個人，呆呆地望著房樑出神，因笑道：「從不見你這樣安生的，在想什麼呢？」

「我在想八哥這個人。」胤祥撫著額頭深深吁了一口氣，「說他僞君子，有時眞像好人。說他好人，九哥十哥還有……」他想說十四阿哥胤禵，但胤禵是胤禛的一母同胞，便改口道，「……還有一大群，像揆敍、阿靈阿、王鴻緒，什麼阿倫岱一干子烏鶖雜魚混帳王八，都整日圍著他轉！」「是麼？」胤禛一笑，「據我看，他還是有德有容的。別說你我，加上太子，十個不抵他一個。不過好人做的濫了，身邊不免魚龍混雜——你甭替他擔心，這人心裡清亮得很呢！」

胤祥哼了一聲，冷冷說道：「我替他擔什麼心？我擔心的是你！他在那邊收攏人心，你在這邊一味得罪人。太子爺要眞的承你的情也罷了，偏偏這個二爺，身上四兩責任也不肯擔，將來可怎麼好？」胤禛不禁一怔，只點了點頭，一聲不吱低頭吃茶。胤祥又道：「那年納爾蘇王爺進京，送太子的禮薄了點，太子想整治他，拿住他擅用明黃鎮紙的錯處，卻叫你監刑，在宗人府抽人家的鞭子。他在毓慶宮吃醉了酒，調戲皇上跟前的貴人，弄砸了鍋，沒法子就灌人家丹頂鶴。死了人又擔待不起，又叫你去跟德娘娘說，在皇上跟前疏通。我們在安徽募捐，弄得村村起火樹樹冒煙，京裡這麼多閒話，也並不見太子爺出頭替我們討個公道……」

「噓──」胤禛見胤祥越說越來勁，忙打了個手式，「防著隔牆有耳！」說著出外看看，但見月沉雲影，樹影如壁，並無一人，回轉身道：「你胡說些什麼？」胤祥不無傷感地搖搖頭，說道：「不是我趁酒胡說，跟這樣的主子眞眞叫人寒心！像今晚這事，擺那麼大排場，算怎麼個意思？是誰在裡頭弄鬼？四哥你機警，沒上當。要眞叫都察院那干子臭御史上個密折參一本，二哥肯出來替我們折辯麼？──我已經看透了你的心思，戶部這差使你是要接的。拚著得罪這麼多人罷宴，可這份忠心，指望著能換來個什麼？」

胤禛表面平靜，心裡翻騰得厲害。他今晚此舉，其實是做給皇帝和太子看的。也叫百官知道他水火不避成敗不計，決心把戶部清債的事料理清白。原想這個粗疏爽氣的十三弟未必領略這番深意，倒不料他比自己見得還要深一層！

「你為什麼不說話？」胤祥突然光火了，「我說的不地道麼？」

「你說的一點也不錯。」胤禛喟然嘆道，「我已經騎在老虎背上，哪有那麼容易下來的?明眼人一看就知道,太子越發不得意了,也難怪他,叫他監國,又毫無權柄;他批奏折,皇上跟前還有個上書房——他自己又不爭氣。有人就是瞧準了這一條,處處堵路,叫人寸步難行。你最知道的,我哪有什麼『黨』?辦差多了黑鍋背得多,誰免得了?如今他是太子,辦差的難免要請示他,要不維持他,人又說我看他吃不香,要倒戈投老八或老大,什麼名聲兒?所以只能死馬當著活馬醫,一條道兒走到黑!十三弟,你方才嚇住了,連老十四也和衆人一個心思。你今晚話說到這份兒上,我也索性說了:我預備著做孤臣,高牆圈禁。如今的事凶險萬分,你得保住——有一日你能替我剖白了我的心,就不枉了知心兄弟一場……」他侃侃而言,說到此便覺眼圈一紅。但這感情的火花也只一閃,迅即恢復了平靜,若無其事地端茶呷了一口。

胤祥霍地立起身來,躁急地來回踱著步子。好一陣,他站住了腳,倏然回身說道:「這眞是肺腑之言。不過據我看,必須調個個兒,或許是另一局面!」

「唔?」

「這事我想過許久了。」胤祥說道,「我比不了你們,自幼孤苦。有個娘,也不知什麼緣故生不見人死無封號。爲這不明白的事受了九哥十哥多少氣,就是有點身分的太監也敢糟蹋我。」他的眼睛突然湧滿了淚,「……小時候兄弟們在毓慶宮讀書。一樣的不會背書,別人告個病就沒事。我要告病,就得關空房子敗火,哭得死去活來也沒人理。大阿哥太子搗亂鬧事,諳達單單罰我代跪。皇上送來克什(賞賜),又說什麼『融四歲讓梨』，我分的最少。一塊兒跟著侍衛們打布庫，也拿我做練把式，摔得吐血還要聽哥哥們嘲笑。」說到此淚水已是奪眶而出，「十四弟和我同年生，你們一個娘，我也不說什麼。你拿我和他一比就知道了——人都說我和他一樣性格兒，只他大方我小氣，四哥，我大方得起來麼?宗人府每年給我分的銀子比不上別人一半，說我沒有親戚……沒有賞錢，太監們都不願跟我！」胤祥淚光滿面，噓了一口唾沫，兩眼直瞪瞪盯著外邊漆黑的夜，喃喃自語道，「記得那年六月六麼?太子爺背不過書，大毒日頭底下，罰我代跪在毓慶宮前石頭階上，我又恨又氣又無可奈何，一下子背過氣去，聽說他們還笑我『眞不中用！』……醒來時已經在你懷裡，我只說了句『要有一棵樹就好了。』記得你還哭了——這些年才想清楚，宮裡永遠不許種樹，你就是我的遮蔭大樹！不是你，我難活到今日！」

胤禛被他的話深深震撼了，一把拉住胤祥的手，長嘆一聲道：「說這些往事做什麼，叫人聽得心裡刀剜似的！你母親的事……我只告訴你一句話，是個頂好的人，土謝圖蒙古大汗的公主寶日龍梅，身分比哪個娘娘都貴重。她後來的事恐怕只有萬歲知道，但肯定沒罪，有罪就要有詔旨……如今你長成了，如今誰還敢欺侮你?」「我是叫他們欺負大了，打成了鐵人，他們摳我鼻子，我就敢挖他們眼！」胤祥說道，「今晚我說這些不爲倒我的苦情，我是想你現在留一手還來得及，你就爲我想，也得保住你自己。所以戶部這差事，我在前頭幹，你退後一步有接應——操他娘，反正我是個破罐子，多摔一下，仍舊是破罐子，有什麼毬相干？」胤祥的話情摯意眞，雷擊電掣般，句句擲地有聲。胤禛的臉愈加蒼白，緊緊握了握他的手道：「好兄弟，有難同當！」

☆

第二日上午，康熙在澹寧居接見了胤禛、胤祥二人。這位老皇帝顯得很憂鬱，問了他們安徽辦差的情形，足有移時沒有說話，只是背著手慢慢踱著，良久，才嘆了一口氣坐了，說道：「你們想在外頭治河，這個想頭原是不錯的。但如今沒有銀子，什麼都是空話。急國家之難，從鹽商身上弄那麼一點，放之安徽一省則可，甘陝以下，河南江蘇山西，這辦法未必都行得通。今年治了，明年又決，能不能再用這法子？不行啊……聽你們的意思，覺得是太子叫你們回來，其實是朕反復斟酌定了的，與他們告狀無關。」說著，轉過臉來盯著跪在下頭的胤禛、胤祥，語重心長地說道：「積弊甚多，得一件一件去做。如今聖道昌明，要找幾個碩儒講經佈學，要多少有多少。要說辦實事，不務虛言，談何容易呢？朕寄厚望於你兄弟。」

「皇阿瑪聖訓極明。」胤禛略直了直身子，從容說道，「兒臣在下頭見的，和皇上說的一樣，吏治一事實在觸目驚心。再者就是地土兼併，有錢人讀書人仗著免稅，拚命買地，小戶人家也樂於賤價售出當他們的佃戶，規避國稅。全然沒有田土的，又須交納丁稅。上邊貪風熾烈下邊生民無業，久而生變，就不堪言了。兒臣想留安徽，也是想實地考察一下，尋出一條開源節流，整飭吏治的門徑，爲阿瑪分憂。」說著便將江夏劉八女豪富情形說了，卻避開了九阿哥胤禟和八哥胤禩的瓜葛。

康熙聽得極專注，一句話沒插，只目光炯炯盯著案上鎮紙，許久才道：「朕知道。地土兼併是沒法子的事。漢唐至今，只要不革命，誰都對此束手無策。朕原想丈量全國地土，按土納稅，可以緩衝一下，但吏治不清，送上來的數目都是假的。事情都要官去做，吏治，才是一篇眞文章啊！」胤祥聽得眼一亮，今天皇帝接見的氣氛，和昨晚自己想的實在離得太遠了，不由暗笑自己庸人自擾，遂抗聲說道：「萬歲既然知道，爲什麼不大奮龍威，下詔切責六部有司，逐項清理？」

「哦？少壯氣概，聞雞起舞，雄心不小嘛！」康熙眼波微微一閃，「年輕人，家有三件事，先從緊處來。孟子曰治大國如烹小鮮，一個不小心事情就辦壞了。只有好心不成，王安石就是個例！你們先把國庫弄充實，接著就從吏部下手，任賢臣摒小人，吏治好了，清理地土，兼併就慢了，捐賦就收得多收得公道，冤獄也少了……清理虧空，欠債還錢的事都辦不下來，別的還談什麼？」胤禛伏在地下一個字一個字咀嚼著康熙的話，他心頭卻另是一番滋味：來往書信那麼多，竟全然不提康熙這些意思，是壓根不知道，還是……正胡思亂想間，康熙笑問道：「胤禛，昨晚聽說你罷筵不食拂袖而去？」

胤禛沒想到康熙信息如此靈通，嚇了一跳忙道：「這是有的，兒子處事不謹，請阿瑪責罰！」胤祥生怕康熙再問起火馬衝筵的事，頭上立時浸出汗來，只兩手摳著磚縫兒不吱聲，卻聽康熙又道：「你們大概不知道，你們走了，不知誰使促狹，爆竹趕馬把一干子官員衝得哭爹叫娘人仰馬翻吧？」胤禛偷偷睨了胤祥一眼，忙叩頭道：「此事兒臣不知道。但事由兒子而起，兒難辭其咎，求皇上一併治罪！」

「朕治你什麼罪？」康熙縱聲大笑，說道，「罷得好，也衝得妙！朕早有旨意，欽差回京不許六部設筵，而且百官也不許與皇阿哥私相結交！皇阿哥裡，也眞要有幾個刀槍不入水火不侵的，給這班文恬武戲的齷齪官兒們點顏色瞧瞧！」胤祥見康熙高興，跪前一步道：「兒子原對戶部清理看得很輕，經父皇一番開導，茅塞頓開。昨兒聽胤祺說，施世綸到部雷厲風行，已經恢復到兒子們奉差安徽前局面。爲山九仞，不能功虧一簣，今兒已是領了旨意，明兒兒子就到部視事，太子爺和四哥只坐纛兒督責就是了！」康熙笑道：「這些細務你們去太子那裡參酌著辦吧。過了九月節，朕去承德，能於走前辦俐落了這差使，過年朕就沒有掛心的國事了——你們跪安吧，一會兒朕還要見刑部的人，商議今年秋決的大事。」

兩個人退出澹寧居，已過巳牌時分，是時天已近秋，園中小徑已漸有落葉，養心殿副總管太監邢年正督著幾十個太監，帶了長竿掃帚，有的黏知了，有的掃路，見他們兄弟聯袂而來，忙都側身垂手讓道。二人也不理會，逕自過去，恰見副都總管太監李德全過來，向胤禛打個千兒道：「二位爺，奴才請安了！」

「唔，」胤禛漫聲一應，見李德全欲言又止，便問道：「有什麼事？」李德全賠笑道：「也沒什麼大事。方才府上高福兒來了，他進不來園子，叫奴才回稟四爺，說是府上有個叫狗兒的，在四牌樓和人搁氣，叫順天府拿了。」胤祥笑道：「這是什麼大不了的事，巴巴地跑到園子裡去，叫高福兒去把人要回來不就得了？」李德全笑道：「論說也是的。只今個兒邪門，范大人不知吃了什麼藥，竟不肯放。高福兒說得請爺一個片子，他再去走一遭。」

胤禛聽著，臉上變了顏色，順天府尹范時捷一向於自己身上大面兒還過得去，爲什麼竟公然給自己難堪？莫非爲昨夜罷宴的事？但好像他昨天沒來呀？……他呆著臉沉思半晌，說道：「這個狗兒坎兒，一對兒猢猻，沒有一天不給我找事兒！」胤祥卻不以爲然，笑道：「我正想說，把這兩個猢猻借到戶部使呢！我卻喜歡他們天眞爛漫混沌未鑿！老李，告訴高福兒回府，還是你派個人傳話給范時捷，說我要見他！上回輸了我的東道兒，要他還！」說罷，二人逕去了。

太子胤礽辦事的韵松軒並不遠，沿著超手遊廊折過一帶假山池塘，一片老松林中矗著一座金翠交輝的玉楹大殿就是。兩個人遠遠便聽裡頭有人說話。進來一看，太子胤礽、太子師傅王掞、毓慶宮長史朱天保、陳嘉猷，還有施世綸正一處坐地說話。見他們進來，除了胤礽，衆人都站起身來。胤禛見王掞也要倒身大拜，緊跨一步忙雙手扶住，說道：「你老人家何必！您是賜紫禁城騎馬的，見了皇上尚且不行大禮，我怎麼當得起？請坐，大家都請坐。」又覷著王掞清癯削瘦的面龐道：「著實惦記著您了，氣色倒還好，只頭髮全白了！」說罷，便扯了胤祥給太子請安。

太子胤礽眉眼極似年輕時的康熙，長瓜子臉上兩點濃眉分得很開，面如冠玉，目似點漆，穿件天青寧綢長袍，腰間連帶子也沒繫。他顯得很隨和，不待胤禛、胤祥說話便扶起二人：「回來得好，看你們身子骨兒結實，我也放心了。──我們正議戶部的事呢！你在戶部攪了一陣，老施再攪一陣，如今又是滿城風雨。你們來遲一步，沒見方才戶部老尚書梁清標，坐在這裡排揚了我們一頓。什麼人老了，不中用了，總求主子念我當年平三藩時，死裡逃生從廣東逃回北京報信兒的情分，網開一面，留條活路……」他說著，神色也有點黯然：「要說俸祿，一品大員一年一百八十兩，不借錢也眞難過日子，可要不清理，胡亂下去也不得了。把人弄得雞飛狗跳，也不成個體統，就像我們大清連幾個臣子都捨不得養活似的。千難萬難，好歹你們回來，我也有個幫手了。」王掞坐在一旁默默地聽著，良久才回道：「四爺，你們剛從萬歲爺那來，主上有什麼旨意？」胤禛方緩緩將方才見康熙的情形揀著與戶部有關的說了。

衆人起身靜聽了才又坐下，胤礽笑道：「十三弟，有你坐鎭戶部，我最放心。皇上料理萬全萬當。其實我這邊沒多少事，大事有萬歲爺，小事有上書房張廷玉、佟、馬他們。我的心思，天保、嘉猷也跟了去歷練歷練。老四你看如何？」

「好嘛。」胤禛欠身淡淡說道。

陳嘉猷、朱天保二人都是胤禛薦到毓慶宮的。少年新進，遇事極少顧忌。胤礽叫他們來用意十分明白，一是圖個耳根清淨；二是差事辦好了能爭功勞；三是差事辦砸了，責任都是胤禛的。胤祥揣到他的眞意，不由一陣寒心，卻也不敢說一句題外的話。正想著，施世綸說道：「今兒上午接了南京巡撫衙門的諮文，曹寅病危，不能來京，穆子煦也報了病，只廣東總督武丹這幾日就到，海關總督魏東亭也是個大欠債主，在滇南中了瘴氣，恐怕也來不了。事情難得很，方才我們正在議這事，不知如何著手才好。」

「先從阿哥頭上著手！」胤祥方才受到皇帝嘉勉，兀自興頭得神采煥發，因朗聲說道：「先頭啃不動十哥這塊骨頭。如今萬歲決心如此篤定，我看可以畢其功於一役。咱們兄弟無債一身輕，淸起別人沒有後顧之憂。」他滿以爲此法絕妙，衆人定刮目相看，不料話音落後卻是一片難堪的岑寂。人人垂頭吃茶，竟是毫無影響。胤祥正愕然間，胤礽笑道：「怎麼都不言聲兒？莫不成爲我借的那四十五萬？那原是實在騰挪不開，才叫何柱兒暫借回來的。買人家一處園林，定銀就是五萬，不得不如此。我已派人去奉天，年底銀子就解到，還帳。怎麼樣啊，拚命十三郎？」

胤祥被慪得噓了一口氣，萬沒想到再次借債的始作俑者竟是太子！無怪乎連施世綸這樣的鐵腕能吏都束手無策，胤禛心裡起初也是一團亂麻，但他很快就明白，這會子只能照太子的意旨辦，因道，「就是這樣，我們勉力去做。」說罷便起身來，衆人也都紛紛起身告辭，胤祥嫌與胤禛同行太扎眼，只看了胤禛一眼，說道：「王師傅，你答應我的字呢？趁著這紙筆寫了吧！」說著，涎臉兒拖著王掞寫字。

胤禛剛剛走到園門口，一眼便瞧見順天府尹范時捷穿著孔雀補服，戴著藍寶石頂子進來，因袍子做得大了些，他又是個羅圈腿，一擺一擺蹭著過來，十分可笑，胤禛便站住腳。范時捷早已看見，忙上來請安，「四爺，從安徽回來了？」

「嗯。」胤禛點了點頭，問道，「范時捷，我府裡一個書僮，叫你的人拿了，他犯了什麼事？」范時捷聳了聳小髫子，一本正經地說道：「四爺，府上奴才狗兒在四牌樓因欺負一個買雞蛋的，引起口角，是理藩院的姜芝和禮部的劉典撞見了，扭送順天府的。這事驚動到理藩院，不審就放，恐怕不好。」說罷便瞅胤禛。

胤禛聽他不軟不硬地頂了回來，也不知狗兒犯的什麼事，一時竟尋不出話來，只呆著臉不言語。他的這副臉，有時王公們見了也打寒顫，偏這范時捷就不在乎，見胤禛無話，便叩安告辭。恰胤祥用大帽子扇著涼風風火火出來，一見范時捷便笑道：「日你媽！你還沒死呀？」

「喲！十三爺！」范時捷聽這一聲罵，彷彿渾身都通泰了，一頭請安，說道：「十三爺您康泰著哩，奴才怎麼捨得伸腿兒？」一句對話弄得莊重嚴肅的胤禛也是一笑，便道：「老范和我公事公辦，正打擂台呢！」

胤祥笑罵道：「你這頭野驢，連四爺的帳都不買，你他媽吃了什麼藥？」「不是不放。」范時捷是個越罵越舒服的人，笑得兩眼都擠成一條縫，說道：「方才回了四爺，審審就放，審審就放……」胤祥便知案子不大，罵道：「四爺說了話，你還審個屌！不就是和人拌嘴兒麼？」

「不是怕姚典他們不依嘛！」范時捷兩手一攤，說道，「要是單單兒拌嘴，我抓什麼人？這個狗兒惡作劇，把人擺治得忒不像話了——今兒四牌樓有個小孩說買雞蛋，叫賣雞蛋的夾著籮蓋兒，一五一十地數著往上摞。摞了五百多雞蛋，累累疊疊小山似的。那賣蛋的蹶著屁股雙手扶著，騎馬蹲襠一動不敢動。那個小鬼頭說聲取錢去，就溜了。這個狗兒趁著賣蛋的不能動，就上來踢了人家一腳，又爬人家胳肘，癢癢得把一大堆蛋都倒在街上。兩個人打起來，又橫不愣子竄出一條瘦狗，咬得賣蛋的手指頭直流血……」

他沒有說完，胤禎便知必是坎兒狗兒合作的勾當。這事雖不大，但皇子家奴於光天化日之下欺侮平民，張揚出去名聲極壞。正想著，胤祥笑道：「這不過是孩子氣戲耍，當的什麼眞？姚典是你乾爹？姜芝是你媽？虧你做到首府，還是個京兆尹！再說這混帳話，把蛋黃子給你踢出來！」說著，居然上前一把擰住范時捷耳朵，笑問：「你放不放？你放不放？宛平縣裡管朝廷，這麼大官連這點事都做不來？」

「十三爺！哎喲喲喲喲……」范時捷疼得噓著嘴笑道，「……你放我就放，你放手……一會兒不定還要見皇上，耳朵腫了不雅相……」

「學個驢叫！」

「哎呀十三爺！這是什麼地方兒？看叫人……」

「學！」

那范時捷被揪了耳朵，翻眼看忍俊不禁的胤禎，眞的哈著氣兒，噺著嗓子來了個驢上坡，還夾著打了兩個響屁，胤祥這才笑著放開手，惹得守在園門口的太監親兵沒一個不哈哈大笑。胤禛沒想到世間還有這種人，不禁也笑得打跌，胤祥卻道：「四哥，咱們走——老范，晚間把你這身狗皮扒了，帶著狗兒到我家。日你媽的好口福，正有一罈子賒店老麴，才從地裡刨出來！」說罷逕和胤禛一同出園子來。一路上胤禛都忍不住笑，胤祥卻道：「這不稀奇，一物降一物，老范就吃這個，和他擺正經面孔，他也和你正經，反倒說不成事——聽說他就要離任，要去湖廣做布政使了。」

「誰接任順天府？」

「隆科多。」

胤禛臉上立時沒了笑容。隆科多是佟國維的族侄，佟氏一門貴盛，佟國維的哥哥佟國綱就是太子的外叔祖索額圖坑陷死的。皇帝去熱河前調換順天府尹，換上太子的宿仇族人，有什麼深意呢？

14

明庭訓胤禛戒子弟
獻良策小酌試才人

胤禛、胤祥兄弟邊談邊走，到西華門口方勒住馬頭。胤祥看了看胤禛，不無依戀地說道：「原想請四哥到我府裡坐坐，七八個月沒登家門，今兒只好罷了。」胤禛笑道：「罷罷！我不敢沾惹你那尊府！上回在那裡停了一袋煙工夫，只說了句三爺府裡孟光祖去雲南採辦東西，第二日三哥見面，口中有的沒的就解說這事情。這些殺才哪裡是你的奴才？不知都是誰安的眼線坐探，監看著你哩！」胤祥笑著拱手作別，說道：「誰也沒法比四哥家法！我這小阿哥，也比不得大哥三哥，一出宮就開府建牙，魚龍混雜，誰薦的人都有。道乏了。」說罷打馬去了。

胤禛在馬上一縱一送迤邐往定安門而來，想著國步維艱差事難辦，兄弟鬩牆勾心鬥角種種煩難，正沒個頭緒理會，忽覺頰上一涼，接著胳膊上又是一點水珠，抬頭看時，不知幾時陰了天，疏疏落落的雨點已灑落下來。左右親兵戈什哈因沒帶雨具，正要張羅胤禛避雨，遠遠的見戴鐸打馬飛奔而來，手裡拿著油衣，喘吁吁道：「叫奴才好找，還以為爺去十三貝子府了呢！碰了十三爺才知道爺走這條道兒。」

「府裡沒事吧？」胤禛一邊披油衣，問道，「世子們都在家？」戴鐸忙笑道：「奴才沒見大少爺。二少爺、四少爺在怡性齋書房陪著鄔先生、性音和文覺和尚說話呢！大千歲和三爺方才來過，等不到爺回來，說要走呢，走了沒有，奴才也不曉得。」說話間雨已大了，打得周圍樹葉子一片聲刷刷響，胤禛因大哥胤禔三哥胤祉在府，也不敢怠慢，忙催馬攢行。

胤禛的四貝勒府原是前明內官監房舊址，又稱「粘竿處」，其實是紫禁城一處離宮。賜給胤禛後，只將黃瓦換了綠瓦，規制仍是十分壯觀，五進院子俱是內務府督造司貢的金磚鋪地，平如鏡，硬似鐵。康熙賞給胤禛時，他原不敢受，後來見胤禔胤祉和胤祺的宅邸比這還要雄偉，才半推半就地搬了進來。胤禛冒雨趕到府門口，早見高福兒率著府裡幾十名有頭臉的長隨家僕守侍在下馬石前，一個個淋得水雞兒似的，沒人敢動一動。高福兒帶眾人在雨地裡接胤禛下馬，一邊請安，口中說道：「大千歲和三爺都在東書房。方才大少爺和二少爺都說要出來迎接爺，福晉說她不好陪阿哥，就叫兩個少爺去了。」

「你去稟一聲大千歲三爺，說我回來了。」胤禛下馬，由人攙扶著一邊走一邊說，「我換身乾衣服就過去——告訴鄔先生一聲，見過二位爺我就過去。」

「回爺的話，」高福兒道：「三爺說久仰鄔先生大名，要見，請示福晉，福晉說叫大少爺二少爺陪著見了。」

胤禛不由止步一怔：他們怎麼知道鄔思道在自己府裡？好長耳朵！因又問道：「你

四少爺呢？」

「四少爺回書房讀書去了。」

「嗯。」胤禛不再說話，款步進了萬福堂。福晉納拉氏正坐在炕上開紙牌，側旁侍立著妾侍鈕祜祿氏、年羹堯的妹妹年氏並一大群丫頭奶媽老婆子等候迎接胤禛。見胤禛穿著油衣濕淋淋進來，納拉氏一偏身下來，唸佛道：「我的爺！就淋得這樣兒！快取衣裳來換——把給我熱的那碗參湯端來先叫爺用！」衆人已是黑鴉鴉跪了一片。

胤禛心裡有事，一邊命衆人起身，換著衣裳笑道：「比起安徽，這裡是天堂了，你不用蛇蛇蝎蝎的，哪裡就淋病了呢？」因見年氏挺著個大肚子站在一邊，又道：「你有身子的人了，從現在起到滿月，連我跟前也不用立規矩——你哥哥年羹堯恐怕過年才能回來，他身子甚好，你不用惦記。」胤禛的第三胎兒子就是因鈕祜祿氏帶孕侍候自己流產早夭的，聽見這話，鈕祜祿氏不覺眼圈一紅。納拉氏正要說話，卻見弘時弘晝兄弟踏著鹿皮靴子進來，請安道：「二位伯伯和鄔思道在那邊聊天說文，兒子們過來迎接父親。」因見父親沒發話，竟都不敢起身。

「我人在外頭，心在北京。」胤禛冷冷說道，「聽說你二人鬥蛐蛐還贏了你五叔的老二？這可眞有能耐了！」說罷便喝參湯，屋裡人唬得大氣也不敢出。胤禛因又道：「君子之澤五世而斬。打從順治爺到你們，是第四代了，不曉得警惕麼？弘曆如今唐詩都背得幾百首了，你們比他大，背了多少？你們自己看看，穿著綾羅就往泥水裡蹚，還有這靴子，是踩水玩兒的？你們沒有讀過朱子治家格言？」

胤禛發作了一通，喝完參湯，臉上已是回過顏色，掃視衆人一眼，說道：「你兩個回書房，今兒把《勸學篇》給我背出來，再寫一篇《君子不自棄》明天晚間我看！」說罷便起身去了。

「好，冷面王子回來了！」大阿哥胤禔三阿哥胤祉和鄔思道正在怡性齋品茗說話，閃眼瞧見胤禛進院，兩個人都站起身來。胤禔調侃地說道：「這回桐城走一番，收銀一百萬，得勝還朝了，又要在戶部殺回馬槍，我輩兄長作壁上觀，看吾弟大展雄才！」胤禛向二人一一打千兒請了安，微笑著向架著拐杖站在椅旁的鄔思道點頭致意，說道：「大哥不要取笑。皇上派的差事，不能不盡力敷衍。當家人惡水缸，我有什麼不知道的。——來來，請坐，今兒是人不留客天留客，弄幾碟子小菜，我們邊酌邊談——鄔先生，你還不知我這三哥，二十弟兄裡頭是文狀元，大哥呢，算得一個武狀元，今日聚會實實難得！」門外從人聽見這話，早已飛奔出去，不一時便送過幾碟子涼菜和一瓶玉壺春酒。胤禛便讓著手道：「坐，坐！聽說三哥和鄔先生會文，我興致好得很呢！」

胤禔笑道：「四弟這位鄔先生眞是可人！我還沒見過老三的敵手，今兒是開了眼了！」胤祉也笑道：「果然名下無虛，當年左玉興趙泰明眞的是屈了你。不過你說天下無絕對，我卻不信——去年遊西山，有個姓車的孝廉和姓喬的秀才坐一乘轎上山，陳省齋先生出聯：車喬二書生，同乘一轎登山——請問，你對得上麼？」

「那年去陜州我也見了一件事。」鄔思道坐在下首，微微一笑道：「一個姓馬的和一個姓盧的商客騎一頭毛驢過河。所以三爺說的聯語可以對上：馬盧二商客，共引一驢涉水。」幾個人聽了，覺得確實對得切，不禁哄然叫妙。卻聽胤祉又道：「那麼『煙鎖池塘柳』呢？這是千古絕對！」

鄔思道一笑道：「這算什麼絕對？既然池塘上有煙，一定是領湖樓走了水，我就對上個『燒坍鎮湖樓』，想來也是不錯的。」衆人正品味時胤禔在旁大聲道：「此木是柴——山山出！」

「由水變油，日日冒！」

衆人不禁鼓掌大笑，胤禛也來了興頭，舉杯一飲說道：「我不長於此，上回年羹堯說了一個，只兩個字，竟無人能對。三哥和思道先生都是行家，請教：色難——色難對什麼好？」

「這個麼——容易。」鄔思道舉杯飲了一小口，便不再言語。胤禔見胤祉兀自低頭搜索枯腸，便道：「既說容易，怎麼不對出來呢？」鄔思道見胤祉也盯著自己，一笑說道：「我已經對過了，就是『容易』二字，難道對得不切麼？」

衆人又復大笑，胤祉見他如此敏捷，心裡很想難倒他，指著牆上一幅畫兒道：「這是仇十洲的《函固關》，請口占一律，做得好，我就服了你！」鄔思道略一思忖，應口吟道：

雄鎮固金湯，眈眈視六王。
地呑百越盡，祚翦二周長。
雉堞存餘烈，丸泥少異芳。
青牛背上客，長笑過咸陽！

不許帶天地君親師，不許引聖人話。說，快點！」

吟聲未落，胤禔指著壁上的《鍾馗圖》急急說道：「就這幅圖，不許你想，口占一破題，

「夫進士，鬼也；鬼也，進士也。一而二，二而一者也！」

「妙！」胤禛不禁擊案喝采，胤禔、胤祉也搓著手連連讚賞：「怪道老四不和外人說笑，家裡放著如此解頤破顏客！」胤禛一回頭，見高福兒帶著坎兒和狗兒也在外頭廊下笑，知道是狗兒的事畢，進來回話的，便道：「你們懂什麼？嘰嘰嘎嘎成什麼體統？」

高福兒忙賠笑道：「我們來了一會子了。聽爺們對得有趣，就忘了神。狗兒也出了幾個字，叫坎兒對呢！」胤禛便問狗兒：「你出的什麼？」

「煙暖房。」

這一說衆人也是一愣，連鄔思道一時也尋思不來對什麼好，卻見坎兒一臉睡相，揉著鼻子道：「屁暖床！」

衆人立時哄堂大笑，胤祉笑得前合後仰，胤禔笑岔了氣，扶著椅背直揉肚子，鄔思

道撫著胸口只是咳嗽，饒是胤禛素日冷面冷心，撲地一口酒全噴在地下。

「今晚好快活！」胤禔笑了一陣，伸欠了一下說道，「天到戌時了罷？老三，千里搭長棚，筵無不散，咱們也該去了。」胤祉握了握鄔思道的手，起身道：「眞該薦你應考，可惜了身有殘疾，閒時到我府走走。我那裡不少鴻儒，大家談笑耍子。」

胤禛臉上立時沒了笑容，卻見鄔思道架起拐杖，微笑道：「承三爺厚愛。不過家兄身子欠安，四爺賞了盤纏，後日就回南去。殘疾之人不堪驅使，徒供取笑而已，若再有機會來京，一定去三爺府上奉承。」胤禛聽他這話推辭得十分得體，生怕再糾纏別的事，便問：「兩位哥哥還有別的事麼？」

「來看看你，沒什麼大事。」胤禔說道，「我的門人肖滿成從雲南叫你那位醜八怪給提到北京了，昨晚還去我那哭了一鼻子，想求個情兒把他那帳寬限一年半載——你可得賞我這個臉囉？」胤禛看了看胤祉，心知他必也是說這類事，因笑道：「走著瞧吧，看太子什麼章程。不識廬山眞面目，只緣身在此山中啊！」胤祉一聽便知這個鐵門栓不好拉，便也不再提，只淡然一笑。胤禔也笑道：「知道你就這個話！我們也瞧著太子呢，你只管放心！」

人都去了，屋裡只剩下胤禛和鄔思道二人。外頭的雨淅淅瀝瀝仍在不住地下，打得巴蕉葉子嘩嘩作響，良久，胤禛方粗重地透了一口氣，說道：「今晚湊巧兒，給我接風，我也給你接了風。不知你在這裡住的慣不？」

「還好。」鄔思道嘆息一聲，方才會文一陣歡笑已彷彿是隔世一般，沉吟道：「我的情形料來四爺已經都知道了。如今四爺的情形我也略知一二。人生得一知己足矣，何況四爺如此待我？四爺只要看瘸子還有點用場，水裡火裡聽您吩咐，從今而後，我和戴鐸一樣。」

「你和戴鐸不一樣。」胤禛目光幽幽盯著燭火，「我以師禮待你！」鄔思道吃驚地看了胤禛一眼，隨即垂下了眼瞼，說道：「我斷不敢當。倒不因我是布衣。我知道顧八代老先生是四爺的啓蒙師傅，顧八代先生和家嚴是同年，小子何人，竟敢僭越？四爺，若要找安生處於此地，『師』之一字礙難承當。」胤禛默然良久，說道：「既如此，我以朋友待你。先生國士無雙，我雖不是孟嘗君，應有禮儀是不敢廢的。國家目下情勢，江河日下，徒具鼎盛之名，隱憂也甚可怖，我挑的這擔子太重了，有些力不從心，不能不借助先生智慧。」

鄔思道呷著茶水，臉上慢慢泛起紅暈，瞳仁在燈燭下閃著晶瑩的光，倏然間又黯淡下來，說道：「我本有濟世之志，造化不濟，落拓到這地步，這是命也、運也、時也、數也。原已灰心喪氣，並不願作三爺說的什麼清客篾片相公。這次來京爲的就是和鳳姑完婚，攜她回南，在生意場做個陶朱公，不料又遭此變故！來府數月，信息靈通，今已知四爺的爲難，絕非戶部吏部這些差事，用一句聖人的話，吾恐季孫之憂，在蕭牆之內！」胤禛渾身一顫，手中的茶水差點潑灑出來，盯視鄔思道許久，問道：「難道先生聽說什麼了？」

「這不用打聽。」鄔思道的語氣結了冰一樣冷峻，「京師如果是善地，四爺和十三爺又何必摒開戶部差事，避禍安徽？果眞是爲了治河麼？又爲何寧肯在安徽自籌銀兩，不肯向戶部伸手？」

「你是說……？」

「太子位置不穩。」鄔思道道，「君臣相疑，父子相疑，兄弟相疑，不是國家之福。」胤禛驚訝地望著鄔思道，有些發愣。鄔思道這些話，斷斷續續和胤祥也談論過，但從來沒有如此透徹，這樣有條理，一下子就把根由擺得淸淸白白。移時，胤禛才道：「現在京師確有流言，說皇上要廢太子，我回來見了皇上，也見了太子，和我在安徽聽的想的不一樣，恐怕是有些小人從中作祟，離間皇帝太子也未可知。」鄔思道一笑，說道：「太子之危，危若朝露！其根由很遠了。康熙三十六年皇上西征靑海，太子留守北京處置後方軍國重務。皇上偶感風寒，就萬里迢迢把他叫到軍前，那個時候已是對太子很不放心了！前上書房大臣索額圖，康熙四十二年糾集耿索圖一干太子黨，要趁皇上南巡扶太子登極，置皇上於太上皇地位。東窗事發後，索額圖被圈禁高牆，雖說保下了太子，這種父子慘變，難道皇上毫無芥蒂？四爺，太子這靠山如果硬挺，他又爲什麼今日置一處莊園，明日起一座宅院？萬里江山有朝一日都是他的，還要營造私窠？」

胤禛咀嚼著鄔思道的話，嘆道：「他就是這麼個人，幾次和我說過，人生苦短，得及時行樂。攤上了這樣的太子，也是沒法子的事。」

「哦，四爺這麼看？」鄔思道突然縱聲大笑，「您看錯了！辛棄疾所謂『求田問舍，怕應羞見，劉郎才氣』，專指的士大夫。太子這也算一策，用的韜晦之計，和光同塵，向皇上表明自家沒有野心罷了！」這一提醒，對胤禛真有醍醐灌頂功效，渾身一個寒顫，牙齒迸著笑道：「父子相疑到這種地步兒，也眞叫寒心！他這法子，也算用心良苦，卻只難爲了我們辦差的人，又要淸吏治，還得顧全他的體面……」說著，只是搖頭。鄔思道道：「若遇上尋常皇帝，太子這策略用得。偏當今皇帝是五百年一出之聖君，上策反變了下策。皇上春秋已高，勤軀已倦，把政事都付給太子，滿以爲他拿得起放得下，但四爺想想看，丈量全國地土，不了了之；更新賦稅制度，不了了之；整修河道漕運，弄得一塌糊塗；淸理戶部虧空，他是頭號欠戶；科場舞弊，他無力整肅——皇阿哥們就是瞧準了他的失政，才敢在他太歲頭上動土——他『和光同塵』，人們抓住把柄告刁狀，皇上更不愛重，他越發害怕，更加『和光同塵』。如此循環，得了不得了？本來就不信任，這不是雪上加霜？聽說今歲皇上駕幸熱河，一改往常規矩，要他跟在身邊，毓慶宮侍衛三月一換，這都是什麼症候？」

胤禛聽得心頭突然亂跳，忽地又想起隆科多出任順天府尹的事。又想到自己和胤祥素日在衆人眼裡是太子的左右臂，禁不住拭了一把額頭冷汗。許久，方嘆道：「今夜勝讀十年書。不過，事情畢竟沒有發作，總要設法挽回。我和太子情則手足，義則君臣，這個當口萬不能落井下石，這條道要走到黑！」

「這條道要走。」鄔思道點點頭道，「但不一定走到黑，是要走著瞧。盡了人事，還要看天命。如果太子能洗心革面，改弦更張，或者能回天心，就這樣下去，三年之內如無廢太子之事，四爺抉了我眸子去！」胤禛激動得站起身來，在地下快步踱著，但很快就冷靜了下來，嘆道：「沒想到我辛苦辦差，落到漩渦當中。如今戶部清理國庫，他就欠著一屁股債——四十五萬！說是年底交，還不定怎麼樣呢！萬歲爺掐著日子，一定要十月前完差，現如今磨盤就夾著我的手！」

鄔思道怔了一下，問道：「四爺能不能勸勸太子，不要說得這麼直，只拿萬歲爺的話壓一壓，請太子顧全大局早日清債。」「你不知我這二哥。」胤禛噓著冷氣道，「看上去溫存柔弱，其實黏膠膩牙，正經話說得重，他受不了，旁敲側擊，他裝模糊兒，有時候氣死人不償命。」鄔思道遲疑了一下，將茶杯輕輕放下，突兀說道：「四十五萬……不是個小數，也沒什麼大不了的！」

「你說什麼？」

「我說，我們先代墊上！」

「啊？」胤禛失驚道，「我從哪給他弄這麼大一筆錢？我一年一萬八千兩俸祿，莊子也在阿哥裡邊最少……和老八他們商量，豈不是與虎謀皮？」

鄔思道架起拐杖，至門口望著外頭的濛濛細雨，良久才道：「這筆銀子我出得起！」

胤禛一下子驚呆了，略帶口吃地說道：「早已知道你是江南世家，竟如此豪富麼？」

「不是。」鄔思道苦笑著搖搖頭，說道：「我家小康而已，剝皮抽筋也拿不出兩萬。倒是這次進京，得了一注意外之財……」說著從懷裡取出一件東西托在手上，說道：「四爺，請看！」

胤禛湊了一步，卻見鄔思道掌上托著一個榛子大小的物事，碧幽幽亮晶晶，在燈下閃著五彩瑩光，正是一枚寶石，因道：「這是一枚祖母綠，頂多值五萬銀子……」

「十枚就是五十萬。」鄔思道笑道，「何況還不一定只有十枚。據我推斷，當有十八枚，連同其餘珠寶，其價當在三百萬以上，區區四十五萬何足掛齒，將來如有別的用場，四爺也是寬寬綽綽的……」胤禛聽了心下暗自駭然，問道：「哪裡得如此巨款？我這人可是非梧桐不棲，非廉泉不飲！」鄔思道踅回椅中坐了，說道：「天下無主之財多得不計其數，我既許身於主，自當代主分憂。」

胤禛沒有答話，只用詢問的目光盯著鄔思道。鄔思道悠然說道：「這套富貴在大慧寺，已經沉淪百年，四爺不取，早晚有一日便宜了那群禿驢們。這件事現在只有天知地知你知我知——」

「還有我們也知！」

門外忽然傳來一陣笑聲，胤禛和鄔思道都吃了一驚。抬頭看時，只見一位老僧穿著土黃布衲、皓眉白鬢飄然步入，後頭跟的頭陀卻是性音。這兩個和尚一文一武，老者文覺，專門陪侍胤禛接待天下遊方高僧，與北京諸禪林主持交往，是胤禛的寄名替身和尚。性音則住在府北黏竿處，訓練家丁護衛及子弟武術。見他們進來，胤禛笑道：「鄔先生剛罵過禿驢，就來了兩個和尚！隔著這麼遠，性音都聽見了？」文覺和尚一揖而坐，性音笑道：「我有傳音之法，那邊書齋離這兒不足一箭之地，我聽得清楚。」

「我的癖性喜歡搜奇尋異。」鄔思道略一致意，安詳地說道，「在大慧寺數日，讀遍了寺內碑碣。因這座寺院原是前明太監李永貞所造，我就留了心。記得《嘯風雜記》裡記載，李永貞、李朝領建魏璫生祠，塑魏忠賢像『冕旒，執笏，儼如帝王……像以沉香木爲之，眼耳口鼻手足宛轉一如生人。腹中肺腑皆以金珠寶玉爲之，衣服奇麗……』」

他侃侃背誦暢若流水，衆人早已聽得目瞪口呆。卻聽鄔思道口氣一轉，說道：「後來轉到神庫，見兩個沒有埋掉的木雕神像，頗似記載中說的情形，只年代久遠，泥塗煙染，已經不成模樣。從神座後看，正是天啓五年所造，我就斷定，此必是魏忠賢像無疑，挖出它們的眼睛，恰是四枚祖母綠，埋在大慧寺三枚，一枚隨身帶著，就是四爺方才見到的了。」三個人不由都把眼睛盯向鄔思道案前，那顆寶石熠熠閃爍，實實在在放在那裡！性音兀自訥訥而言：「居然有這麼巧的事？」

「這不啻是一座金庫，四爺爲天下計，取不傷廉。」鄔思道的眼閃著光，聲音卻仍很平靜：「魏忠賢號稱九千歲，據理而推，當有九座雕像，埋沒這許多年被我發覺，正是天授於四爺！神庫下一定還埋著七座。這件事辦起來一點也不難，由十三爺出面住廟靜修，帶上性音、狗兒或坎兒，神不知鬼不覺就取回來了！」文覺不禁讚道：「先生眞是奇人！不過那七座也許已經沒了。我也有點不可思議，造像的人當日怎麼不取了去？廟裡那麼多和尚，一百多年也沒認得！」「荆山之玉、靈蛇之珠，並非人人能識啊！」鄔思道嘆道，「木像通身都用糯米粉漿糊了，大約就是當時造像或守祠的人幹的，不過魏黨失勢，朝廷搜捕極嚴，知情人或沒來及取用就遭了毒手……」

這些話很像是夢話，卻都分析得絲絲入扣湯水不漏，一時間書房裡沉寂得荒廟一般。許久，性音揎臂攘眉，興高采烈地說道：「四爺，就照鄔先生的主意。三天之內，我們把寶物全起出來！」

胤禛望著鄔思道，他已經說不出什麼。但覺五內俱沸，酸熱之氣翻騰。良久，才沉重地點了點頭，聲音變得有點喑啞：「先生，我無話可說，如此待我，我何以爲報？」

「士爲知己者死，女爲悅己者容。」鄔思道沉靜地答道，「貝勒以國士待我，我豈能以守財奴報您？」

15

清庫銀貝勒晉王位
觀貴相王子延妖人

隨著胤祥進駐戶部，清理虧空銀兩重新開始，京師官場的空氣再度緊張起來。胤祥因人手不夠，親自點名從口外駐軍調了四十名伍哨長，都是自己練兵時使出來的，略通文墨帳目的未入流軍校，分口組織了四個分帳房。又從秋闈貢生中選出田文鏡李紱一干人，讓施世綸糾集戶部原班吏目組成核查總帳房，自帶了狗兒坎兒坐在簽押房掌總兒。除了每日寅、辰、巳三個時辰巡視各帳房，還要不時會議匯總，召見欠債官員，催促發文，草擬奏議折片。從早到晚，偌大戶部，但聞算盤子兒打得下猛雨似的，催得一干欠債官員魂飛魄喪。

眼見八月十五臨近，帳目也收了十之七八，聽說廣東總督武丹也已趕來。此人是個欠帳大戶，但他和魏東亭、曹寅、穆子煦同屬一類，都是熙朝元勛，從康熙初年從駕當侍衛，迭次擎天保駕，幾番出兵放馬，生裡死裡和皇帝一塊兒滾過來。論身分雖不過一品大員，論情分卻無論誰也比不了。康熙待人優遇，阿哥不及外戚，外戚不及大臣，愈是親人愈是不留情面，惟這幾個人眷寵優渥不拘形跡，劍履朝聖紫禁城騎馬，不同於一般官員，可以呼之即來，揮之即去，上次淸逋中途停止，明面兒上說是下頭十幾個州府官員上吊抗債，壓根兒說心裡話，就是因爲武丹曹寅等人欠的債數目大，而且都是爲康熙皇帝歷次南巡舉債接駕使了。淸他們，錢是皇帝花了；不淸他們，一班頂債的武官又都抱定了主意，惟他們馬首是瞻。如今又到了這個節骨眼上，魏東亭穆子煦稱病，皇帝已經照准不必來京，武丹曹寅來了，若是還不上，這件事還是要泡湯。情知如此，胤祥不免心裡犯嘀咕，叫過施世綸交代了兩句，只說回府去，便打轎暢春園來尋胤禛。剛到園口雙闈邊，卻見年羹堯從裡邊擺著步子，一身簇新的九蟒五爪袍上套著錦雞補子，頭上頂戴也換了起花珊瑚，看去十分鮮亮。胤祥不禁笑道：「喃！升官了？幾時回京來的？」

「回十三爺話，」年羹堯打千兒行禮，笑道，「我回來三天了，剛見著萬歲爺。萬歲爺說桐城的差使辦得好，給太子爺和四爺露了臉。因四川提督出缺，就補了上來。這一回出京，再見十三爺可就沒那麼便當了。」胤祥回顧狗兒坎兒笑道：「瞧見了沒有？這就是你們榜樣！好生跟著四爺，憑你們這份伶俐，將來也能弄個紅頂子戴戴！戴鐸前日陛辭，去福建漳州，放了道台，我還教訓高福兒，不要只在端茶送水的差使上做功夫。要出頭當人上人，得能爲主子分憂，主子是龍，你就是雲，主子是虎，你要颳得起風！」狗兒坎兒聽得似懂非懂，一個虎鈴著眼看著氣宇軒昂的年羹堯，坎兒瞇著眼笑道：「出頭有什麼好？出頭了不成王——」他忽然想到這是說年羹堯，生生把個「八」字扣在肚裡。

年羹堯見他如此不恭，目光微睨了一下坎兒，笑道：「十三爺，您來的不巧，太子爺和王師傅正在澹寧居和武丹老軍門陪著萬歲說話。四爺辰時就回府去了。若見太子呢，你得等一會兒，要見四爺，恰好我也要去辭行，咱們一塊兒去罷？」胤祥想到太子每次見面有氣無力不死不活的樣子，搖了搖頭道：「走，一塊兒去定安門四貝勒府。」年羹堯湊近了胤祥，四下看看，壓低了嗓門說道：「十三爺還不知道吧？方才我聽何柱兒透信，大千歲進封直親王，三爺封了誠郡王，四爺是雍郡王，五爺是恒郡王，七爺是淳郡王，八爺是廉郡王。連十三爺也高升了，如今是貝勒爺了！」

「是麼？」胤祥一腳跨著轎杠，目光霍地一閃，說道，「可惜六哥早早去了，沒趕上。九爺和十爺呢？」「奴才也問何柱兒來著，他說不知道。」年羹堯道，「大約沒有封吧——這事內廷已經在擬旨，還要幾天才頒佈呢！真得恭喜十三爺了，十一爺十二爺也都沒有升號呢！」胤祥轉著眼想了想，說了句：「我可沒有那麼癡，身外之物，何喜之有？」說罷便升轎起杠。

胤禛在萬福堂聽了胤祥的回報和年羹堯的道賀，似乎有些無動於衷。進封王位原是喜事，但剛好截止到八阿哥胤禩，這裡頭不能說沒有文章。這件事鄔思道早已分析到了，如果皇上一意專信太子，就會把兄弟們的王位留到自己死後，由太子登極時親封。現在分封，是皇帝自己收攏阿哥人心，削奪太子權柄，權衡利弊，還不如都不晉王位的好。

心下惦惙著沉默了許久，胤禛方說道：「亮工升任四川提督，這才是件可喜的事。狗兒坎兒，你們進來。」

「四爺，奴才們侍候著呢！」狗兒坎兒在廊下逗鸚鵡玩兒，忙進來笑道：「主子有什麼差使？」胤禛看著他們，透了一口氣道：「你們兩個極伶俐，這一條很招我喜愛。但你們一日一日大了，應該懂事了，不能總是孩子氣惡作劇。我這奴才裡頭最有出息的就是年羹堯，好讀書，能帶兵，很給我露臉，你們得學著點。不能遇事總讓主子給你們揩屁股。」

胤祥想起自己方才的話，不禁一笑，正要說話，狗兒笑道：「是，我們跟主子，不能胡來。上回那個賣雞蛋的要不打那個要飯老頭兒，我們也不會捉弄他……」

「我不是說這件事。」胤禛哼了一聲，「你們居然把八爺的照壁牆給賣了，可是有的？」

胤祥、年羹堯皆一愣。胤祥雖說帶他們在部，卻沒有十分拘管，每天都放他們出去戲耍一兩個時辰，不想又做出事來。胤祥說道：「兩個小狗崽子，怎麼這事我不知道？」「這是五天前的事了。」狗兒看一眼坎兒，說道，「我和坎兒去宣武門玩，那裡有個錢財主正蓋房子，工地上缺磚。老狗日的吝得要命，嫌採辦買的磚太貴，要扣工錢賠補。坎兒和我看看泥水匠吃的和狗食一樣，心裡氣急，就過去說：『八爺府前的照壁要換新的，舊磚便宜，您買來多合算？』

「姓錢的還不信，瞪著眼問我們是哪裡的，我們說……我們說我們是八爺的伴當……他就跟著我們去了朝陽門。量牆，賣照壁……」

胤祥一邊聽一邊思量，笑道：「八爺府前門禁何等森嚴，人家就允你們拿皮尺去量牆麼？」坎兒道：「這是預先做好的套兒，我們先去八爺府，跟門政說好了，我們是三爺府的，三爺看著八爺這牆式樣好，想量著照造一面，他們憑什麼不依？……錢家老爺就遠遠看著我們量牆。後來八爺剛好出門，我們又親自上去稟說，八爺笑著點點頭就上轎走了，由不得老龜孫不信。當時下了二十兩定銀，講好第二日拆牆，他就走了。」胤祥笑得打跌，問道：「……第二日他真的去拆八哥的照壁了？」坎兒搖頭道：「第二日您吩咐我們去步軍統領衙門，沒得閒兒看熱鬧兒……也不知他去了沒有。」

「他要不去，我怎麼知道？」胤禛皺眉嘆道：「三哥當笑話兒給我說，我一猜就是你們，別人沒這個心膽！……這是京師，是御輦之下，王法文明，怎麼能這樣兒？」他陰沉著臉站起身來，說道：「記得收留你們時的話麼？這種事到此為止！跟在我府，得照我的墨繩走路，跟著十三爺，事事得聽十三爺吩咐。收收你們的野性子——去吧！」

狗兒坎兒吐了一下舌頭對望一眼，喏喏連聲退了出去，胤禛這才說道：「昨天我已經見了武丹，私下裡問了問，他和魏東亭、曹寅、穆子煦共欠銀子折到近四百萬兩。銀子，確是萬歲爺幾次南巡接駕花的。我告訴他，接駕迎駕國家有制度，理應動用官家的錢，如今為這事欠了私債，很為老將軍擔憂。武丹倒沒什麼，只說一定還錢，就連其餘三個人他們書信來往，也沒有一個頂債不還的。但他們的家底我知道，砸鍋賣鐵也難以清償的。所以我猜肯定是萬歲爺要從體己錢裡拿出來替他們還的。」年羹堯笑道：「既然如此，何苦叫十三爺和老施他們作難？早點清了帳不就結了？」

「萬歲爺也是一本苦帳。」胤祥八字眉舒展著，朗聲笑道，「修暢春園、避暑山莊，內帑也花得河乾海落的了。如今不逼到山窮水盡，他老人家也善財難捨。再者，其餘欠債的都巴巴兒看著，他也不願落個有親有疏的名聲兒。我現在其實是在逼老爺子還帳啊！」

胤禛上下打量一眼胤祥，說道：「這話透徹，其實是從大內萬歲私庫裡討錢！」他的目光像結了冰，凝視著窗外，誰也猜想不到這個神祕的腦瓜裡想的是什麼。良久，胤禛方一字一頓地說道：「萬歲肯定私下對武丹他們有承諾。所以，清債的事只要再苦頂一陣，一切都會冰消瓦解。我們盡的是臣子之道。為臣，當為國家著想，要把國庫的錢一分不拉都收回來；為子，當為父親著想，也不能把大內掏得精窮，叫皇上頒賞群臣也捉襟見肘……」

年羹堯張大了嘴，一時有些弄不明白，一向以為，皇帝是想怎麼花錢就怎麼花錢的。胤祥喃喃說道：「……那，我怎麼辦吶？」胤禛一哂，說道：「太子也擺不明這個理，他去澹寧居幾次，想摸阿瑪的實底兒，萬歲爺都是王顧左右而言他。我和鄔先生計較，八月十五前要拚命擠一擠這群丘八，除了武、魏這幾個人，別的人並不真窮，真的擠得差不多了，過了八月十五皇上也許就要說話了。」

「成！」胤祥找胤禛，就爲討這主意，將椅子扶手一拍起身來，正要拔腳走路，胤禛卻叫住了：「忙什麼？債務的事一旦看透，已經不是什麼大不了的事了。羹堯，你把見萬歲的情形說說，叫十三爺也一處聽聽。」

年羹堯似乎有點意外，愣了一下，說道：「萬歲爺沒有說多少話，當時只有武丹在，萬歲問了我當年在飛揚古軍中當游擊時，去陝西調糧，殺掉陝西總督葛禮的情形。我備細說了請天子劍斬葛禮的事，老人家聽得很仔細，有時還看著武丹點點頭……後來萬歲又說桐城的差事辦得好，替國家分憂，不枉了你主子栽培。又說，武老軍門爲國家出了一輩子力，名分上是君臣，其實他從不把這些人當奴才使，準備調武丹回京任直隸總督，如今晉封奴才做了提督，一尺闊的溪水，可以一躍而過，得好好學武丹忠心辦事……」

「後來呢？」胤禛看看聽得心不在焉的胤祥，問道。

「後來太子爺來了，萬歲就叫奴才出來了。」年羹堯道，「恰出來碰上范時捷，要去八爺府辭行，說八爺請了個老道士叫張德明，最會看相，約奴才也去，奴才沒答應，又遇上十三爺，就和爺一道兒來了。」

胤禛想起范時捷，不禁莞爾一笑，但這只是一閃而過，隨即說道：「你明日就上路了，我吩咐你幾句話，你要記牢。」年羹堯忙起身垂手侍立，說道：「請主子訓示。」

「你還坐著聽，雖說你是我門下奴才，我們還是親戚嘛。」胤禛一下子變得異常隨和可親，滿面笑容擺了擺手，說道，「你這個提督是朝廷的，去了之後要切實辦差，帶好兵，給朝廷爭臉，也就給你的四爺掙了體面，這是最要緊的。二是不要和朝裡阿哥隨便來往，朝廷屢次下旨不許阿哥結交外臣，要有什麼人找你，說什麼話，你得如實稟告奏聞，要叫我知道。三是不奉旨或我的話，不必一趟一趟回北京，北京是是非之地，又值多事之秋，你的身分扎眼，回來多了一點好處也沒有，府裡你妹子有福晉、鈕祜祿氏，還有我照應，你盡可放心，把家眷也帶到任上，實心做事。你好，我們自然也好，有我，你自然好，榮辱損益全是一回事——我的這些話你可明白？」

「扎！」年羹堯原本斜簽著身子坐著，「嗯」地起身答應道，「奴才明白！四爺的話從來只吩咐一遍，奴才牢記在心！」

「去吧。」胤禛滿意地點頭一笑，「去見見福晉，辭別你妹子。到任後給我個平安稟帖就成。」

胤祥待年羹堯出去，也站起身來，伸欠了一下笑道，「我當萬歲有什麼要緊旨意呢！要沒別的事，我回部去了，十幾個硬頭釘子在那邊等著我去拔呢！」胤禛嘆道：「好兄弟，方才年羹堯說的，沒有一件與我兄弟無關。兄弟英雄豪氣，只是太粗心啊！夜間捫心想一想，你就都明白了……」

☆

年羹堯的消息一點也不假。朝陽門外八貝勒府西花廳，聚了一大群人，正等著名震京華的異能之士張德明。九阿哥胤禟、十阿哥胤䄉，是早已到了，王鴻緒、阿靈阿、揆敘一干人或坐或立，忐忑不安地等著去請張德明的任伯安。明面上說，他們都是來府恭賀胤禩榮進王爵的，但東道主八阿哥胤禩卻一直沒露面，只家下長隨們穿梭般來來往往，把一盤盤細巧宮點擺放得齊整，配著荔枝、龍眼、蘋果、葡萄諸時鮮水果，看去煞是鮮亮。衆人卻都無心品嚐，有的吃茶、有的品橄欖、滿屋裡水煙呼嚕嚕響成一片，弄得煙騰霧罩。

「九爺，」王鴻緒就坐在胤禟身邊，等得有點發急，燃著火楣子問道：「再有一會兒該掌燈了，怎麼不見來？敢怕是這牛鼻子沒有眞才實學，不敢來了吧？」胤禟未及說話，旁邊胤䄉咧著大嘴笑道：「我素來就不信這些個。上回跟著八哥去檀柘寺，也碰見個裝神弄鬼的，一男一女摟著親嘴兒。四圈圍得人山人海，說這對淫賤材兒在佛山不正經，佛祖見怪了，叫他們當衆黏到一處出醜。我他媽的提了一條蜈蚣放在他們鼻子上，嚇得他們『媽』地一聲就分開了……」說罷哈哈大笑。

胤禟架著二郎腿，端著杯子看茶葉泛沫兒，說道：「此類事有眞有假。我原本也不信，上回大阿哥說，連三哥都請他相過面，這就蹊蹺——三爺是何等樣的道學，豈能輕易相信這些個？瞧罷咧，眞的假不了，假的也眞不了。」王鴻緒儒生出身，翰林清祕，只是好奇才來看看。心裡對胤禩此舉卻大不以爲然，冷笑一聲說道：「我今兒就要看看這牛鼻子的能耐！招搖撞騙，連六部裡的士大夫都給矇了，又在阿哥裡頭鬧騰！在這裡玩把戲，我就叫他吃不了兜著走！」坐在斜對過的乾淸宮侍衛鄂倫岱滿臉橫肉，油光滿面，正和阿靈阿說話，聽見王鴻緒說，轉臉笑道：「別以爲讀了幾句子曰詩云，就能參透天下事了！馬仁道跟我說，他認識張德明那會還是個舉人，張德明斷他能考到二甲七名。初榜下來，卻是第三名，正想著姓張的斷的不準，臨到殿試，考官見他的詩錯抬一格，一下子降到第十七名，恰好取在二甲第七！你說相得準不準？」

正七嘴八舌議論間，簾子一響，任伯安急步進來，說道：「來了！怎麼不見八爺呢？」胤禟一彈袍角，笑道：「少時八爺就來。張先生既來了，就請進來吧。」衆人一齊張眼往外看，果然見幾個長隨導引，一個白髮蒼蒼的老道士沿著石子甬道閒步進來，衆人便不說話。王鴻緒冷眼看那張德明，約有六十歲上下，鶴髮童顏，步履健捷，穿著件八卦鶴氅，頭戴雷陽巾，手裡搖著一把羽毛扇，倒也似仙風道骨，只似笑非笑，漠然站在門口審視屋內衆人。王鴻緒因冷冷問道：

「仙長不在山中修道，來這衣錦繁華叢中何事？」

張德明略一躬身，淡淡說道：「爲佈道而來。」王鴻緒嗤地一笑，說道：「翩然一隻雲中鶴，飛來飛去宰相衙！道人旣通術數，不知有何神通？」張德明默默注視王鴻緒良久，說道：「居士，你方才說得好，要看看貧道的能耐，何以能在京師招搖撞騙，連六部的士大夫都矇哄了去！貧道自幼生有異秉，長投明師，修五千言道德眞經，通漆園莊周幽徑，若無實學，也只好是吃不了兜著走了！」說罷仰天大笑，衆人無不悚然，驚愕相顧瞠目結舌。

「老道還眞他娘有點門道！」胤禩見他這個下馬威嚇得王鴻緒臉色煞白，哈哈一笑起身拍拍張德明肩頭道：「你先瞧瞧，咱們福分如何？」張德明轉眼看了看胤禩，略一沉吟，說道：「你是十爺？燕頷猿睛，帚眉方口，原本是個將才，可惜這對貼腦耳另主福祿，兩下一沖，沒了殺氣，帶不得兵。十爺龍子鳳孫，功名事業卻無大成就，倒落了個壽字，九十四歲善終，原是個長壽阿哥。」胤禩不禁鼓掌大笑：「好好！我有錢有勢，最怕短命，及時行樂一世也叫快活，你算搔著癢處了！」說罷推著張德明：「去去，給他們都看看！」

張德明略一點頭，至阿靈阿身邊，端詳道：「君山根氣正，土星明亮，位可至台閣，不用疑心。今明兩年之內，恐防疾病，切須留意。」阿靈阿哂道：「這都是奉迎話，何足爲奇！說有病，早尋郎中，不就結了？」張德明一邊向前踱，口中答道：「規避疾病，轉爲囹圄之災，反而得不償失。」說著，已至鄂倫岱身邊，上下打量了一眼這個侍衛，說道：「君不貪女色，胸無機械，令人可佩，才智有限，要憑附他人，方可有成。所謂『青蠅之飛，不過數武，附之驥尾，可致千里！』」一邊說，又回身笑謂王鴻緒：「君女相身，祖德隆厚，除了阿哥，在座的位至卿相，僅君一人。只恐晚歲小過謫譴，君王雖欲起復，然命數已盡，奈何奈何！」

「我呢？」胤禟一直在旁邊聽，見張德明侃侃而言，因將辮子甩向腦後，仰臉問：

「我問凶不問吉，請講。」張德明一笑，說道：「九爺君子心胸，原該如此，按九爺戌唇月口，鳳目蠶眉，耳輪如珠，原是極貴之相。惜乎鷹鼻權腮，略有破相，明堂氣隱，心多殺機。恐防五十四歲有一小厄。譬如溪水，一尺之闊，舉步可越，過得去，壽至八十，過不去，恐有不忍言之事。」說罷，略一沉吟，又道：「請九爺伸出左手，貧道再看。」胤禟默默伸出手來，張德明略一看便道：「此乃玉井紋，佐理朝綱不必問了。此紋名曰『天印』，卻中道截斷，不知府中可有殺婢之事？若有，即是此事妨了陰功。這與相面原是一理——我已知九爺何以不能百尺竿頭再進一步了。」胤禟臉上肌肉猛地一抽：他確有殺婢的事，倒也不爲姦情。前年夏兩個丫頭在廚房拌嘴，攪得他午睡不成，起來就命都捆了，放在馬廐旁晒太陽，看守的人躲了納涼，丫頭就中暑死了。這事一向也沒理會，張德明一語道破，胤禟不由一陣懊悔，嘆息一聲道：「這是命數……」

正說得熱鬧，外邊一群人，一色青衣小帽，長隨打扮，都是一聲不吱，魚貫而入，一溜齊兒排在大書櫥前。鄂倫岱一眼看見胤禩也是這般裝束混在裡頭，不禁一愣。揆敘起身道：「這裡邊有一位是八爺，其餘都是府裡使喚人，請仙長觀相！」

衆人立時把目光一齊掃向張德明。

16

懷叵測亂言天子氣
洩私意胤禩辱大臣

張德明泰然自若，安詳地注視衆人一眼，突然仰天大笑：「貴人之氣雲蒸霞蔚，豈與常人等量齊觀？凡夫俗子目爲五色所迷，所以難以分辨。此一點小伎倆，大約難不住我！」因用羽扇一一指點：「頭一個身有吝骨，第二個蛇目無義，第三個華蓋封頂，第四個媚骨外露……」他一個一個簡短地下著斷語，直到第十一，才道：「此真八爺也！白氣貫頂充塞一室，罡風颯然，直透明堂！別說站在這群齷齪小人中間，就是藏進紫禁城，混在金枝玉葉之中，我也一眼認出來了！」胤禩被他說破，自失地一笑，擺手揮退了衆人，把帽子隨手一丟，脫去外頭青衣，內裡穿的卻是件滾邊繡金湖綢天青袍，瀟灑地將手一讓，說道：「簡慢你了，請坐，看茶！」

「老道士眞玄了！」揆敘笑道，「什麼是氣？我怎麼就看不見呢？」「氣者，按儒家之說即是器宇。」張德明搖著羽扇款款說道，「然而道家視之，氣乃人精神所在，聞之無聲，視之有形，卻也有濁清之別。王莽時朝廷星士，在長安觀氣，見南陽一帶，煌煌赤氣沛然沖霄，是爲天子之氣，派羽林軍數千至南陽控龍脈。但此人數術不精，竟放走了劉秀，倒挖斷了王莽自己的王氣，所以一代而終。茫茫天數，難以全知啊！」胤禟爽然自失，說道：「這是載於後漢書的。只不知我的是什麼氣？」「九爺十爺是紫氣，王大人揆大人阿大人乃是靑氣，八爺和鄂軍門卻都是白氣。」因指著任伯安和處頭的長隨們道：「如此類人，則雜沓不堪，似灰似煙，說不到氣上。」

鄂倫岱愕然說道：「我居然和八爺一樣？」張德明冷笑一聲，說道：「豈有一樣之理？你不過是將軍，帶著西方煞氣罷了。八爺白氣如虹似霓，縷縷紛紛，聚合不定，乃是王氣！」胤禩想到內廷傳出自己封王的消息，心中一動，噏動一下嘴唇，卻沒有說什麼。胤䄉搖頭咋舌，噓著氣笑道：「不知太子爺、四哥十三弟是什麼氣。敢怕是晦氣！不然我們怎麼每日受他的鳥氣？」一句話說得衆人哄堂大笑。王鴻緒多少也知道一點五行生剋之理，聽張德明這番話，心中已是暗服，禁不住擊節讚道：「美哉先生論道，如飲佳釀！」

「借你這句話我來拆字。」張德明乘興說道，「『美』字八劃，可拆爲『羊大』、『羊』，『樣』也，是最吉之字。又可拆爲『八王大』三字，今日給八爺看相，可謂巧不勝言。」任伯安聽得出神，衝口問道：「那麼『佳』呢？」「『佳』爲一人執圭之象，也是八劃。」張德明應口答道，「仍舊應照著八爺。八爺命相確乎是貴不可言！」

胤禩笑著笑著，突然眼波一閃，說道：「說過頭了吧？」張德明漫然說道：「不過頭。其實我還有話，八爺你如今只是貝勒，若僅如此，一人執圭，宰相亦可，攝政亦可，八王為大，僅對兄弟而言，說不到別的上頭。」他口鋒一轉，辭氣突然異常犀利：「倘若王爵加身，白氣護頂，則翻為極貴之兆，天命悠悠，人力不可更移！」

「你放屁！」胤禩突地勃然變色，「碰」地一聲重重擊案，「我不過看你浪有虛名，清談取樂而已，你輒敢如此放肆狂吠，陷我於不臣不義，置我於難測險地！來人，把這個沒天理的妖道捆起來，送順天府！」

胤禩人稱八賢王八佛爺，出了名的面和心慈，好賢輕財。多少犯了彌天大罪被逼得走投無路的人，但有緣分見他，必定有一番慈悲安置，從來是溫良恭讓和藹可親，誰見過他如此雷霆震怒？一時都嚇懵了，驚呆了，一個個臉色蒼白面面相覷，廳中靜得針落地都聽得見。張德明也被這突如其來的變故驚得一愣，旋即仰天大笑，眼見兩個長隨大步過來要動手，將手中羽扇一指，說道：「咄咄！不要惡作劇！」那兩個人竟著了魔法似的，張牙舞爪擺著架子被定在當地！

「好妖道！」胤禩霍地起身，咬牙獰笑道，「取狗血來，請出萬歲賜我的倭刀！」

「慢！」張德明也站起身，閒適地踱了兩步，格格一笑，說道：「合則留，不合則去。八爺何必學那些無知市井屠沽之流？我定他兩個，並非法術，卻是吾師親傳三昧神氣功，狗血有什麼用場？貧道雖去，也想請問八爺，怎見得我的話就是陷您於不臣不義？」胤禩怒不可遏，見長隨遞上倭刀，劈手奪過抽出來，晃一晃，冷森森寒氣逼人，挺在手中直趨張德明，惡狠狠道：「那就請你試刀！看是你的氣功硬，還是我的寶刀硬！」

張德明也不躲閃，朗聲笑道：「自然是爺的刀硬。不過，貧道與八爺俗緣太深，你這一刀下來，恐怕兩俱有損——我這就給你憑據。」說著，從懷中取出一把裁紙小刀，略一掂量，向羽扇柄輕輕一搪，連刀帶扇扔在地下，抬頭笑道：「八爺，你袖中也有一把檀香木扇，請出來一觀。」胤禩陰森森一笑，從袖中取出扇子看時，不禁駭然，原來木扇居然也從中一折爲二，刀痕宛然尚在！胤禩的臉白得窗戶紙一樣，失神地丟了倭刀，座中衆人也都嚇得面無人色。

「我不怕這一套！」胤禟卻沉得著氣，陰沉沉說道：「邪不侵正，你這點子本事，比得上白蓮教主徐鴻儒？你今日話意，說什麼王上加白，難道不是挑唆八爺圖謀不軌？當今聖明在上，太子賢德，臣事以忠，君安其位，你怎敢以天命之說惑亂人心？講！不然……我用皇封朱標的夾棍夾了你，丟進油鍋裡炸焦了你！」

張德明身懷異術，其實即今所謂「特異功能」，因有恃無恐，並無懼怕之色，一哂說道：「既有如此忠心，又何必叫小人來府獻醜？天命無常，帝道無親，惟德是輔：這不是儒家聖人的道理？王上加白固然是『皇』，但八爺如今尚未封王。你若不封王，至多不過五年攝政好做。就如前年薨了的康親王，極平常的一件事，又何必大驚小怪自作多情？」胤䄉從驚怔中清醒過來，呵呵大笑起身道：「八哥，你也成膠柱鼓瑟的了。這都是說說玩玩的事，誰認眞來著？太子爺那麼聖明，又怎麼會丟了嫡位？要眞的丟了，別的阿哥撿起來也不算犯王法呀！」

「唉……」胤祺廢然長嘆一聲，「張道長，此種事豈可兒戲？說實在的，你講的這些，有些很有道理，但我是既不敢想也不敢聽。你有眞才實學，萬不該總在阿哥堆裡轉悠，早晚有一日糟蹋可惜了兒的。明兒我去禮部說說，白雲觀尙無主持道長，你到那裡清修吧！」

張德明向地下拾起兩截羽扇，信手一搓，已是復原，道貌岸然地合掌一揖，說道：「昔日鄒陽獄中報書淮南王，『明月之璧，夜光之珠暗以投人，則莫不按劍相眄』。我與八爺交淺言深，如此搓置是情理中事。我所言是據易理而推，驗與不驗，日後來證。我在座諸公人人懷荆山之玉，含靈蛇之珠，都是絕頂聰明的命世之士，且請拭目以待——無量壽佛！」

☆

七月節過後，連著幾場透雨，秋風漸起，金穀登場。胤祥和施世綸一干人越發沒明沒夜地苦幹，交七月底，國庫還銀已四千餘萬。太子胤礽眼見成效大著，也來了精神，不隔兩日就到戶部一趟，夥同胤禛一起召集會議，督促淸逋，務要在十月之前漂漂亮亮把差事辦下來。康熙原來對太子一肚皮的氣，見他督責如此認眞，心下也自慢慢平和了。時近中秋，年年這時有兩件大事要辦，一是督催各省收納糧賦丁銀；二是勾決人犯。秋決處刑，「應上天肅殺之氣」事關國典，在園子裡辦就顯著欠莊重。康熙雖懶怠動，也還照老規矩，命駕返回大內養心殿，拜了明殿又祭天壇，召集禮部司官與上書房會議秋狩承德的事，白天接見官員，晚上手不停管披閱刑獄奏牘，還不時召見胤礽諮詢外任官員任免事宜，就忙得不亦樂乎，直到八月上旬末，才算將暑熱期間積壓的文案料理清楚。

這時幾位新王爺晉封詔書已下。廉郡王胤禩除了接見各旗旗主，分派旗人年例銀子，接收各個皇莊交納貢品，又兼管籌備宮中過節的差事。雖說八月十五年年都過，但今年是康熙聖誕五十五歲。爲叫老爺子歡喜，胤禩合同內務府和禮部請旨，令大鋪天下，凡五十五歲以上老人皆有月餅、加飯酒賞賚。滿宮人分派得停當，紮兎兒爺、製桂花糖、一籠籠蒸出栲栳大的饅頭、壽桃。六宮裡兩千餘名太監宮女，喜氣盈盈張燈結彩，忙得一團亂麻似的。胤禩一手操持旗務、一手操持宮務，滿心要把差事辦得滴水不漏。因見日子緊了，事情多得沒頭緒，合府上下一齊動，依舊覺得人手不夠使，便叫過管家，吩咐道：「請九爺十爺去，瞧他們做什麼呢？」話未說完，便見胤禟一腳踏進來，因又笑道：「偏是我閒，你們就一日三趟地來，要幫忙時，一個影兒也不見！」

「你也甭叫老十，他也不會來。」胤禟顯得有點頹唐，一屁股坐了，悶頭喝著茶嘆道：「說到忙，豈止是你？你日日進宮，那起子窮官兒見不著，就湧到我那兒撞木鐘。想想也寒心，嫡親骨肉兄弟，老四那裡竟針揷不進水潑不入！——他們那裡知道我們的難——還不敢說老四老十三個破字兒！」

「你是怎麼答話的？」

「我說叫他們自己去見十三爺！」

「兄弟你錯了。」胤禩嘆息道，「這些都是無告的可憐人，夠不上和四哥他們說話，好容易見著你，怎麼好寒他們的心？再者，你這麼說，在外人跟前顯著我們兄弟生分，也不好。」

胤禟冷笑道：「本來就生分，喬模喬樣地裝什麼幌子？你大約不知道，我剛才去老十那裡，他正忙著盤家產，把細軟物件都搬到大柵欄、琉璃廠，要發賣還帳呢！」胤禩吃了一驚，鐵青著臉道：「胡鬧！」

「我看鬧一下也好。」胤禟怔怔看著窗外，說道：「叫他們嚐嚐六親不認的苦頭！——我心裡只是詫異：太子爺欠的債是怎麼還上的？我叫人去戶部查，眞的是還了，疑心他動了內帑，內帑也不短缺！」

這正是胤禩也百思不得其解的事，他甚至爲此派自己的奶公齊雅布去東北，祕密調查太子是否有挖人參的事，都無結果。據胤禩看，太子帳目不清，壓根戶部的差使就辦不成。這胤礽到底是怎麼一回事？想想終久還是不解之謎。思量著，突然想到，胤䄉變賣家產，做得太過分，難保康熙知道，要疑心自己是主謀，因立起身來，扇子一揮道：「老十太不成話。走，一塊瞧瞧去！」

胤䄉「賣家還債」鋪排的聲勢極大。這個二百五阿哥存心出胤禛的醜，撿了京師最繁華的所在，在前門外大廊廟一帶沿街搭起席棚，蜿蜒差不多半里長，家私擺的琳琅滿目，什麼金漆坐櫃、蟬翼紗帳、金自鳴鐘、瑪瑙鼻煙壺、倭刀、鳥銃、豹尾槍、東珠、象黃、琥珀朝珠、玄狐袍、各類淺窯、鈞窯、定窯瓷器、金玉如意、紫檀屛風、銅鏡台、宣德爐、漱口盂、茶几、琴案、書架，凡百家中器具並破鞋爛襪子一應俱全，都標了價貼著紅簽，有的還搭著明黃袱子，顯見的是皇帝賞賜的物件。小到幾兩幾串，多到三萬五萬，價格也不一等。胤祺、胤禧趕到時，大廊廟前累千累萬捱捱壓壓都是人。人們在五光十色的貨棚前東擁西攢，卻都爲開眼瞧熱鬧，並沒一個敢問津的，只圍著傻看賣呆，有的竊竊私語，有的默默出神，有的譏諷挖苦，有的掩口偷笑，什麼樣兒的全有。胤祺、胤禧擠得一頭熱汗，正沒做理會處，忽然聽人們吆喝：「十爺把施大人的轎攔住了，走，瞧哇！」

於是人流滾動一齊向西，越發擠得落花流水。胤祺、胤禧趁著勁兒往前鑽，果然見一乘綠呢大轎停在當街，施世綸臉色蒼白得毫無血色，長跪在地，胤䄉手裡拿著把破芭蕉扇，穿一身灰粗布截衫，正破口大罵：「姓施的，你還算個讀書人？是哪個狗娘養的考官取中了你這麼個怪物，我再不濟，是黃帶子阿哥，龍子鳳孫！當我的面你就敢動手拿我的人！」

「回十爺的話！」施世綸揖手說道。他的聲音多少有點嘶啞：「下官並不知這奴才是十爺府的。十爺既這麼說，下官還要諫十爺幾句，這豪奴蔑視朝廷大臣，攔轎喝罵，是十爺家教不嚴！」「喲嗬？」胤䄉一臉壞笑，破扇子拍著腿左右顧盼道：「這麼著倒是我的不是了？我倒有心請罪，你當得起我一拜麼？你一個二品京官，大搖大擺從我面前過，連轎也不下，這是施琅庭訓給你的規矩？」胤禩這才瞧見，胤䄉身邊還圍著一大群官員，從部郎到司曹都有，都用憎惡的目光盯著正在受窘辱的施世綸，並無一人解勸，正思量該怎麼辦，卻見施世綸嚥了一口唾沫，說道：「下官是近視，沒有瞧見十爺……」

胤䄉此刻解恨到十二分，得意地扇了一下破蕉扇，哼地冷笑一聲道：「你敢情近視？你是沒上眼皮，只看天不看地！近墨者黑，近屎者臭，攆了高枝兒就來欺負人！」旁邊站的姚典、劉燮、黨逢恩等人個個趁願，綳著臉兒暗笑，金玉澤已升了兵部員外郎，在旁湊趣兒「勸」道：「十爺，您別惱了，他不過小人得意，氣著您身子倒金貴了。」

「我為國家清理虧空，又不曾中飽私囊，金玉澤，我怎麼『小人』？」施世綸氣得渾身亂顫，身子一挺，口氣變得異常強硬：「就是十爺的話，我也不敢苟同，也不懂──誰是墨？誰是屎？誰是高枝兒？請十爺明示！」胤䄉被他頂得一愣，頓時咆哮如雷：「你只認錢不認人，就是小人！卑污！銅臭不堪！」一揮手命府中長隨：「替爺啐他！」

胤禩見十貝勒府幾個人捋袖挽臂地上前，知道一口啐出去，立時要惹出傾動朝野的大事，忙大喝一聲「慢！」便拉著胤禟擠了出去。圍在胤䄉四周的太監、長隨和六部司郎官員足有大幾十號人，見是胤禩來了，都是一怔，黑鴉鴉跪了，一片聲請安。街市上的人越發瞧得興頭，圍擁著擠得水洩不通。胤禩黑沉著臉瞪了胤䄉一眼，哼了一聲，幾步走至施世綸身邊，柔聲說道：「方竹兒……屈了你了……」

……施世綸身上一顫，熱淚頓時走珠兒般滾落下來。

「十爺脾性刀子嘴豆腐心，出了名的躁性。」胤禩緊蹙眉頭，娓娓勸道，「今兒這事瞧我薄面，且撂開手。你是朝廷柱石之臣，量須放大些兒。這也不是說話的地方，回頭我稟知太子，叫他登門負荆請罪！」見施世綸兀自僵跪不語、淚光滿面，胤禟在旁跺腳埋怨：「昨晚叫你少灌點黃湯，你就是不聽！爲你這不爭氣毛病兒，阿瑪都恨得牙癢癢的——今兒這可倒好，連老施都作踐！」

胤䄉滿以爲這兩個哥子定要幫自己說話，不料都異口同聲責怪自己，不覺怔了，其餘官員人等也各各無趣。正發呆，胤禩已回身命衆人：「快攙老施上轎！老九，你親自送方竹先生回南橫街——你們愣什麼？」胤䄉僕人們見廉郡王動了氣，又見主人無話，只好答應著上來，做好做歹扶著一聲不言語的施世綸上轎，由胤禟騎馬護送，一逕去了。胤禩儼然主子般厲聲指揮：「把棚子拆了，東西往回搬！」胤䄉氣得一跺腳，也不打招呼，扭頭便走了。

☆

第二日便是中秋節。頭夜康熙睡得很好，一大早起來，先拜了天穹殿、鍾粹宮、欽安殿，又至斗壇拈香，進了早膳，又至乾清宮接受百官朝賀。這都是官樣文章，卻一樣也省不下來，他耐著性子坐在須彌座上，聽臣子們一篇又一篇的「萬壽無疆賦」，什麼「海宴河清，聖治被化萬方」，又是「黃童白叟，共享盛世盛平之福」，足足鬧了兩個半時辰，下來時，已是申末時牌。進了晚膳，康熙稍事休酣，便見胤祺進來稟道：「阿瑪，都預備齊了。何時啓駕，兒臣先去御花園知會。」康熙正要答話，卻見養心殿總管太監李德全，帶著邢年等七十多個太監宮女進來請安。

「萬歲爺，」李德全笑嘻嘻道：「奴才方才去後頭看了，今年十五眞個別致！到底八爺調停得周全，再沒個挑剔的。老天爺也湊趣兒，晴得一絲雲彩也沒，老月兒圓的溜兒的，大月餅似的，已經慢慢起來，眞叫人越看越愛！」

一句話說得衆人都笑了，康熙因問胤禩：「阿哥們都來了麼？」胤禩忙躬身賠笑道：「兒子是從家裡逕直進來的。方才太子那兒的何柱兒說，到得差不多了，巴巴兒等著主子爺呢！昨兒見大哥三哥，他們叫兒子請旨，恩准年長阿哥把皇孫也帶進來沐恩光寵，也取個團圓吉利，不知萬歲……」「不用了。」康熙略一沉思，說道：「一百多個皇孫，大的十七八歲，小的才幾個月，還有乳母、諳達、丫頭、老婆子一大堆，少算也有四五百人，朕受不得這吵鬧。」

胤禩一聽「吵鬧」二字，陡地想起昨日大廊廟的事，胤䄉這個二杆子，別今晚再鬧事罷？不由心中一陣慌亂，忙道：「阿瑪要沒別的吩咐，兒臣得到後頭看看，不定太子已經去了御花園，兒臣還是隨班候駕的好。」康熙微笑點頭道：「你很知禮，去吧。看看侍衛裡武丹來了沒有，要沒來，叫進來一同賞月。」胤禩連聲答應著匆匆辭了出去。

御花園門口已是火樹銀花，因園內賞月，不宜張燈，胤禩獨出心裁，在園前漢白玉階下用一萬盞玻璃燈盤成二龍戲珠圖案，沿牆琉璃黃瓦下每隔一尺吊一盞小巧玲瓏的宮燈，紅黃藍紫青五色迷亂，既壯觀又不呆板。胤禩趕到園門口，大阿哥胤禔三阿哥胤祉正和直隸總督武丹說話，胤禩遠遠便笑道：「武老叔，方才萬歲爺還說，叫傳旨請您呢！」說著便湊近前，拉起武丹的手道：「您今年有一個花甲了吧，紅光滿面，精神矍鑠，叫人瞧著眼紅呀！」武丹呵呵笑道：「奴才是個使力不使心的匹夫一個，有什麼叫人眼紅的？」當下寒暄一陣，胤禩便問：「兄弟們都到齊了沒有？」

「差不離了。」胤禔笑瞇瞇看著胤禩，說道：「我沒仔細看。方才亂哄哄的，這才理出頭緒來。」胤禩聽著仍舊不得要領，一邊說話一邊向裡張望，胤祉笑道：「你要忙，只管先進去，我們不想站規矩，出來躲著和武老叔說說話兒——還有，你得防著老十這個鐵頭猢猻惹事生非。我進宮前，他打發人去我府借阿哥衣服，我沒理他，這可不是瘋了？昨兒鬧大廊廟，今兒鬧到裡頭來，這八月十五就算過不成了！」

胤禩心下越發著忙，向三人略一點頭抬腳便進了園子。果見男昭女穆已經排好班次，西邊貴妃鈕祜祿氏爲首、挨次惠妃納蘭氏、榮妃馬佳氏、德妃烏雅氏、宜妃郭絡羅氏、成妃戴佳氏、定妃萬琉哈氏、密妃王氏、勤妃陳氏、襄妃高氏，還有十幾個尚未誕育皇子的，如陳氏、色赫圖氏、石氏、陳氏等人，還有個新選的鄭春華，只是個嬪——胤禩卻知她和太子胤礽甚有曖昧——和一群答應、常在低等嬪御站了一處，一色青緞旗袍，高梳「把子頭」，腳踩「花盆底」，俱都垂手侍立。東邊以太子胤礽爲首，挨身便是胤禛、胤祺、胤祚、胤禟、胤禌、胤祹、胤祥、胤禵、胤禑、胤祿、胤禮、胤祄、胤禝、胤禕，大的三十五六，長髯垂胸，小的尚在總角，粉妝玉琢，四百多個有頭臉有體面的太監宮女也都按房分立東西，女的人人花枝招展，男的人人神采奕奕，都是規規矩矩站著，只二十一個未嫁的和碩公主是嬌客，顯得隨便些，嘰嘰格格說笑個不停。

看了一周遭，沒有見胤禩的影兒，胤禩深悔昨日沒有多和他聊聊，但此時急也無益，只好看情形處置——也許胤禩稱病不來，或來了也未必就敢鬧事……心裡七上八下正胡思亂想間，卻見胤禵、胤祉快步進來歸了班次。接著便聽李德全高唱一聲：「康熙老佛爺聖駕到！」

17

放厥詞浪子受鞭責
明是非慈父行家法

這些阿哥裡頭，只有十四阿哥胤禵心裡清楚，今晚十阿哥是存心大鬧一場。他剛從木蘭圍場奉旨回來，就去訪了九阿哥胤禟，京華已是風雲歷歷在心，卻毫不動聲色靜等著這齣好戲。胤禵、胤祥相差兩歲，一樣的任俠豪爽，一樣的習兵好武，連個頭模樣也頗相似，卻和胤禛是一母同胞，都是德妃烏雅氏所出。但清代皇子制度，阿哥無論嫡庶，懸弧墮地，保母就抱出去，交給乳母，各自八個保母，八個乳母，還有所謂針線上人、漿洗上人、燈火上人、鍋灶上人，一到絕乳，又添八名讀過書的太監，謂之「諳達」，教語言、教行步、教禮節，舉手投足左右顧盼均按規矩來。雅步從容儀態萬方，並不受之父母，各兄弟間也只揖讓而已。所以無論父子、母子、兄弟，骨肉親情天倫之樂都是說不上的。胤禛生時恰因孝誠皇后產子而殤，例外地抱進了鍾粹宮，聊慰皇后膝下荒涼。爲這檔子事，招惹了其餘阿哥妒火中燒，在胤禵那裡耳濡目染日積月累，不知撩撥了多少風涼話。因此胤禵自幼和胤禩一干人打得火熱，自己的胞兄胤禛倒不相干的了。

此刻，他目光炯炯看著坦然自若的胤禛和嘻笑顧盼的胤祥，一邊隨著迎駕、叩頭，心裡不住暗笑，猛聽衆人喊「萬歲！」便跟著叩頭，山呼：「萬萬歲！」

「罷了吧。」康熙笑容可掬，雙手虛抬了一下，說道：「今兒是家宴，大家痛樂兒，不必拘禮。往年這時分是賜筵群臣，他們享了君恩，卻不得與家人團圓，今年變了一下，白天賜宴，晚間各自回去，各得其樂，胤禩想得周全。」說罷便更衣，換了天鵝絨紗台冠，醬色江綢夾袍外又套了件石青緙絲棉金龍褂，腰間束一條金帶頭線鈕帶，足蹬青緞涼裡皂靴，徐步走向御亭前的拜月台。

此刻風清氣爽，碧澄澄的天上月輪皎潔，柔和地灑落著水銀似的光。拜月台上香煙繚繞，案上供著爐、鏡、鼎、鈸、赤虎料珠、琉璃碗、金龍油燈，旁邊羅列著金輪、銀輪、磁輪、銀馬、銀象、銀魚、銀螺、銀將軍、銀男、銀女、銀蓋、銀罐、銀繖等法物。康熙向銀盆中盥了手，神情變得異常莊重，默然長揖到地，仰面靜靜看著昊天海月，喃喃祈禱：「總理河山臣愛新覺羅•玄燁熏沐謹奏上天：夫人生在世，事功易，成功難；成功易，終功難，善於始者必慎於終。此乃玄燁心中事：完人自古無之，臣願克減壽算求一完人，惟上天默察庇祐！」因爲離得很近，胤禛聽得清清楚楚，想起父親一生嘔心瀝血一刀一槍開創基業，夙夜不倦孜孜求治，已成亙古一代令主，居然情願減壽以求全名，不禁癡了。正沉思間，康熙轉身笑道：「拜月已了，大家隨意入席賞月。七歲以下皇子可隨母親同座——照料好了，不要進得太多，謹防傷著脾胃。」

筵宴是早已預備好了，共是三十桌，錯錯落落散處在假山旁，水榭亭側，一桌一桌珍饈佳餚垛得老高。康熙的一桌就擺在月壇下，中間一個五福盤，擺著鴨絲燕窩如意、鴨子熏白菜、五香燒狍肉攢盤、丹桂湯、羊肚片，四周一色琺瑯碟子點心，什麼桂花糖餡月餅、象眼小饃頭、餑餑、麵桃、西瓜、哈密瓜、葡萄、蘋果、荔枝……也不及細述。康熙因笑著對胤礽道：「難爲你這次清理虧空，差使辦得好，不像往常瞻前顧後地疲軟，朕心裡很受用。你是太子，和朕同座說話兒罷。」因見鄂倫岱進來，又道：「吩咐御膳房，照這裡的樣子在園門口擺四桌，你們陪著武丹也樂一樂──抬一桌席面到毓慶宮，賞太子妃子石氏和太子世子們用！」說罷舉箸，衆人方拿捏著進膳。滿園清亮的月光下但聞杯盤微微作響，卻一聲笑語不聞。康熙心知是因自己一人在場之故，因又笑道：「早知如此，還不如和臣子們一處吃酒呢！哪個有笑話？逗得朕樂了有賞！」

「兒子當得承奏。」胤礽率先躬身站起，但他素來溫文爾雅，並不長於此，思量許久才道：「前兒聽人家說了一個，卻是本朝實事。去年罷官的濟寧道徐球壬在任時，有個姓王的殺了姓尹的。人犯拿到，徐球壬指著姓王的拍案大罵：『夫妻一道載在三綱。人家好好夫妻，憑什麼你就敢拆散了，叫人家婆姨守寡？現在我把尹氏判給你，叫你婆姨也嚐嚐守寡的滋味！』」說著瞟了一眼嬪御隊裡的鄭春華，鄭春華忙別過臉和陳氏說話。

康熙愣了一陣回過神來，不禁大笑道：「這人是明珠薦的，不料還有這份才具！絕妙判語，這個笑話好──把朕寫的湘妃竹扇拿一把賞太子！」下一席坐的胤禔卻是明珠的外甥。明珠秉政二十餘年，權傾朝野，因與太子作對，早已罷官，見太子說這笑話，心中不禁大怒：人都死了，兀自不肯放過！……因把盞起身笑道：「人說雞有五德，我府裡餵著一隻波斯貓，也有五德：見鼠不捕，仁也；鼠奪盤中之魚，能分而食之，義也；宴筵賓客盛饌一設，聞風即來，禮也；好吃的東西藏得再密，都能偷到，智也；每入冬天寒，必先佔熏籠取暖，信也……」言猶未畢，衆人已是哄堂大笑。

「兒臣也湊一個。」胤禟在第四桌，早已聽出二人互相攻訐，便有心揶揄，因起身笑道：「蘇東坡的兒子生性最蠢，那年因下大雪，東坡最伶俐的一個小孫子因頑皮不肯讀書，蘇東坡便命他跪在雪地裡背《勸學篇》。兒子瞧見，就也跪了。東坡問：『你爲什麼跪？』傻小子說：『你凍我的兒，我也凍你的兒！』」話音剛落，已笑倒了衆人，幾桌嬪妃們手帕子掩了口格兒格兒笑得前仰後合，康熙笑得撫著胸口道：「老九素日沉默寡言，難爲他說得好，賞他一令宋紙！」

胤禩不禁抿嘴一笑，正搜索腹笥也要說一個，卻見胤䄉大咧咧散著步子進園來，心頭不禁猛地一沉，忙要招呼時，康熙已經瞧見，笑問：「你哪裡鑽沙去了？懶散成性，不成體統！罰你說個笑話兒！」

「是！」胤䄉率性魯直，不藏心機，頗受康熙喜愛，一向就驕縱，一邊湊到第三桌，口中笑道：「不過說的不雅。前年我奉老佛爺聖旨山西賑糧，去永濟看了看普救寺。那裡卻有一椿風俗不好，拉屎揩屁股不用紙，都用的秫桿做根棍兒，美其名曰『廁籌』

生崔鶯鶯西廂之會，那崔鶯鶯傾國傾城之貌，羞花閉月之容，用這玩藝兒揩屁股？那揩得乾淨麼？……」

——」說到這裡衆人早已怔了，卻聽胤祴又道：「——兒子想，別人也就罷了，當日張

衆人起先還怔怔地聽，至此已無不攢眉搖頭，撇嘴齜牙。康熙皺眉笑道：「殺風景！你還叫大家吃東西麼？罰你一杯！」胤祴「嘓」地一口飲了滿滿一杯，嘻皮笑臉道：「是……果然是不好！又有一個——一起子水盜，打劫了商船，不料扒開貨倉，全是些香燭。這東西沒地方存，賣著又很賤，扔了又可惜。於是大家商量：『咱們做沒本錢生意，白刀子進去紅刀子出來的勾當，全指望老天保佑，不如燒他娘的，也算功德。』於是一把火焰騰騰燃起，頓時香透九重。玉帝聞著，問：『誰家做這麼大的功德？』命天丁查看，天丁回說：『沒見別的，就見幾個可憐人在那兒哭，一夥子老強盜在那裡向火哩！』」

誰都聽出來了，這壓根不是笑話。康熙的臉一下子陰沉下來，慢慢放了酒杯。所有借過銀子的阿哥心頭都是一動，把目光瞥向這陣子飛揚跋扈，攆得百官雞飛狗跳的胤祥。胤祥嚥了一口唾沫，也起身笑道：「兒子也說一個船上的事——去年過蕪湖。蕪湖道雷庸去見兒子，我問他：『貴道坐船來的？船在那裡？』他說，『船在河裡。』兒子又好氣又好笑，就說：『眞草包！』不料他又答說：『回十三爺，草包在船裡！』」胤祴背地諢號「十草包」，人人皆知，所以這笑話說出來，沒有一個人敢笑，只康熙笑得「噴」

地一口酒吐出來，一眼瞥見胤䄉氣得臉色雪白，又止住了笑，只神色不動打量著這兄弟二人。此刻御花園中五六百人都已屏氣息聲，大家預感到今晚要出事，停了杯箸，惶恐不安地望著鬥雞似的胤䄉、胤祥。胤礽情知這兩個弟弟要捅馬蜂窩，慌亂地看一眼康熙，想起身去勸又不敢，只死命地給胤禛遞眼色，暗示他去勸胤祥，無奈胤禛正全神貫注地看著事態發展，一點也不覺察。

「老十三吶！」胤䄉到底憋不住，叩著杯子笑道：「方才你講的這個草包故事，除了萬歲爺，咱們都沒笑，該罰你三杯喲！」胤祥笑嘻嘻執壺，在衆目睽睽中踱至胤䄉身邊，說道：「萬歲爺笑了，就是我盡了孝心，別的人那怕哭呢，與我什麼相干？十哥既然說到這裡，我也想起十哥的香火船。不知此事出於何朝何代？何人的船被劫，這劫船匪盜拿住了沒有？」「你問這個？」胤䄉冷笑道：「本來是個古記兒，無朝代可稽，無年月可考，大約誰有這個強盜心，不免就狐疑起來。我倒曉得誰叫打劫了——萬歲爺方才還問，爲什麼來遲了，我沒敢回。生怕大節下的，掃了天家體面。不瞞你這當家兄弟，我家遭劫，四壁如洗，你嫂子你侄兒都是可憐人，在那裡哭。我出去借一身乾淨衣裳進來，還要強笑著聽別人罵桑樹，兄弟你看我難不難？」

胤祥恍然說道：「哦——怪不得十哥來遲，原來借褲子去了！」胤䄉見康熙聽得專注，越發放肆，因啞道：「兄弟好伶俐，眞個響鼓不用重錘。你一定要我說透，我就說：你和施世綸那個醜八怪，就是強盜！我昨兒已經作踐了老施，想必得罪你也不淺——怕怎的，頭掉了也就這麼大個疤！」他用手比了個圓圈，一笑又道：「我比得不雅馴，很像個王八淫賤材兒，實在對不住，咱是個粗人。」

康熙這才曉得事情原委，清理虧空居然弄到皇子賣當的地步，他心思飛快地轉動著：老十何至於此？莫不是和老八他們下頭商議好了，今晚借機發難，要瞧胤礽、胤禛的好兒？瞥眼看胤禩時，胤禩卻是急得臉都黃了，只是皺眉嘆氣，又覺得不像……正惱太子一言不發，第二桌上胤禛大聲發話：「十三弟，你過來這邊坐了！他一個二五眼，你和他計較什麼？」

「你是三五眼！」胤䄉勃然大怒，衝胤禛吼道：「捉螞蟻熬油，臭蟲皮上刮漆，只要錢不怕寒磣！你不信到我家去看看，他們是在哭不是！」話音未落，胤禛一口頂了回來：「誰曉得是哭還是嚎？即使眞哭，前人有話說的好：一家哭，何如一路哭？」胤祥接口便道：「就是四哥這話——有聲有淚謂之哭，有淚無聲謂之泣，有聲無淚謂之嚎，誰知你們……」

胤祥十分解氣，得意洋洋地還沒解說完，「啪」地一聲，臉頰上早著了胤䄉一記清脆的耳光：「你是哪路神仙？淫賤材兒下作種子！就懂得跟著太子爺四哥後頭拍馬屁溜勾子舔屁股……」他唾沫四濺正說著，胤祥一個漏風巴掌回敬來，打得金花四冒，兄弟二人頓時在席前扭成一團。

「打起來了！」所有的人都站起身來，頓時御花園亂得一團麻似的。武丹鄂倫岱等侍衛在外邊聽見，一擁而入進來護駕，見是這種情景，不禁都愣了，要上前拉時，康熙又沒發話，只好訕訕地站在一邊。太子抽身過去，扎煞著手喝止，但他素無剛氣，此時誰肯聽他的？胤禔假惺惺擺著大哥派頭虛吆喝；胤祉彈衣揮扇，勸了這個說那個；胤祺、胤祚素來老實，抖著嘴唇驚惶四顧不知所措；胤禛此刻倒定住了神，揮扇品茗沉吟不語；胤禟、胤禵幫著胤䄉又推又搡。其餘皇子有的幫打太平拳湊份子，有的臉色蒼白瞠目結舌，有的夾七夾八說些莫名其妙的風涼話：

「看打著了！」

「何必呢！」

「胡攪！」

「唉……亂來！」

胤祈、胤禝、胤禕等人年在幼沖，早被乳母們護到一邊，嚇得咧著嘴大哭大叫……一時間，御苑中人如熱鍋螞蟻，聲似鼎沸之水，嘈雜紛亂不堪。

「都住手！」康熙突然咆哮一聲，「讓兩個小畜牲打，好生打，往死裡打！」

他終於憋不住了，兒子多了，人各秉性不一，康熙原也知道他們間有不合氣的，原想不過爲有的受信用，有的沒差使互相不服。不料竟是事關國策，旗鼓鮮明冰炭不能同爐！康熙這一赫然震怒，皇子們無人不怕，一個個臉上青紅不定，諾諾連聲後退。胤䄉、胤祥滿身灰土爬起來，臉上都是烏一塊紫一塊。胤䄉啐了一口別轉了臉，胤祥舉目一望，覺得除了胤禛都是外人，扭曲著面孔抽搐幾下「嗚」地嚎啕大哭，伏地訴道：「兒子失禮，憑著阿瑪發落。只求萬歲今兒當著衆人還兒子一個公道……說明兒子的親娘到底是不是淫……賤材兒……」

這件事原委根由，就是一車話也難以說淸①，但今晚明擺著是胤䄉有心發難生事，又先動手打人。康熙怔了一下說道：「你起來！你母親阿秀是土謝圖汗的公主，身分貴重。只因命犯華蓋多災多病，朕特旨允許捨身出家，不要聽小人們放屁——朕這就賜你母親名號：晉封章佳氏爲敬敏皇貴妃！——胤䄉，朕先不問你荒廢學業終日浮蕩。你借銀的事，僇辱廷臣的事朕這會子都懶得問，只你今夜舉止如此無恥放肆，是爲什麼，你活夠了麼？」

「不是兒子活夠了，」胤䄉在下頭已與胤禩胤禟計議，揣透了康熙的脾性：越硬挺越賞識。因一口頂了回來：「是人家要逼死兒子！您老知道，從他們淸理虧空，死了二十三個朝廷命官，兒子不想當這第二十四個！原旨說淸理以四哥爲主，老十三憑什麼弓開的溜圓兒射人？屎殼螂鑽紗帽，硬充黑老包——萬歲您別瞪我，就是死也得把話說完——像這麼著窩裡炮，拿著親兄弟一個一個地宰，弄得宗室貴戚家家如坐針氈，哪一朝有過？三哥的銀子是萬歲墊出來的，其餘的兄弟誰家不是精窮，有什麼好心情陪阿瑪說笑話取樂兒？」說到這裡，不知哪句話觸動情腸，兩串淚珠撲簌簌順頰淌下。

康熙原知道因胤礽、胤禛撐著勁，十三阿哥在戶部辦實事，必少不了得罪人，想不到竟弄到皇子典賣家當，不由心裡一沉。正思量間，胤禛起身淡然說道：「老十，你覺得胤祥不留餘地，你留餘地麼？施世綸一碗水清到底的官，你當著千人萬人就那麼羞辱他！你還叫我們辦事不叫了？」因將胤䄉昨日在大廊廟那檔子事備細說了：「施世綸昨晚見我大哭一場，又趕著過節，怕主子知道了難受生氣，沒有奏聞——這樣的忠良，我們做阿哥的憑什麼要作踐他？」

「老十是糊塗。」胤禩斟酌半日，覺得不能不幫著胤䄉頂一頂這個硬頭釘兒，因道：「不過事出有因，施世綸也有不是處，明知胤䄉在大廊廟，偏就火上澆油，篩著大鑼從那裡過。好歹也該迴避一下的。」胤禛笑道：「老十府裡奴才要不攔轎罵街，施世綸就敢放肆拿人？」「打狗還得看主人呢！」胤禟冷笑道：「施世綸說到底是漢人，要沒人放縱他，就敢那麼張牙舞爪？」

胤祥氣得臉色雪白，大聲頂回來：「施世綸天下第一清官！這是萬歲的話！清理虧空是萬歲的旨意，收來的錢歸了國庫！笑話——這事論的什麼滿人漢人？九哥，你去山東賑災，手下的官都是滿人？」一時間阿哥們七嘴八舌各執一詞，紅著臉唇槍舌劍，又是一番熱鬧情景。

「都住口！」康熙斷喝一聲。權衡再三，他很快就清醒過來：此刻自己只要稍有同情胤䄉的表示，消息傳得比風都快，不出三日便舉朝皆知，胤礽、胤禛和胤祥的差使就更難辦，便踱至胤䄉身邊，狠狠盯了一眼，說道：「殺人償命欠債還錢，自古通理！你這畜牲竟比作『強盜打劫』！朕知道你們不服氣老四老十三辦的差使多，你們回去捫心自問，是朕不給你們差使，還是你們不要？康熙四十四年朕就說過叫老大、老八老九去管戶部，你們都『有病』？身子骨兒金貴嘛！好差使，眼面光的差使你們搶了，苦差就推給他們，他們辦得認眞了，你們又眼紅，以爲朕不知道？」

一句話說得胤禛、胤祥幾乎墮淚，這些話其實連他們自己也不曾想得這麼透徹體貼。其餘阿哥們想想也眞是的，便都低垂了頭不吱聲。康熙又道：「太子和胤禛、胤祥實心任事不避怨嫌，正是國家祥瑞，爲什麼你們就放他們不過？胤䄉，你素日驕慢目中無人不學無術，朕憐你粗放，沒有理會。索性今日連朕也不放眼裡，大鬧御花園，肆無忌憚至於此極——這猶可恕，只施世綸爲朝廷柱石之臣，你竟敢於光天化日之下肆意侮辱，沒有聽說過士可殺不可辱？來！」

「奴才在！」

李德全臉色焦黃，心頭狂跳，忙進前一步說道：「萬歲……」

「帶胤䄉去宗人府。」康熙咬著牙道，「著愼刑司責他十脊杖，囚禁三日！」

李德全忙答應一聲，哆嗦著腿至胤䄉面前打了個千兒，顫聲道：「十爺……請……」

「我還沒謝恩呢！」胤䄉鐵靑著臉說道，過來雙膝著地，惡狠狠盯了胤祥一眼，叩頭說道：「兒子受杖去了！」說罷起身揚長而去，把康熙氣得站著乾發愣，半晌，叫過武丹道：「本想今晚吃一會子酒，叫你進來月下舞劍的，掃興了。穆子煦不是進京來了麼？

明兒叫他遞牌子，你們進來陪陪朕……」他長嘆一聲，擺擺手道：「散了吧。」

註①見拙著《康熙大帝·玉宇呈祥》。

18

議巡狩起心廢國儲
拒諫諍太子抖威風

第二日一大早，武丹便約同穆子煦由西華門遞牌子進大內覲見康熙。二人聯袂由隆宗門進天街，穿永巷不遠，早見李德全已候在垂花門口，還有兩個八品文官跪石門口候見。李德全見他們來，忙迎上來，說道：「我在這專候著你們二位呢！萬歲爺一夜沒好睡，方才幾位上書房大臣都進去請安了，聽說魏東亭軍門歿了，萬歲更不高興。二位軍門多勸著主子些兒。」

兩個人頓時愣住了，吃驚得張大了口。魏東亭是康熙皇帝乳母的兒子，自幼就和皇帝一處讀書玩耍，號稱熙朝第一侍衛，自康熙元年就侍從在側，與武丹、穆子煦、曹寅、狼瞳幾十年風風雨雨，保護康熙經過多少驚濤駭浪急流險灘，說一聲死，就這麼輕輕巧巧地去了？乍聽噩耗，眞難相信這是眞的，兩個人不禁茫然對望一眼，心裡空落落的，耳朵裡嗡嗡直叫。但此時此地不能哭，也不能多談，只好跟著李德全往裡走，只是腳步像一下子灌滿了鉛似的沉重。

兩個人恍恍惚惚進了養心殿東暖閣，果然見張廷玉、佟國維和馬齊都跪在黃墊子上，康熙臉色蒼白，歪在大迎枕上喝著參湯，正和毓慶宮總管太監何柱兒說話：「你早已從這裡調去毓慶宮了，不要一趟一趟總回養心殿來。侍候好太子是你的本份！」

「奴才知過了。」何柱兒賠笑道，「不過這回奴才是奉差來的。太子爺卯時就進來了，因主子剛睡著，沒敢驚動，叫奴才侍候著等主子醒了再去叫他呢！」康熙輕咳一聲，一抬眼見武丹穆子煦進來，擺手示意他們免禮，一邊說道：「何柱兒回去吧，叫他不必請安了，孝順不在這上頭。」說著，從案上取過一份折子遞給何柱兒，又道：「這個折子朕已經看過，處決的名單似乎多了些，叫他再審一遍，可矜的，可憫的，可疑的，但有一線之明，該停勾就停勾，腦袋掉了長不出來，要愼之又愼！」眼見何柱兒去了，康熙方轉過臉，默默盯視著穆子煦，許久才道：「你畢竟來了。朕上次給你的朱批，說了不必來京，你們欠的那點子債朕心裡有數，過兩年朕南巡時還指望著你們陪駕，沒有個好身子骨兒怎麼成？東亭的事情知道了？」

穆子煦忙伏地叩頭，不知怎地，止不住熱淚只是往外淌，哽咽道：「老奴才趕著來京，倒不全爲還債，這兩年身子越發不濟，一閉上眼滿心都回想往年的事，越想越怕，生怕不能再見主子一眼就去了……上年去南京見了魏東亭，他躺在床上只是流淚，滿心盼主子早點南巡，賞的金雞納霜都捨不得吃，誰知到底……」他啜泣著，說到這裡已是語不成聲。康熙先是靜靜地聽，臉上皺紋刀刻似的一動不動，見穆子煦說得淒惶，哪裡還忍得住，仰天長嘆一聲已是淚如雨下。

「萬歲保重！」馬齊眼見武丹也要開哭，忙跪前一步奏道，「一會兒太子還要回事，還要引見外臣，仔細著龍體。魏東亭年屆耳順，已是長壽，生榮死哀，似不必過份悲傷——穆大人，你也不必傷心了，我們費了多少唇舌才勸住了萬歲，再一哭，傷了龍體可怎麼好？」張廷玉佟國維也含淚奏勸，三個人方慢慢止住了，張廷玉見是縫兒，忙道：「李紱和田文鏡戶部荐上來，因戶部賬目已清，引見外放，主子這會兒見他們不見？」

康熙略一沉吟，拭淚點頭緩緩說道：「叫進來吧。你們幾個也不要跪著，起來坐到那邊木杌子上。」說話間，已見田文鏡在前，李紱緊隨進了天井院內。

這兩個人在戶部辦差兩月有餘，心計又好辦事又勤，很得胤祥歡心，因爲賬房的事已畢，只有幾十個封疆大吏尚未清還，恰遇吏部遴選，胤祥知他們得罪人多，京官做不牢，便荐了田文鏡萊陽縣丞，李紱是進士，出任潮州同知，部文一下即刻引見。兩個人面上平靜，因是頭一次獨覲天顏，心裡緊張極了，都是雙手緊攥，捏得滿把的汗。導引太監將他們帶到丹墀下便退了下去，李紱小聲說道：「田兄，你先報履歷，我接著說，不要錯了規矩。」田文鏡心頭突突亂跳，心裡運著氣點了點頭，甩著馬蹄袖登上丹墀，激動得聲音發顫，大聲道：

「臣，田文鏡，康熙四十六年恩科拔貢——」

不料還未報完，李紱脫口接了上去「——山東諸城人！」田文鏡便回頭看李紱，兩個人竟愣在了殿門口。殿內氣氛原本沉悶悲愴，這兩個人亂報履歷，倒弄得康熙破顏一笑，說道：「不要緊，進來吧。」兩個人這才擺脫了尷尬，進來叩頭禮拜。佟國維便道：「你們都是讀書人，怎麼如此浮躁？」康熙微笑道：「他們本來心裡就揑成了一團，還架住你再訓斥？」便溫語垂詢二人出身閱歷學歷識量。李紱田文鏡方平靜下來一一細奏。

「你們的情形施世綸奏過，」康熙說道：「在戶部辦事很認眞，這原是好的。但戶部差使講的是錙銖較量，國家虧空庫銀已久，不能不這樣，這叫矯枉過正。出去做外官，守牧一方，作養人才，撫綏百姓，不能全用戶部分斤掰兩這一套，講究的是公忠勤能四個字，你們明白？」

「扎，臣明白。」

「只怕未必眞明白。」康熙款款說道，「比如姜宸英，老名士了，又是狀元，你們核出他一兩多銀子，也都追比，這個存心就有點過苛——你們不要怕，朕是開導你們，不是責怪。要賬並沒有要錯，但要有餘地，要給別人留體面，你們年輕，宦途正遠，要留心習學。」

「是……」

這是例行引見，通常只是見面磕頭辭行，康熙這樣叮囑兩個小吏，算是很優待的了，幾個上書房大臣揣摸著這話，都覺得皇帝是說給衆人聽的。卻又模稜含糊難明其意。大抵覺得胤祥等人在戶部差使辦得苛刻了些。待到田李二人辭出，康熙卻又叫過李德全，說道：「你去戶部傳旨給胤祥施世綸，朕已經處置了胤礽，給他們出了氣，不可再惱！要好生切實辦差，不可因循遲疑，務於十月初完差，輕鬆跟朕去熱河狩獵。」幾個人聽了又是一怔，剛剛「明白」一點，又墮入了五里霧中。李德全答應著要退下，康熙又叫住了，說道：「你去內庫。施世綸眼近視，把荷蘭國貢的水晶鏡片拿兩副給他，由他自己配副合適的。」李德全忙應道：「是，奴婢這就去辦。」佟國維微笑道：「我跟了主子這些年，也沒得這個彩頭兒。老施眞有福氣。」

「就這樣。」康熙站起身來，說道，「三個上書房臣子跪安辦事去吧。武丹和穆子煦隨朕散散步，太子要進來，叫他到勤懋殿去見朕。」張廷玉便知康熙要與武丹穆子煦密談，忙和佟國維馬齊一同退了出來。

勤懋殿地處皇城西北隅，重華宮東側，工字形殿宇連堂結舍，十分僻靜幽深。康熙帶著武丹穆子煦散了一會子步，心情暢快了許多，便在垂花門前站住了腳，注目看著滿漢合璧的匾額，似乎漫不經心地問道：「子煦，當年你從侍衛調離京師，朕也是在這殿裡見的你吧？」

「是。」穆子煦忙答道，「那時候這裡破敗得很，滿院都是蒿草，可沒有如今這麼挺括齊整。」康熙嗯了一聲，說道：「此一時，彼一時嘛。當時地震壞了太和殿都沒有錢修……」一邊說一邊抬步往裡走，裡頭太監忙都躬身避道。武丹是頭一回到這裡，穆子煦卻知道，這裡按天罡數安排著三十六名啞巴太監，是康熙密見群臣的樞要重地，心下不禁凜然，不言聲隨後跟進正殿。康熙坐了虬根盤龍藤椅，接過太監遞過的茶呷了一口，又道：「有件事，朕早就想細問一下，又怕穆子煦和魏東亭疑懼。今日帶武丹同來，他來做個見證，其實朕早就知道，只是爲你們周全，怕你們恐惶，才沒問。」

武丹的臉一下子變得異常蒼白，他已經知道康熙要問什麼了。穆子煦賠笑道：「我跟主子四五十年了，魏東亭、武丹和我都是馬賊出身，一步步調理到如今位極人臣功成名就，實實在在的恩重如山，情深似海，死一萬次也報答不了。奴才捫心自問，絕沒有欺隱主子的事。主子有話只管問。」

「你們知恩忠君，朕十分清楚。」康熙一笑說道：「……不過說毫無隱欺，也只怕未必。朕想知道，康熙二十三年你出任江南布政使，破朱三太子炮轟行宮之案，擒住假朱三太子楊起隆之後，太子和胤禛從北京連夜賞你們物件。朕想知道，賞的什麼，爲什麼賞，傳賞的人還有什麼話？」

彷彿一下子抽乾了穆子煦的血，他的臉變得香灰一樣又青又暗：驚恐得睜大了眼，翕動著嘴唇，一時竟回不出話來！當年他奉密旨去金陵，在莫愁湖與魏東亭合手，一舉抓獲僞朱三太子楊起隆，搗毀東正教徒在南京昆盧院的巢穴，並發現兩江總督葛禮與這謀逆巨案瓜葛甚深，正要窮追底蘊，查出事主，太子胤礽和四阿哥胤禛卻從北京六百里加緊送來了賞賜，聯想到葛禮與前上書房大臣索額圖的淵源，又想到索額圖是太子的私黨，魏穆二人驚駭之下，商議此案絕不可深究，因而連夜釋放葛禮，歸還總督衙門全部封存文書，只將楊起隆一人審結正法了事。這兩個結義兄弟立誓，此事上不告天地父母，下不告妻子兒女，讓它埋在心裡，爛在肚裡，帶到棺材裡——整整二十四年中，只要一想起來，就是一陣心悸，其實二人身體，實壞於此事——幸而案過之後，多年平靜無事，原以爲已經過去，誰料今日康熙皇帝居然親口問及！難道心上這癒合多年的傷痕又要破裂？難道是楊起隆那張可怕的嘴在地下又張口說話？難道……他微睨一眼武丹，像被電擊了一下，渾身劇烈地顫抖起來……「撲通」一聲便跪了下去。

「這事與武丹無干。你不要疑心，不要怕。」康熙憂鬱地說道，「事關天家骨肉，皇帝太子，即便是朕，設身處地也只能和你們一樣。朕要處置，尋個什麼事殺不了你？你起來——聽朕說，這事本來朕也預備睜一眼閉一眼的。但如今朕老了，對後世的事想得多一點。過去這事只是父子君臣的事。如今就關係著天下後世，不能不問淸楚，看這個太子根基如何，想想他配不配當這個太子。」

穆子煦慌亂地爬起身來，好半日才回過神來，顫聲說道：「這件事主子不點醒，奴才至死不敢言傳，其實賜的物件並不貴重，一個如意，一只臥龍袋，來人一句話也沒有，賞了東西當夜就回去了。因爲實在蹊蹺得很了，魏某和奴才才越發恐懼，糊塗結案了事。如今回思，奴才們這就是欺君之罪，求老主子重重懲辦，奴才心裡或可稍安……」說著，眼中淚水已奪眶而出。武丹起先愣住了，怔怔聽完，沉思著說道：「皇上，這事奴才也是頭一回聽見，乍聞之下也唬了一跳。但這會子想著，太子那年才十二歲，四爺才七歲……都還是孩子。必是索額圖慫恿著辦的，太子不懂事，當時也沒有如今這麼多規矩，阿哥不准結交外臣。主子明察！」

「朕就是想知道太子當時陷的有多深，並不要追究。」康熙起身橐橐踱了幾步，目中波光閃爍著說道，「不過你們也別忘了，你們跟朕時，朕也只十二歲，誅除權奸鰲拜，就是朕十二歲的決策……」武丹想了想，笑道：「人和人不能比，奴才十二歲時，就知道偷著殺人家的狗吃。萬歲爺這麼英睿聖明，我看太子那麼良善厚道，難比萬歲機謀深遠。何況當初鰲拜霸道專橫，萬歲也是給逼出來的，這和太子爺處境也不一樣……」康熙回過頭來，仔細審量武丹，忽然一笑，過來拍拍武丹肩頭，說道：「朕一直以為你只會殺人取樂，挖心嚐鮮，真歷練出來了！你這話算不得奉承。但你須知，朕在位時間長，這皇位騰不出來，有人比太子還急。人逼急了能長見識；人受慫恿久了，也容易生出異樣的心思。你看御花園裡那株老柏，生出來時何嘗是那樣，園工們一日三彎，叫它什麼樣就什麼樣！」

穆子煦和武丹對望一眼，康熙疑太子疑到這個份兒上，處在他們的地位也實在不敢胡亂插言。正沉默間，一個啞巴太監進來打了個手勢，康熙點了點頭，說道：「這件事就此說說罷了，易經有云，君不密失其國，臣不密失其身，你們要仔細——太子來了，叫進來吧。」

胤礽進來了，他剛去了一趟東壽堂後的偏宮和鄭春華幽會了一陣子，柔情蜜意地正得趣，何杜兒跑去稟說了康熙的旨意，這一來就是沒事，也必須來一趟了。胤礽意興闌珊地進了勤懋殿，見武丹和穆子煦也在，怔了一下，打千兒道：「兒臣給阿瑪請安了！」

「你來了也好，」康熙一笑，指著繡龍瓷墩命胤礽坐了，說道：「朕想問問，戶部的差使到底辦得如何了，胤祥的總帳房已經撤了，不知如今清出了多少銀子？」胤礽聽是問這事，鬆了一口氣，欠身說道：「估約清出四千來萬……」「不要估約，」康熙說道，「到底是多少？」胤礽膽怯地看了一眼康熙，無可奈何地嚥了一口唾沫，說道：「三千九百萬吧。這事攬總兒的是胤禛，原來庫存八百七十萬，如今是四千八百萬。是胤祥給胤禛回事兒時兒子聽到的。」

康熙聽了沒言聲，起身支頤沉思了一陣，說道：「四千八百萬，這是個不小的數兒了，你們辦差難，朕心裡清清楚楚。不過有些事情，你該早點回朕，比如胤䄉賣家產，弄得風雨滿城，又大鬧八月十五，朕連節也過得不受用。皇阿哥是宗室裡最親貴的，太失體面了也不好。」胤礽忙起身賠笑道：「前陣子兒臣只忙著讞獄的事，沒想到就到這地步兒，這是兒臣的疏忽。」康熙點頭道：「你有你的難處。這不是要帳的過失，顯見是胤䄉借題發揮，故意跟你打擂台。可說到底，他是你的親兄弟，要能未雨綢繆，先和他見面談談，何至於到這地步兒？」

「是，阿瑪教訓的是。」胤礽忙道，「昨兒的事都怪兒臣……」「不都怪你。」康熙打斷了他的話，又道：「也有胤祥的份兒，追比得太苛了。不怕招怨是好的，但也不能學小家子放貸討債，應該有個變通之法嘛。一死就是幾十個朝廷命官，叫後世人怎麼評你這個太子？比如魏東亭欠債，你跟朕幾次南巡，不知道他的錢是怎麼花的？怎麼朕親筆朱諭給魏東亭，叫他緩繳欠銀，南京通政司衙門還是一日三催？要不是這麼逼著，魏東亭就死得這麼早？」胤礽想了想，這件事他是有責任的，忙道：「這事情兒臣知道。當時兒臣還寫信給南京藩司，他們回信說，密折他們見了，但密折朱諭不同於明發詔旨或廷寄，過後必須繳還皇上，他那裡空口無憑，沒法跟四爺十三爺交代——既這麼說，皇上下一封詔書，就免了魏東亭、武丹、穆子煦、曹寅他們的債，不就結了？」

康熙冷笑一聲，說道：「你何其省事！單這幾個人欠債，朕早就免了，還用你來說？多少人眼巴巴存著這份僥倖心，等的就是這份詔書！夫天下社稷，乃公器也，你做了幾十年太子，不懂這個道理麼？」胤礽抬起頭來看了看康熙：既不下明詔，又要變通，不能叫人有僥倖心，又不許逼得太苛……他當眞不明白康熙的「聖意」，但只好口中答應著，「兒臣勉力去做。」

「好吧，」康熙說道，「就是這樣。你知道麼，曹寅也病瘧疾。叫大內藥房去人送金雞納霜，直送江寧織造司。胤祥那邊朕已經告訴他，代武丹和穆子煦告假了。朕許久沒有出宮散散心，有這兩個老貨陪著朕，就算你們盡著孝心罷了。」

☆

胤礽糊里糊塗辭出來，心裡直犯嘀咕：清理戶部的差使，自從胤禛代他清賬之後，原是有些興頭的，沒想到康熙面兒上幾次誇獎，心裡竟有這許多的不然！魏東亭死了，穆武兩個人還不知向皇上密陳了些什麼，要再死了曹寅可怎麼好？悶悶回到毓慶宮，已是辰末時辰，卻見師傅王掞、長史朱天保陳嘉猷正在翻閱各地遞進來的奏折，他滿腹心思地頹然坐下，吩咐道：「端碗參湯來！」王掞三個人早已站起身來，見胤礽氣色不好，朱天保剛要問，胤礽便道：「我的奶兄凌普從承德來了，進來過沒有？知會太監們，凌普安置下來，就叫他進來見我。」

「他們住南橫街東夾道的宅子了，方才進來請安，太子爺不在。」陳嘉猷是個靦腆人，柔聲細氣說道，又問，「太子爺見他有事？」

胤礽接過參湯喝了一口，嫌苦，把碗放在案上，透了一口氣說道：「他是我的家奴，雖說在外頭辦差使，到底錯不過這個禮去。他、還有托合齊他們，還該進來侍候。」王掞聽了，在旁說道：「凌普如今在承德已經做到都統，還有托合齊、齊世武、英斌，進京是見皇上述職的，他們雖是家奴，也是朝廷大員。您是太子，不同別的爺，就便要見，也得有個規矩體統。太子跟前還少了侍候的人了？必要叫他們進來當值，才算盡了主僕情份了？」王掞嚴剛方正，崖岸高峻，康熙就是看中他這點，特簡他來做太子太傅，循遵師重道的禮，其實帶著管教的味道，胤礽於百官之中，最不耐煩也最怕的就是這位從來不苟言笑的清癯長者。聽他出來諫止，心裡不是滋味，卻不敢發作，只一笑說道：「師傅，凌普是我乳兄，托合齊他們，還有兵部尚書耿索圖，都是多年的老人兒，常進來見見怕什麼？」

「不是這一說。」王掞臉上毫無表情，「上次翟善進京，太子請他們幾個來宮中聚飲，外頭人就嘖有煩言，說太子親近私人。御史們雖說沒敢動本，但就有閒話，就於太子不利。」胤礽冷笑道：「師傅，聽那起子小人犯舌頭做什麼？我心中至公無私，堂皇正大地見見自己的奴才都不許麼？」朱天保等他話音一落便頂了回來：「太子是皇儲，攬天下才，宏天下用才是正理。他們在外做官的奴才，把差使辦好，不過落個『該當』，些微一點毛病，別人都瞧得清清楚楚。他們沒事一趟趟進宮走動，好麼？上回萬歲還說，『這耿索圖是怎麼回事？兵部放不下他麼？總見太子做什麼？』這瓜田李下之嫌，不可不留意！」陳嘉猷也跟著說道：「還是不見的好。」

胤礽沒來由隨便說一句，便抬得幾個人異口同聲反對，又好氣又好笑，因道：「罷罷！不叫他們進來還不成麼？」說著便要起身，「我去一趟四貝勒府。」朱天保忙道：「太子，這是方才上書房送過來的急件。阿拉布坦在準噶爾出兵喀爾喀蒙古，車臣台吉抵擋不住，西寧將軍請調兵防護，還有糧秣軍餉出項，一大堆軍務，請過目。」胤礽滿不情願地坐下一件一件看，卻是有點意馬心猿神不守舍，腦子裡一會兒是鄭春華，一會兒是康熙，還有穆子煦、武丹，忽又想到叫太醫院的賀夢頫配藥，可不能叫眼前這幾個人知道了……朱天保道：「太子，您今個兒似乎有什麼心事，看上去有些煩躁不安？」胤礽「啪」地將案卷向案上一甩，冷笑道：「我倒有心事，只沒人安慰也是枉然！真不知老十三在戶部是怎樣折騰，胤禛一味只由著他的性子胡來！」說罷，將康熙方才接見的話說了，末了嘆道：「清理這差使得見好就收，萬萬不敢再出人命。今日鬧得歡，不防頭日後拉清單麼？我最怕皇上變心，如今果不其然！」

「皇上說的變通，未必就是變心。」王掞沉思著道，「如今賬收回了九成，又到節骨眼上，太子你得立定主意，你一軟，不但四爺十三爺裡外不是人，好容易開創的局面就完了。」陳嘉猷皺著眉頭道：「皇上疼憐體恤老臣，他要撫慰人，不發作自己兒子發作誰？太子千萬不要疑到別的上頭。」朱天保十六歲中進士，十八歲選在東宮，一心一意要輔佐胤礽為一代令主，自己自然也就成一代名臣，所以說話坦誠耿直，毫無避諱：「太子爺，不能聽風就是雨。您為國之儲君，於臣下也則君，於皇上也則臣。皇上天亶聰明，聖心高遠，越是這樣，您越要拿出器宇。我們光明正大，即便是皇上，說的是，遵照辦，或有不是，該犯顏直諫也當仁莫讓。這麼疑前慮後可怎麼得了？」

胤礽騰地紅了臉。他不便當面駁王掞，見這兩個小臣也如此放肆，心中不禁光火，霍地立起身來：「我怎麼疑前慮後了？又怎麼不『光明正大』了？連見見我的家奴，你們先就有一車的閒話，你們倒不疑前慮後？朱天保你狂什麼？我的大世子比你還大一歲呢！」說罷氣咻咻拂袖而出。

19

庸太子中流輟槳舵
鄔思道智鑑識皇心

胤礽一出宮便乘轎直趨雍王府，想著諸多不如意事，他坐在轎裡越想越不是滋味。外間傳言廢黜太子，他是早有耳聞了，沒想到自己身邊的近臣也輕信這些謠言，動輒就危言聳聽。康熙四十二年索額圖謀逆，是背著他幹的，這件事經大理寺、刑部和理藩院審結，由張廷玉親自掬讞，早已是定論。所以事完之後，康熙在乾清宮單獨召見，胤礽造膝叩訴密陳之後，父子抱頭大哭，指天爲誓永不相負。可笑外頭人不知情，就此便生出無限的心事，每逢他主持出事，總就不如昔日那樣一呼萬應。他心裡恨恨地想著這些兄弟：老大是奸相明珠的外甥，輕狂浮躁；老三只曉得結交文人，吟風弄月是好手；老四呢？只知埋頭事務，胸無大志；老五老實得話都說不俐落；老六除了下棋玩鳥，任事不理；老七早死；老八——只有這個老八堪稱勁敵，和老九老十老十四勾連上下，似乎野心勃勃，但他從來沒有單獨辦差，何來統御全局之才？其餘那些小弟弟，不是烏眉灶眼就是乳臭未乾……廢了自己，誰能承擔這太子重任？一路胡思亂想，已過北定安門到了雍郡王府。胤礽剛下轎，便見西邊又來一乘金頂綠呢大轎在門前落下，閃眼看時，卻是三阿哥胤祉呵著腰出來，因笑道：「原來是老三啊！我想著約了老四一同去松鶴山房，看看你又買了什麼珍版書，不想你也來了。」

「是太子爺！」胤祉一怔，忙上前請安，笑道：「我還想著約老四進去請安呢！都想到一處了。」胤祉今年三十一歲，秀拔挺立如臨風玉樹，十分瀟灑恬靜，說話娓娓而言，顯得從容穩重，二人正說笑，高福兒早迎了出來，磕頭請安笑道：「門上說有客，哪成想是太子爺和三王爺！我這就進去稟四爺來迎！」

胤祉含笑擺擺手，「我是常客，用不著這一套。我來給太子帶路——你主子在東院書房？」「在萬福堂。」高福兒忙賠笑道，「十三爺也在，兩位爺正下棋呢！」說著便忙招呼長隨們接待二人扈從人等到儀門內東廂吃茶。

胤礽還是頭一次到雍王府，隨胤祉身後踏著卵石甬道迤邐進來，見裡邊正房雕甍插天，飛檐突兀十分壯觀，室內卻並不侈華，中央大炕下圖書琳琅，琴劍瓶爐枕簟屏帷，處處井井有條纖塵不染，胤礽心下暗自惦惙，人說老四最講邊幅，果然收拾得齊整，因見胤禛胤祥正專心致志地對弈，便示意胤祉不要說話，只站在一旁觀戰。這盤棋已經弈至中盤，胤祥是阿哥裡出名的棋王，胤禛卻是一手屎棋，讓三子的棋已經落了下風，胤禛一手抓著棋子沉吟，笑道：「老十三，看來你是一步也不肯讓我了……」胤祥也笑道：「該讓的事就讓，不該讓的讓了，就是瞧不起人。」說著，一抬頭看見胤礽胤祉，不禁吃了一驚：「啊，太子爺和三哥幾時來了？」胤禛便也站起身來，亂了局見禮安座，又嗔著高福兒不進來稟說。

「關起門來是兄弟，大規矩不錯就是了。」胤礽擺手說道，「忠不忠不在這上頭。老八老九平日見我十二分恭敬，後頭就挑三窩四地叫老十這個炮仗出來鬧，眞叫氣死人不償命。」胤祥冷笑道：「你們大約不知道，還有個大千歲，在席上拉偏架，見我佔上風就拉我，見他來打就推著我挨揍！晚上又跑我府當好人，罵『老九老十眞不是東西！』如今的事還有什麼天理，什麼兄弟情份？老施原本要上折子彈劾十哥的，是我攔住了，他們明是衝我，其實做的太子爺的文章，看看再說，忙怎的？」胤礽不禁一呆，笑問：「我的文章？眞可笑——你都聽說了些什麼？」

胤禛親自捧了兩杯茶奉給胤礽胤祉，說道：「您還看不出來？外辱施世綸，內鬧御花園，一個連環套兒！太子，已經有謠言，說你說過『古今哪有當四十年皇太子的？』還有說你那年軍中請安，見萬歲病得七死八活，憋不住掩口偷笑！你聽聽，不是要往死地裡治你麼？」胤礽聽了，呆著臉沉思良久，方冷笑道：「這是對天可表的。我只問自己的心！要是聽這些閒話就往心裡去，我不嚇死也得氣死！」胤祉打了個冷顫，臉色變得有點蒼白：「人心如此險惡，眞正可畏！」胤祥卻掉頭一哂，說道：「別理這些直娘賊！我打冲炮兒還不怕，你們怕個什麼？」

「怕也無濟於事；不怕要有對策。」胤禛望著窗格子，眸子晶瑩生光，說道：「其實人們恨我還在太子和胤祥之上，恨不能食肉寢皮了！我們這邊不避怨嫌做事，有人就引風吹火，藉機植黨市恩，紅著眼等著差事辦砸了，一窩蜂兒上來咬死我們。所以只有辦好差使，叫他們咬無可咬，才是唯一出路。」胤祥拊掌笑道：「著！就是這話！這幾個頂著不肯出血的丘八總爺，提督將軍，明兒就和他們打擂台。不怕欠債的精窮，就怕討債的英雄！我就不信，胳膊擰得過大腿！嘿——！」他「啪」地一拍脖子，打死一隻花腳蟻子。胤礽想起康熙盯著自己寒凜凜的目光，擔憂地皺緊了眉頭，說道：「老十三，你不能莽撞！再逼死人是了不得的！看看人心吧！上回老十折辱世綸，幾十個部院官在旁，竟沒一個出來勸勸。眞要叫我做個獨夫麼？」

胤祥一聽便火了，想想他畢竟是太子，忍著氣笑道：「我們整治的是民賊，怎麼會成獨夫？要是這就算獨夫，我看就認了也無妨。」儘管胤祥壓著火，和顏悅色地說話，胤礽還是覺得這渾小子對自己太無禮，冷冷說道：「你認我不認。這是什麼好名聲？千夫所指，無疾而死！」不料話音剛落，胤祥合掌笑道：「阿彌陀佛！如此善終，吾之願也！」

「你！」胤礽覺得今兒不順心的事太多了，見胤祥處處頂茬兒兀自滿不在乎，旁若無人地喋喋不休，不由拉長了臉，嘴唇哆嗦了半日，立起身來道：「你這是和我說話？仗了誰的腰子，這麼膽大妄爲？」胤祥原本是無心說笑，見太子變了臉，先是一怔，接著也起身來，盯著太子的臉，「嘻」地一笑，說道，「是我的不是了，原想說笑，何至於就觸了您的虎威？既如此，往後我小心侍候就是——也好早晚的了，今兒老八擺酒，要請我去，告辭了？」說著抱拳一拱，又給愣在當地的太子打個千兒，起身抬腳便走。胤禛急得一拍桌子，厲聲喝道：「站住！」

一時屋裡變得一片死寂，連侍候在廊下的高福兒狗兒坎兒都愣住了。良久，胤礽喪氣地長嘆一聲，頹然落座，雙手捂了臉道：「去吧……你由著他去吧……辦事可真難啊……」胤祉蹙額說道：「老十三，你今兒是太無禮。就是我們和老八老十，也沒跟主子這模樣兒！」

「我拿什麼和八爺比？」胤祥呼呼直喘粗氣，「你以為我容易麼？才去戶部時，光那些堂官爺，老胥吏，差點沒把我擺治死！連前頭算上，在戶部二年裡頭，誰睡過一個囫圇覺，誰就不是人！」他說著，淚水在眼圈中打著轉轉，又生生地憋了回去，「……我圖的什麼？還不是給你爭臉？一到節骨眼上你就叫我吃鬆勁丸、消力散，我受得了受不了？」

這話說得動了眞情，胤礽不禁垂下了頭，搓著眉心只是嘆氣。胤禛拽著胤祥回來，勸道：「太子也是好意，想把事辦周全嘛！你就惱？」胤祉也道：「太子的話有道理，凡事得講中庸，是不能做得過頭了。不過太子也不必犯愁，清理的事萬歲幾回說，都很賞識。如今因為薨了魏東亭爵將，萬歲一時煩惱說句不然。話說回來，老十三也要見好就收，就坡兒打滾，好生收場也不錯。」

他的這番勸說，太子是有道理，萬歲也不錯，胤祥也做得對，四面淨八面光，胤禛聽得一笑，正要說話，胤祥氣呼呼說道：「我不會就坡打滾兒，那是驢！反正這事不能罷手！」胤禛說道：「我越尋思，將軍不能下馬！這一次再垮下來，萬難重新振作了！」

「此事非同小可。」胤礽看了一眼胤祥，心情十分矛盾，「你辛苦爲朝廷爲我，我豈有不知之理？但萬歲說的也不可不慮：我們煌煌天朝，又在鼎盛之時，不能像市儈逼高利貸似的，把下頭弄得過份狼狽。老十三你消消氣，就明白我的心了。這樣吧，明兒你把人召集起來，先甭說什麼，我去見見萬歲，看有什麼旨意。我們按旨辦事，他們就有天大怨氣，也怪不到咱們頭上。要有恩旨寬免，我們也不必做什麼惡人。」胤祉聽了不禁連聲稱善，胤祥胤禛卻默不言聲。四個人又略說了幾句，胤祉方陪胤礽回府不提。

屋子裡只留下了胤禛胤祥兩個人，都緊皺著眉頭想心事。外面不知什麼時候起了風，愁雲漠漠壓得很低，給天井院籠罩了一片灰暗陰沉的色調，只有檐下鐵馬，不甘寂寞地在風中叮噹作響。不知過了多久，胤禛粗重地透了一口氣，說道：「你太躁性了，太子勸你謹慎，也不是壞事嘛！」

「他謹慎個屁！他那叫小性兒！婦人之仁兎子之膽！」胤祥啐了一口，「別看他整日挨著皇上，揣摩皇上的意思，生怕惹皇上丁點不歡喜，照我看，皇上最不高興的就是他這點子德性！」胤禛不安地坐直了身子，正要說話，卻聽屏風後有人悠悠地說道：「善哉斯言！所謂天下事，人間情，俯而就者易，仰而求則難。太子並不笨，卻參不透這三乘妙義，令人良可嘆息！」接著便聽拐杖篤篤，鄔思道閃身從容而出，在胤禛身邊立定，嘴角帶著冷峻的笑意，眼睛放著綠幽幽的光，說道：「我在後邊聽了多時。原以爲十三爺俠肝義膽而已，此一見識，令人刮目相看。這眞是四爺之福！」

胤禛目光霍地一跳，垂下眼瞼呷一口茶，一笑說道：「我正要駁他這不經之談呢！先生倒誇他！」鄔思道從容坐下，兩隻細長蒼白的手指交錯握著，略一點頭，說道：「十三爺的話無可駁詰。太子爺確是如此，他瑣碎窺探皇上意旨，從隻言片語中揣摸聖意，處處附就皇上，生怕出半點差錯，恰是他自己已覺地位不穩，只是不敢或不願承認而已。我曾說過他危若朝露，就是因爲皇上要的乃是太子，不是要奴才！皇上自己雄才大略，怎麼會瞧得上這樣庸懦無能之人？這就叫仰而求之難，譬如跕起腳尖取東西，何如彎腰撿起來的容易？太子若能以天下爲己任，不避怨嫌，左攜四爺十三爺，右領施世綸一干能吏，好生整頓，刷新吏治，萬歲怎麼還會對他左右前後地不放心？這就是俯而拾則易。但難中有易，易中有難，人生世上爲物欲所彰，如入具茨之山，七聖皆迷，想看得清爽，做得俐落，談何容易！」說罷不禁啞然失笑。他侃侃而言，胤祥聽得入了神，眼見胤禛盤膝穩坐，搓著念珠嘿然不語，陡地源上一個念頭：要是四哥當太子，那該……正想著，胤禛傾身問道：「依著先生，該怎麼辦？」

「不要遲疑。四爺身有挺筋十三條，支撐這局面，一定要把這些民脂民膏全叫他們吐出來！」鄔思道臉上泛著青白的光，「什麼叫獨夫！殘民以逞才叫獨夫！四爺十三爺夙夜勤勞王事，整治的就是民賊，談何獨夫？我也有句口號：這樣的千夫所指，千目所視，乃是聖賢靈光！」

胤祥聽得兩眼放光，鼓掌說道：「先生斯言洞穿七扎！令人目中浮翳爲之一開！」胤禛突兀問道：「若太子見怪呢？設或皇上眞有寬免恩旨呢？」「像太子這樣的有何可畏？」鄔思道的聲音乾澀得像吞了一段木炭，「至於皇上，若有恩旨，怎麼會代武穆兩個將軍告假？只管竭澤而漁，一網打盡，萬歲要撫慰人心，或者略有責備。四爺，即便如此，種這麼一粒瓜籽在皇上心裡，你就得大於失！」

「太子總要登基的呀！」胤禛的目光鬼火一樣閃爍不定，又黯淡下來，「這善後……何其難也！」

鄔思道沉思著，字斟句酌地說道：「你這樣做對他一點壞處也沒有，他怎麼會忌恨？他離了你二位寸步難行，又怎麼敢得罪你們？果眞有那一天，他還要靠你們對付八爺呢！」

「就這麼幹了，這話眞愈聽愈妙！」胤祥一拍大腿站了起來，「狗兒，坎兒，走，跟我回戶部去！」

☆

胤礽滿腹心思離開雍王府，去胤祉府裡撿看了一陣子書，怏怏回到宮中時，王掞等人早已退值。一個人兀坐在空蕩蕩的大殿裡，聽著外頭秋風穿檐的呼號嗚咽聲音，越想越覺萬緒紛來無以自解，因叫宮女泡了釅釅的普耳茶，斜倚在春凳上只是出神。一時何杜兒抱著一疊文案進來，忙站住腳道：「太子爺，您回來了？」

「嗯。」

「奴才剛從上書房回來。」

「嗯。」

「太醫院的賀夢頫來過。太子爺要的藥已經配好。遵太子諭，加了一味雪蓮。」

「丸劑散劑？」

「丸劑。」

何杜兒一頭說，向金漆大櫃中取出一個小包兒捧給胤礽。胤礽打開看時，是一色豌豆大的粒子，蜜臘煉製，嗅一嗅，異香撲鼻，便揣進懷裡。這是他從胤祉書房《永樂大典》裡抄來的古方，滋陰壯陽祛老還少的寶貝，據說是黃帝御女服用的丹方。但這種東西，一旦叫皇上發現，就是件了不得的事。就是王掞知道，也不知生出多少麻煩。防著太監們做手腳，他一向都隨身攜帶。一邊揣藥，一邊問道：「上書房散了麼？這些折子他們擬過節略沒有？」

「奴才回來時還沒散。」何杜兒笑道，「他們忙著給魏東亭擬謚號，還有皇上批下來魏東亭的遺折，請太子爺過目。」

胤礽身子一顫，騰地坐直了身子，取過上邊那份文卷展讀。果見節略上第一條便赫然寫著：二等公爵、粵閩滇浙四省海關總督魏東亭於八月十四日亥時薨。附遺折——急急翻了幾下，果然有魏東亭的親筆遺折。細看時，前面說的病情，又是怎樣承蒙厚恩，皇上不遠千里屢賜良藥、欽定處方，優渥之情、眷念之恩罔極難報。看著看著，幾行字跡闖入目中：

……奴才以待罪之身，拊心挽仰，此軀行作掩陵之土，而逋欠國債十未歸一。如此宰恩，正不知地獄何門而入！夜台徘徊，昏目望闕，淚血已乾，心痛無聲。惟願生生世世相從皇上於左右，或可報恩遇於萬一。結草銜環之心，惟主上諒之……

這幾行字上因康熙掐了指甲印，看去十分醒目，旁邊斑斑點點，不知是康熙還是魏東亭的淚漬，紙角上加著朱批。「著即由魏東亭之子魏天祐襲一等伯爵，仍領海關事，逐年賠補虧空銀兩。」還有一方小印，鈐著康熙的別號「體元主人」。

胤礽喘了一口粗氣，心下略覺安生，覺得似乎已經明白了康熙的「聖意」，回到寢宮也不召妃子，和衣倒下，目光炯炯地望著殿頂的藻井，只是睡不沉。一時夢見從未見過面的母親赫舍里氏，淡淡看他一眼又飄然而去，一時又見明珠、索額圖進來，請了安又突然不見；一時是胤禛閃爍的目光，又見胤祥笑嘻嘻地扮鬼臉兒；陡地又想到，如若當日索額圖眞的調兵擁立自己爲帝，如今又是什麼光景？……胡思亂想噩夢顚倒，直到四更天胤礽方矇矓睡去。

不料這一睡卻睡過了頭。直到辰初時牌胤礽方乍然而醒，埋怨著何柱兒沒有叫起，忙忙用青鹽擦了牙，胡亂用了兩塊點心，連轎也不用，便匆匆趕往養心殿。

看來夜裡是下了一場透雨，天上兀自霰霧般飄灑著、淅淅瀝瀝地零落著，紫禁城漫地而鋪的臨清磚上一汪汪淺淺的積水上起著連陰泡兒。胤礽穿著油衣，腳下蹬一雙保定木履，後頭幾十個蘇拉太監緊緊跟從，剛過永巷口，便見養心殿侍衛德楞泰和太監邢年過來，胤礽忙問道：「皇上這會子在養心殿麼？」

「不在。」邢年賠笑請了安，答道：「今兒一大早，皇上起來就叫穆軍門武軍門遞牌子進來，同著張廷玉、馬齊、佟國維三位中堂一道，換了便衣出去了。臨走時說太子要來請安，告訴一聲就是。爺請自便吧！」胤礽不禁怔住了。想想回頭就走，不防一腳踩在青苔上，踉蹌一步竟歪倒在水窪裡，弄得淋淋漓漓渾身都是泥水。德楞泰一步搶上，急忙扶起胤礽，關切地問道：「太子，你，沒有摔疼？臉色不好，身子有病？」他是蒙古人，漢話說得不好，聽得周圍的人想笑又不敢。

胤礽的臉色又青又黃，十分難看，勉強笑道：「不要緊。我要去戶部，不回毓慶宮了，叫他們備轎——邢年，就在養心殿給我找身乾衣服。」說著脫掉外頭的袍子遞給邢年，「烘乾了送回養心殿去！」

20

背水一戰英雄討債
功虧一簣釜底抽薪

胤祥早已到了戶部，一邊派人去毓慶宮請胤礽，一邊叫被召見的官員由禮部的人陪著。他夜來也沒好睡，但他自幼習武，打熬得好筋骨，並不在乎這一夜兩夜不睡。他四腳拉碴仰在安樂椅上，撫著剃得發青的腦門兒，心裡還在折過子。聽著戶部大堂不時傳來的哄笑聲，他心裡有點犯嘀咕：他知道這干人，沒有一個是省油燈。都是跟著康熙三次西征的帳下親隨，幾次出兵放馬，保著康熙從絕境中殺出來，積功保荐，在外帶兵，平素見了康熙也常撒賴，怎麼會把自己這個「小十三」放在眼裡？正出神間，卻見狗兒一頭闖進來，嘻嘻哈哈請了安，說道：「爺，去毓慶宮的人回來了，太子爺起來轎也沒坐就出去了，陳嘉猷朱天保他們正生悶氣，說不知道太子爺哪去了——咱們還等不等了？」

「再等一會兒。」胤祥掏出懷錶看了看，「再過一刻他不來，就是有要緊事，我們幹我們的。坎兒他們在大堂上，你先過去吧。」

狗兒蹦蹦躂躂到戶部大堂，只見坎兒靠在門框上，裡頭三十多個封疆大吏，有的正襟危坐，有的交頭接耳，有的大帽子攢在茶几上，袖子捋得老高托著下巴歪著聽人說笑。姚典坐在公座下，指手劃腳地說得唾沫四濺：

「想發財不一定要靠打仗。門道有的是！上回見著揆敍，他就說了個法門！」

劉㸌就坐在姚典身邊，笑得瞇縫著眼，前額油亮亮的，酒罈子似的放著光，調侃道：「怪不得揆敍那麼闊，敢情有竅門兒。說說看。」

「老揆說——」姚典喝了一口茶，「要發財先治外賊再治內賊。外賊有五——眼耳鼻舌身——眼，這個東西賤，愛看美女，要金屋藏嬌，就把銀子糟蹋了，難道娶個無鹽女，就不能過夜？再說耳朵，這玩藝兒愛聽曲子音樂，就得花錢買戲子，其實煩了，上山聽秧歌亂彈也滿將就；就說鼻子吧，天生的喜歡香味，買香籠寶鼎，花錢不花錢？其實人哪，你躺在馬圈裡，也就沒這想頭了。還有舌頭，偏生的喜歡好味道，我見人家窮人吃觀音土，那眞一文不花！至於身子，更是費錢的料，夏天要細葛，冬天要棉袍，你穿得再好，不過便宜了別人，叫別人看看罷了，其實尊黃帝古訓，弄點子樹葉穿穿，編個草圈子戴戴，看能省下多少？」

他信口雌黃，聽得衆人無不咧嘴兒笑，湖廣提督「啪」地一拍大腿，皺眉說道：「勝讀十年書！早聽這幾句話，我何至於借銀子？」

「還有內賊，」姚典一本正經說道，「仁義禮智信，五賊不除，發財勢如登天，仁是首惡，心裡存這個念頭不得了，幫親戚，助窮困，多少錢才夠使？義，也萬不可沾邊：

見義忘利，錢從哪裡來？子曰禮尚往來，別人送你還，幾時發財？比得上來而不往？還有那個智，也要不得，你聰明，求你辦事的就多，只顧了辦事，必定誤了掙錢！信這個東西最可惡，一諾千金，得，一千兩沒了……所以呀，五個內賊也是非除不可！」衆人聽了不禁哄然叫妙，金陵副將馬國成渾號「馬大炮」，笑得前仰後合，捶著腿道：「妙極，不過我們讀書太少，恐怕只有四爺十三爺將就著能除這內外十賊！」劉夔笑道：「說得好！只是囉嗦了些兒。提綱挈領說：不愛臉，不要名，不顧廉恥，不怕笑罵，到趙公元帥跟前許羅天大願：終生不行一善，財源滾滾而來！」

狗兒聽著衆人肆口辱罵胤禛，心中不禁大怒，正琢磨著，坎兒笑道：「你們沒有說全了，還有一條，吃東西要慢！」衆人正聽得興頭，誰也不防這孩子有心罵人，一個瘦高個子參將歪著頭道：「怎麼個吃法兒？」

「去年過黃河灘，我買了一個驢腎。」坎兒認眞地說道，「就著一個燒餅，坐在車後頭，足足吃了半天，連午飯都省了！」狗兒笑問：「你是怎麼吃的？」坎兒迷糊著眼道：「驢腎那麼長，我走走咬點（姚典），再走走再咬點……」

衆人沒有回過神來，狗兒也有了，笑道：「要這麼說，我還有個省錢辦法：不管吃的喝的，慢著點往外撒。我一泡尿就撒了四十里！」

「你是怎麼撒的？」坎兒轉臉問道。狗兒笑道：「我也坐在車後頭，我捏捏流些（劉夔），再捏捏再流些……」

一語未終，已是惹得衆人哄堂大笑。馬大炮手舞足蹈，杯中的茶水都濺出來：「咬點？流些！哈哈哈哈……姚大人和劉大人家中必定金山銀海！借兄弟幾萬中不？嗬嗬嗬……」姚典和劉燮兩個人在這起子狂笑的將軍中尷尬得滿臉通紅，想想這兩個小鬼頭都是胤禛的人，又不好發作，只擰著臉乾笑。正要說話，一眼瞧見胤禛和胤祥一前一後進來，頓時大堂上一下子沉寂下來。

「各位久候了！」胤祥笑著掃視衆人一眼，自嘲地說道，「剛還有說有笑的，怎麼就不吭聲了？看來我就是個喪門神了。」說罷手一讓，又道：「四爺，您請坐那邊。中間那裡給太子爺留著，他要來就坐那裡。」

胤禛點點頭，泰然自若地坐了，衆人方回過神來，紛紛起身請安，在這位冷面冷心的王爺面前，即便馬大炮、貴州將軍羅文這些驕悍的老軍務，也變得循規蹈矩，不敢放肆了。

「昨兒老施宴請大家，已經把話說得差不離兒了。」胤祥橐橐地踱著步子，把一條大辮子甩在腦後，語氣沉甸甸地，「大道理不去講它。小道理叫『無債一身輕』。欠帳總要歸還，遲還不如早還……我心裡鏡子似的，這個差使不討好兒，我也知道，如今我是個人憎狗嫌的阿哥。但諸君不妨設身處地想想，我是皇阿哥，自己有產業、有花園、有書房，我就不懂得閒了沒事，找幾個篾片相公聊天兒下棋、吟風弄月、鬥鷄走狗？自家美了，人家也不嫌棄！但皇上偏偏選我辦差，這就叫『雖欲長伴梅花而不可得焉』！」

他乾咳一聲，看看凝坐不語的胤禛，又道：「從大小道理到我的苦衷，壓根兒說，庫銀不同私債。賑災要用，積糧要用，平抑米價要用，百官俸祿要用，朝廷差使要用——你們都是老軍務，打仗更要用！國家萬一有事，給你們欠條當餉，你們說成不成？所以請大家來計議，你們自報什麼時間還清，眼下能還多少，把底子澄一澄。眞的還不起呢，四爺說了，也不能逼大家脫褲子賣當。你寫個折子放這，一體奏明聖上。聖上免了你的，是你的造化，聖上說不減免，自有老人家的章程——你們說如何？」

這麼侃侃款款一席話，衆人聽得面面相覷。這些人打定主意，聽胤祥大發雷霆，把事情弄僵，然後鬧到康熙那裡，來個魚死網破。如今聽他心平氣和，慢條斯理講得井井有條，倒一時不知如何是好了。胤禛欣賞地看一眼胤祥，心中暗想：人受擠兑能耐大，果然進益了！

愣了少時，貴州將軍羅文乾咳一聲開腔了。他雖長的五大三粗，卻是心思玲瓏，這群人全拿他當主心骨。

「十三爺，」羅文笑道，「大理小理我們都明白，只你還是不曉得我們這些人，頂著封疆大吏的名頭兒，起居八座，其實外強中乾。那些不要臉贓官，借了銀子賣實缺，逼死他們也是千該萬該；外任官有老百姓刮，怎麼也弄不窮他們；沒差使的窮京官借債不多，冰敬炭敬塡上也就差不多了。就苦了我們帶兵的，除了餉銀，一文外路銀子也沒。吃空額，喝兵血，我們壞不下這個良心。唉……孩生父母養，扒光衣服有什麼將相乞丐？

我們自己也是穿號褂子出來的，忍心從當兵的嘴裡掏食兒替自己還債——我們難吶！」胤禛聽他說得誠摯，心裡一陣發涼：這羅文雖是想頂債，話說的近情，因道：「羅文這話尚在情理。但據我想，何至於就窮到這地步？諸君，不要以為還債吃虧，接著就要清理吏治。有些人躲了初一，躲不過十五！」

「四爺明鑑！」羅文身後坐的叫陶三畏，卻是廣東提督。他囁嚅了一下，苦笑道，「玉泉山水最好，遠水不解近渴。俸銀夠花，誰肯掰屁股招風借錢？我們識字兒少，寫奏章、下文書往來行文，得請不少師爺、書辦，都得從俸銀裡出，帶兵的都知道養兵千日用兵一時，哪個不愛兵如命，敢扣人家的餉？積欠這麼多年，一下子還清，真難為我們。四爺十三爺寬限我們一年半載，容我們周旋一下，就是體恤下情了！」

話音剛落，馬國成便反唇相譏過來：「周旋？怎麼周旋？找誰周旋？脫了褲子毬一根，屄也沒得賣的！十三爺，馬大炮不會說假話，原先跟圖軍門周軍門打察哈爾，弄了些錢，早他娘抖落淨了。您要不信，只管抄我的家，值錢傢伙充公，我要皺皺眉頭，我娘做我沒點燈！」羅文偏過臉嗔道：「老馬，這裡不是你的軍帳。斯文些兒！這成什麼體統？」馬國成是西征時康熙中營紅衣大炮營管帶，為人凶狠，打仗是個愣種，頗受康熙鍾愛，因此驕縱得十分蠻橫，聽羅文說話，把翹起的二郎腿放下，瞪著眼道：「當著萬歲爺我也是這話——我要有個好靠山，替我還錢，也知道體面。好嘛！人家那邊刮地皮還錢，有的托門子找貝勒爺們墊還，只倒楣了我們！」

胤祥聽得眼中出火，沉思著看著胤禛，一笑說道：「說了這麼長辰光，口渴了吧？——給大人們上茶！」說著，看了一眼坎兒狗兒。兩人點頭會意去了，不一時，一個提壺，一個抱碗，挨個兒給衆人敬茶。將軍們已經撩得起了叫苦的興頭，一邊吃茶，一邊七嘴八舌繼續哭窮：

「十三爺，您撂句話，只要叫喝兵血，帳立地就還！」

「用不著喝兵血，報幾個假盜案，一樣還債！」

「如今眞難爲死人，老婆娃子都養不起，說出來丟朝廷的人！」

「娘希屁！還是打仗好，太平時使不著咱們這些匹夫！」

「就是！打仗時肉山酒海，何其痛快！如今太平了，格老子倒吃豆腐青菜！」

姚典便乘機打太平拳，笑道：「別說這些寒磣話，你吃豆腐青菜？

「有豆腐青菜就不錯了，你到我家看看！」

「……還不起啊！」

「寬限寬限吧……」

「不瞞十三爺，我早飯還是趁到人家去吃的……」

一時間戶部大堂嗡嗡嚶嚶沸水鍋似的，也虧了這干子軍爺，活像一群叫化子，打蓮花落兒般一套套往外搬，戶部堂口站的戈什哈們幾時見過這個，背著臉只是偷笑。說著說著，聲音漸漸低了下去，衆人都覺得五臟翻騰，胸口憋悶，肚裡陰陽不和龍虎相鬥。

姚典頭一個捂了肚子，說道：「怎麼這麼噁心？」一語未終「哇」地嘔吐出來，噴得滿世界都是。其餘的人有的早憋得臉烏青，更哪堪聞著這酒屁溲惡味兒？

「哇！」

「哇——」

「哇——」

一時間大廳裡開閘放水般嘔瀉狼藉，說不盡腌臢齷齪惡臭不堪，把個戶部華堂翻做嘔吐道場。胤禛先是一怔，旋即便明白這是胤祥和狗兒坎兒做局，心下不禁一驚，皺緊了眉頭思量如何收場。

「對諸位不住。」胤祥似笑不笑地仰著臉道，「不是我存心刻薄，是諸位裝窮惹翻了神靈！哪一位吐的青菜豆腐，我願作保，請萬歲全免了他的欠逋！」說著向胤禛擠擠眼，竟真的挨次去查看。

正不知如何理會，胤礽帶著一大群侍衛、太監進了戶部大院。一進院，胤礽老遠就聞見大堂上臭氣撲鼻而來，又見戶部的人交頭接耳竊竊私議，情知出了事。忙三步兩步趨入大堂，衆官員早離席一齊跪了下去。胤礽掩著鼻子瞪了胤祥一眼，問道：「你這是什麼名堂？」

「我是以彼之矛攻彼之盾。」胤祥冷笑道，「他們說喝西北風，又是青菜豆腐，太子爺請查驗！」

胤礽陰沉著臉站在當廳，沒有理會胤祥的話，只冷冰冰掃了胤禛一眼，胤禛只略一欠身，擺了一下袍子，若無其事地盯著門口。胤礽越發來氣，原地兜了兩個圈子，逕直向大堂公案居中而坐，壓著火笑謂胤祥：「十三弟做事孟浪了！今兒這些將軍都是萬歲爺親手調教了幾十年的人，何至於不通情理？借債的事還該從容商議的。」胤禛見他不問情由先打胤祥五十板，覺得事已至此，不能不幫著頂一下這個太子，因欠身一笑，說道：「十三弟是魯莽了些，但各位軍門也太不賞臉。十三弟急不擇路，您得鑑諒著些兒。」

胤祥彷彿不勝燥熱，拽了拽大襟，下著氣說道：「太子爺，你剛來。我好話說了一車，各位大人一毛不拔，幾乎沒把戶部大堂吵翻了！我原本是個愣頭青兒，這事做過了頭，差事辦完，我逐人登門謝罪。只這點愚忠，可以上表天日，我要有半點作踐別人的心，雷劈了我！」

「你已經作踐了，還說沒這心？」胤礽冷笑一聲說道，「你知不知道，我的師傅熊賜履也去世了！我就為這事去禮部一趟，遲來幾步，你在這邊就鬧得人仰馬翻！」

熊賜履是順治年間進士，自康熙八年入閣為相，與明珠、索額圖並為上書房大臣，是熙朝僅存孑遺的兩朝元勛。胤禛聽得心裡一涼，太子要把這也歸咎於清理虧空？因在旁皺眉說道：「據我所知，熊賜履並不虧欠國債。就是魏東亭，病了十幾年的人，去世也是常情。太子，這些事與清債無關的，不要錯怪了老十三。」

「我是奉旨清理，太子！」胤祥滿指望胤礽坐鎮戶部，支持自己度過這最後一關，沒想到他如此昏庸懦弱，因抗聲說道，「如今無論屎盆子尿盆子，只要是盆子就往我頭上按！要是這樣，太子奏明皇上，撤了我，另請高明！」胤礽氣得臉雪白，哼了一聲說道：「你們原來是和我說話？我還指望著你這點子愚忠呢！這差使我有什麼不敢接的？只怕是憑你這點身分擔待不起！」

胤禛想想，這樣越鬧越難收拾，嚥了一口唾沫，說道：「皇上屢次講過，清理虧空債務是第一要務。老十三做得過頭，回頭我陪著他揖門道歉，今日還是先議清債，請太子息雷霆之怒。」胤祥這時也醒過神來，強壓怒火低聲說道：「我少不更事，惹出的麻煩回頭再料理。還是依著四哥，先辦正經事……」

「你站過一邊！」胤礽專橫地斷喝一聲，「下去再和你理論！」

下頭的官員原以爲今日這事都是太子策劃，不過出來佯裝好人收拾局面，這會子品出味道，三個阿哥並不是一回事。太湖水師提督頭一個磕下頭去，哽咽道：「也不怨朝廷，也不怪十三爺，誰叫奴才們忍不了窮，發賤要借庫銀？」說著，嗚嗚咽咽放了聲兒。羅文跟著便道：「太子聖明，臣等並沒敢說抗債不還，只求寬展期限，臣等苟延殘喘得終天年，不也是保全朝廷體面？」此時衆人已個個哭得咽氣打哽兒，有的說：「可憐我們這些人，從死人堆裡爬出來，靠山沒靠山，門路沒門路，落個這等下場。」有的丟鼻涕扯黏涎：「逼債死打仗死，反正都是死！不是聽說阿拉布坦要造反麼？打發我們去吧……」

「我們的命眞不濟！打仗拚命，不打仗逼命，太平了，用不著了！」

「連魏軍門都逼死了，我們算什麼？」

馬國成與衆不同，前跪一步，「嗤」地一聲撕開袍子，露出黑紅黑紅古銅似的胸膛，大叫道：「阿哥爺們，你們都讀過書，俗話兒說『士可殺而不可日』憑什麼日我們？」

衆人愣了一下，才想到他把『辱』理會成了「日」，都低下了頭，摳磚縫兒忍笑。馬國成越發來神兒，說道：「我姓馬的萬歲也知道，從不抹鹹水兒，請驗我身上這七十二刀傷！當年在科布多被圍，我護著主子衝出來，落下這一身傷，萬歲見了都掉淚，一道傷賜酒一杯！今兒欠了七萬銀子，還要在心窩裡再來一刀？十三爺，你是個好漢，你來，老奴才若皺一皺眉頭，是婊子養的！」

胤礽被他們哭叫得六神無主，深悔昨日沒有跟胤禛胤祥把話交代磁實，嘆了一口氣，下座來替馬國成掩了衣襟，說道：「起來，起來！你們這是怎麼了？朝廷幾時說過不養活你們了？你們這些老行伍心最誠直，我最知道的，何必這樣呢？」他緩了一口氣，又道：「給我一個面子，不要計較十三爺了，他有他的難處，頭一回獨自支撐這麼大局面，想把事情辦好，只是年輕好勝，急功近利了些兒，你們得體諒。」說著目視羅文。羅文便道：「太子爺只管放心。我們都是些粗人，心裡有什麼，倒出來就暢快了。怨恨十三爺是沒有的事，我們怎麼會和爺們過不去？」

「這樣。」胤礽見衆人息了火，心中略覺寬慰，暗自拿定了主意，說道：「債還是要還的。但要變通處置，時限可以放寬些兒。你們都是朝廷柱石，與國家休戚與共，要爲皇上、社稷著想——在任賠補，五年爲期，如何？」

他這一說，衆人無不心花怒放，別說五年，就是一年，誰料得定這個四爺十三爺還管事不管？只要不撤差，任上幾個大案騰挪下來，區區幾萬銀子何足掛齒？胤禛心裡不禁叫苦，連連嗟訝，胤祥早氣得一跺腳出了大堂。

胤祥賭氣回到簽押房，要召集清帳的人說話，卻一個也不見，因見狗兒站在門口，便問道：「人都死到哪裡了？」

「爺是氣糊塗了。」狗兒笑道，「都在書房裡候著呢！」胤祥不言聲，起身便到後書房，果見書房裡裡外外站著三十多個人，施世綸和侍郎尤明堂也在裡頭，都是垂頭喪氣相對默坐。胤祥一踏進門便獰笑道：「都知道了？別他娘這副熊樣子，喪家犬似的！有些事，眼下混帳，後頭誰料的定？老施老尤，接差那會子萬歲就給你們打了保票，老十三再給你們打一層：眞要發落你們烏里雅蘇台，十三爺背乾糧送你們過沙漠！」

「我和老尤早就想到這一步了。」施世綸平靜地望著窗外，小眼睛熠熠閃著光，說道，「倒是四爺和你得保重些。我這人摘頂子，剝官服已是常事了。」尤明堂嘆道：「沒想到樹倒得這麼快！瞧吧，二年之內，不回成老樣子，挖了我的眼！只可嘆下頭調這幾十個人，落荒而逃，回去哪裡討生活？」

「你說的他們？」胤祥指著衆人，冷冷一笑說道，「你兩個是大員，這裡幹不成調那裡。文職裡像李紱、田文鏡他們，早已安排了出路。這些兄弟都是我的兵，我豈肯叫他們吃虧？」胤祥說著從書架上取下一個木匣子，打開了，裡頭是厚厚一疊札子，上頭蓋著兵部的關防。「撲」地吹去上頭的浮塵，自失地一笑，說道：「可謂有備而無患！這是去年從兵部弄來的六品武官任書。都是京畿駐防，說不上肥缺，也算上等差份……」

眾人不禁驚愕地張大了嘴，愣愣地聽胤祥一一唱名，癡癡地接過委任札子，卻一色都是千總，分補西山、玉泉、豐台、通州等處，有的是漢軍綠營，有的是善撲營、有的是銳健營——這些差使在塞外駐軍眼裡，已經是巴不到的美差了！胤祥一一分派了，看著狗兒坎兒笑道：「十三爺顧不到你們，你們是四爺的人，還回四爺府——我已經跟直隸總督衙門、步軍統領衙門和善撲營老趙那裡打過招呼。缺，都給你們空著，一去就補。只一條，別逢人吹噓是我給的。咱們差使辦砸了，沒這份體面！」說罷仰著臉，如釋重負地吁了一口氣，抬腳便走。

狗兒在後追了一步，問道：「明兒我們還來應卯麼？」胤祥手一揚，頭也不回地大聲說道：

「想來就來，不想來就算。戶部還有屁的事做！」

21

拚命郎酒肆會弱女
菩薩王刑堂接皇差

胤祥滿胸積鬱得發脹，吐不出按不下，棉花團子似的塞得難受，一出戶部大門，見管家賈平還侍候著，便命：「回去跟紫姑說一聲兒，爺要散散心，遲些兒回去！」說罷拉馬便騎，潑風價打馬直出西直門，大大兜了個圈子，但見城外秋雲低暗，白草連天，更覺淒涼，因撥轉馬頭至宣武門，踅進一個小巷，遠遠便聽絲竹清幽，一帶粉牆往東，鬱鬱叢篁擁著一座樓，上面匾額寫著「太白醉仙」四個字。裡頭一個女子聲氣正按弦擊節而歌：

夜半鐘磬寂無聲，滿座風露清。燭台兒蠟淚疊紅玉，青燈獨對佳人影。倚朱欄，望鄉關，月明中遠山重重，看不清古道幽徑，只聽見西風兒吹得檐下鐵馬叮咚……

胤祥聽著耳熟，卻一時再想不起，因下馬進店，張眼望時，店中並無客人，歌是樓上傳下來的，略一沉吟，一屁股臨窗坐了，沒好氣地大聲道：「人都死了麼？拿酒來！」

話音剛落，跑堂的已腳不沾地跑了來，因見胤祥束著黃帶子，臉上顏色不是顏色，哪敢怠慢？忙笑道：「爺，是獨飲還是待客？小店裡玉壺春、茅台、口子、三河、賒店、蘇合香都有，不知爺……用哪──」話沒說完，胤祥「叭」地將一錠大銀墩在桌上，不耐煩地說：「聽你放屁還是聽上頭的曲子？各樣都打半斤！」

「大燒缸也要？」

「要！」

恰酒菜上來，上邊樂歇歌止，胤祥左一杯，右一杯，五花八門貴賤不一的酒就灌了一肚子。酒湧上來想想更氣，便再喝，口中念念有辭，也不知是說是罵，弄得幾個夥計躲他遠遠的，店主也下樓來偷看。頃刻之間，胤祥已是喝得眼飭口滯，招手兒叫過掌櫃的，笑道：「我又不是妖精，你──呃──躲什麼？來來……喝喝……」

「這是爺的抬愛，」掌櫃的滿臉賠笑道，「小人沒這麼大造化，別折了小人的草料。」

胤祥頭搖得撥浪鼓似的，問道：「往日從這過，生意滿……滿好嘛……今兒怎麼這麼清……清淡？」「給爺添一盤子海蜇」老闆一邊吩咐，賠著小心又道，「原是人多的，可可兒今個西市上出紅差殺人，客人們都趕著瞧熱鬧去了！──這碗酸梅湯，是小人孝敬爺的，請用！」

「殺人？」胤祥呵呵一笑，「殺人有什麼好看？軟刀子殺人你見過麼？」

老闆見他前言不搭後語，滿口柴胡，極怕生事，只好著意周旋，奉著香茶，擰著熱毛巾侍候著，一邊逗他說話出酒氣：「爺不知道？今兒法場上出事了，刀下留人！」胤祥一笑道：「這也值得大驚小怪？殺官兒，常有的事，萬歲爺不過想看看他們膽量，逗著玩兒！」老闆湊近了，神祕地說道：「今兒可不是！竟殺錯了犯人，刑場上驗明不是正身，叫萬歲爺當場給查出來了！馬中堂、張中堂還有佟中堂都去了……我的爺，這可是開國頭一遭兒！」

「是麼？」胤祥目光霍地一跳，晃了晃頭，覺得眩暈得想不成事，因問：「殺的誰？怎麼就叫萬歲撞上了？」「爺說笑話了不是？」老闆笑瞇瞇說道，「小人也剛聽說的。殺的那人叫張五哥，是別人的替身！聽說萬歲當場叫了順天府的人，說叫八爺親自查辦——爺，這事轟動北京城，不出明兒，您老就都知道了。」說著見來了客，就要走，胤祥又叫住了，問道：「方才什麼人在上頭唱歌？是叫的堂子？我叫來聽聽成不成？」

老闆正要回話，便聽樓上一陣窸窸窣窣，接著便下來幾個人。一個矮胖子含笑走在前頭，接著兩個女子，頭一個淺紅比甲，一溜水瀉長裙，目動眄流，體格輕盈，衫袖微挽抱著琵琶，十分甜淨俏麗；緊跟著的那女孩子個子稍矮一點，穿著棗花碧羅緊袖衫，腰圍繡帶下垂於膝，月白吳綾褲下微露紫絹履，團圓臉龐上刀裁鬢角，還帶著稚氣，口角左頰下一顆美人痣分外顯眼——胤祥不覺眼睛一亮，失聲叫道：「這不是阿蘭麼？」

「呀，十三爺！」矮胖子正往門外走，一回頭見是胤祥，疾忙蜇轉身來一個千兒打了下去，滿面堆起笑來：「您老吉安！小的任伯安給您請安了！」胤祥瞇著眼點點頭，酒湧得打了個呃兒，胸前又躁又悶，頭暈得想不成事，半晌才道：「你……就是任伯安？九……九哥府裡的？」任伯安一邊嗔著店家：「還不給十三爺拿醒酒石來，」一邊賠笑說道，「小的就是任伯安。先前在九爺門下，前年九爺已經給我脫了籍。其實脫籍不脫籍，小的都一樣是爺的奴才。」

胤祥看了一眼阿蘭，那兩個女子忙都蹲身萬福，年長一點的女子賠笑道：「奴叫喬姐兒，其實在江夏也見過十三爺的……」胤祥沒有理會，只轉臉向任伯安笑道：「怪道的，我問九哥買戲班子沒有，九哥說沒有，原來是你這殺才招搖撞騙，打了他的幌子——那個姓胡的畜牲呢？想必也在你跟前了？」

「爺問的胡二麻子？」任伯安笑道，「爺怎麼會認識他？這小子忒不地道，上回九爺的二世子點堂會，我帶著班子去，二爺還沒聽曲子，他倒先醉了，站在當院罵街，掃了二爺的興頭。這樣的王八羔子還留得麼？我打發他守莊子去了！」因見店老闆拿來了醒酒石，任伯安忙親自侍候著胤祥含上，用小刀削著鴨梨，一頭對喬姐和阿蘭道：「撿著拿手的，唱個曲子給爺聽！」

喬姐阿蘭斂衽一禮，二人點頭一會意，喬姐手中琵琶早爆豆價響起，阿蘭挽首一笑，唱道：

梨花雲繞錦香亭，蛺蝶春融軟玉屏，花間烏啼三四聲，夢初驚，一半兒昏迷一半兒醒……柳綿撲窗晚風輕，花影橫欄淡月明，翠被麝蘭薰夢醒，最關情，一半兒暖和一半兒冷……

未及唱完，胤祥便搖手道：「不好不好！十三爺這會子沒心緒，什麼一半兒這一半兒那？撿著雅的唱一個！」阿蘭怔怔盯了胤祥一眼，微微嘆息一聲，喬姐纖手一勾，樂聲再起，恰如冷泉滴水，寒冽沁人，阿蘭深情地看著醉眼朦朧的胤祥，慢聲唱道：

薄暮、途遙、馬羸、人瘦……西風荻蘆間，解纜渚頭。平煙寒漠，無涯湖漣波漂愁。與故人相揖別過，待欲登此扁舟，畏懼這斷魂深秋，更兼著苦雨冷艙，帆破風淒楚！呼將返行古道，折不斷煙花隨堤柳……

胤祥先還閉著眼，兩手打著拍節相和，聽這曲子幽咽綿淒、縷縷不絕如訴如泣，驀然想起自家身世，兩行清淚竟不自禁順頰滾落下來。

「十三爺酒沉了。」朦朧中，聽任伯安說道：「備一乘轎，送爺回去！」

☆

清理戶部虧欠被太子胤礽暈頭脹腦攪擾一番，頃刻間功敗垂成；接著又出了張五哥巨案：堂堂帝京、天子輦下，國家最高法司衙門居然放走了奸殺良婦的眞凶，由無辜的貧民張五哥代驗正身、代赴法場，被偶爾出訪的皇帝本人發覺！事情出來，從六部到大理寺直至順天府的京官們都瞪大了眼睛，緊張中帶著興奮，不安中懷著期待，眼睜睜看著朝廷，等康熙的聖旨。但自那日，接連五天，不但沒有旨意，康熙連六部尙書也沒有接見，東華門西華門停止接牌子，除了張廷玉、馬齊和佟國維三人以外，誰也進不了紫禁城——他們其實就住了天街西的侍衛房，壓根就沒有出來——連個內廷的信息也沒有。大故驟起，人人都覺得要出點事了。

待第六日，聖旨終於頒發：施世綸調湖廣任巡撫，尤明堂調江西任布政使，王鴻緒著補戶部尙書，揆敍爲侍郎，仍由雍郡王胤禛十三貝勒胤祥管領，繼續清理庫銀，並嚴令「封存現有庫銀，一概不許私借」——這聖旨就下得蹊蹺：施尤等人若辦砸了差使，就該領罪，但卻僅僅平調離任，王鴻緒和揆敍一個是學士，一個是吏部郎官，都不是熟手，又沒有特別的功勞，好端端就升了大司農！衆人正紛紛議論莫衷一是，下午未末時牌，康熙下令在乾清宮召見所有阿哥，親自口諭胤禩，命令他去刑部清理冤獄，並由馬齊領詔；刑部尙書司馬尙、侍郎唐賚成、高念東等十三人革職留京待勘，同時下旨天下停止勾決一年，所有死刑人犯案卷調京重新審讞。

接見十分枯燥，康熙坐在龍案後的須彌座上臉色呆板一語不發，一口接一口地吃茶。張廷玉和馬齊一左一右侍立著，由佟國維一份一份地宣讀詔告，逐份宣讀四百一十七名死囚案由和責成各省按察使「清理再報」的話頭。一直讀了兩個時辰，阿哥們人人跪得兩腿痲木，聽得耳鳴眼花。末了康熙起身，只說了句：「曉得爲政之難了吧？人命關天，胤禩要好自爲之。天下無不可爲之事，要在認眞留心。」

這句沒頭沒腦的話，全然嚐不出酸甜苦辣。衆阿哥只好稀裡糊塗叩頭，答稱「兒臣領旨」算是「明白」。胤祥見康熙有退朝的意思，忙道：「阿瑪！戶部的差使只有幾百萬兩尙未收淸，現既已經封庫，阿瑪又委了新任尙書，兒臣請旨，是否就不再每日到部視事了？」

「也好。」康熙拈鬚沉吟片刻，「准奏。」

胤祥吐了一下舌頭：他原想激惱皇帝，軋出點什麼苗頭，不料只得了這淡淡的四個字，不涼不酸的，算什麼？正想著再出個題目，四阿哥胤禛說道：「皇阿瑪，兒臣有點想頭，不知當講不當講？」康熙放下杯子，詫異地看了看胤禛，說道：「這是朝會嘛，有話儘管講。」

「淸理刑部，確是當務之急；八阿哥才智淸明，必定不負聖望。」胤禛頓了一下首，抬頭說道，「張五哥的事，兒臣原來只是風聞，今日聽到原狀委屈端詳，驚心駭目不勝顫慄。皇上以萬乘之尊，偶爾查訪即當衆發露一件，以天下之大，刑獄之多，正不知多少覆盆之冤！刑獄失調，戾氣淤塞，非國家之福！」

「嗯。」

「此事是宰相之責！」胤禛冷冷掃視一眼三位上書房大臣，語氣像是結了冰，「馬齊佟國維難辭其咎！」

馬齊和佟國維臉色立時蒼白了，他們已經幾次請求處分，康熙都沒有允准，不料胤禛還是不肯放過。胤禟轉轉臉看了看胤禛，又低下了頭，暗道：「天生的刻薄，眞無藥可醫。」正思量間，聽康熙道：「他們已經請過罪，朕意暫時不議此事。還有什麼？」

「不應就事論事單說刑獄。」胤禛與鄔思道計議了幾日，顯得胸有成竹，儘管碰了軟釘子，仍沉著地說道：「根由在於吏治敗壞，所以訟不平、賦不均、河道不修、賊盜不治、四境之內民有不安，邊塞之外逆藩覬覦。吏治是當今第一要務，是一篇眞文章！」

眞是士別三日當刮目相看了，這正是康熙與三個輔政幾天來密議的主題，四個人不禁對望一眼，康熙卻點頭道：「這是老生常談。說說看，你的文章怎樣做？」他的眼睛陡然放出光來。

「八阿哥坐鎭刑部，撤查獄案，若能著實剔察，雷厲風行，撿著幾個貪贓壞法的官員，著實清辦他一批，無論州縣台府乃至部院大僚，該殺的要殺一批，不可心存慈軟，不可如同以往，只辦小官不辦大吏！」

胤祺聽了心裡不禁一陣光火：我還沒上任，你怎麼就知道我要「慈軟」？但他素來涵養最深，因插口道：「四哥說的極是。確有罪證的，我一定不放過他。」

「小慈乃大慈之賊。」胤禛當然聽出了胤祺的話意，沒有理會，逕自向康熙又道：「治亂須用重典，這都是通常之理。皇上久已制定聖訓十六條，應頒發天下學宮，訓導士子知廉知恥，使爲民者各守其份，循法馴良，爲官者知聖人之道，法不縱貪。吏民皆知守法忠君，公忠無私，吏治自然轉濁為清。」康熙聽了這番侃侃議論，暗自稱賞，卻不肯露出聲色，只點頭道：「這是又一層意味。看來你還有建議？」「是。」胤禛必恭必敬答道：「各省疆吏、各部官員都應體貼聖意，將吏治大事當作第一要務。兒臣建議，無論何種任職，上至上書房大臣，下至未入流吏員，凡逢有百姓攔轎鳴冤的，一概停轎接狀，訂為國家制度。這樣，各有司衙門就不致差使不同互相推諉，庶幾天下冤獄可漸減少。」

康熙早已聽得站起身來，慢慢踱著步子，待胤禛說完。方嘆道：「你在京外辦差多，到底是知情人啊……廷玉，你覺得四阿哥的條陳如何？」

「奴才覺得極是。」張廷玉躬身笑道，「頑而不化者有訓，教而不遵者有法，應當擬成詔旨，明發天下。」

「就是這樣。」康熙目中熠熠閃光，沉思著道：「聖訓十六條朕再改改，要編得順口好記些，然後下發學宮。百官停轎接狀這一款，立即辦。」說罷掃視阿哥們一眼道：「處處留心皆學問，四阿哥這人耐煩不怕瑣碎，做事認眞有條理這一條，你們得學著點，聽著了？」

「扎！」

各色各樣的目光都投向了胤禛。

☆

胤祺早已從內廷得信，要他主持刑部的事，原本極興頭的一件事，在乾清宮被胤禛一個條陳攪得不倫不類，他有一種功勞被搶走的感覺，要多膩味有多膩味。一路坐轎回到八貝勒府，兀自怏怏不樂。此時天已過了酉時，王府上下人等都已得知主子奉了欽差，管家老蔡頭帶著幾十房家人頭領掌著燈迎在門口，見胤祺躬身出轎，黑鴉鴉一片跪下請安道：「八爺納福！知道爺奉了恩旨要去刑部，福晉叫奴才們先來給爺道喜請安！」胤祺目光炯炯看了衆人一眼，倏然間又黯淡下來：「我爲天潢貴冑，爲國辦事是本份，有什麼喜可道──福晉在哪裡？」

「在後頭頤浩堂，」老蔡頭賠笑道，「兩個和碩公主姑奶奶，四姨奶奶，馮二舅都來了，福晉在那邊陪著呢。」

「九爺十爺呢？他們沒來？」

「方才派人去問了。」老蔡道，「十爺去玉泉山進香，九爺鬧肚子，一時來不了──只阿靈阿張德明來了。那邊有客眷不方便，我沒叫他們過頤浩堂。」

聽到胤禟胤䄉沒來，並連胤禵也沒到，而且揆敍、王鴻緒這一干必定來的人也不見影兒，胤祺不禁一怔，心知必有緣故，略一沉吟說道：「你去代我給兩個姐姐問安。告訴福晉我暫不過去，叫他們只管開席──只當尋常家宴，辦差有什麼賀不賀的？」

「扎！」老蔡頭答應一聲回身就走，胤祺卻又叫住了，一時沒說話，良久才道：「我這回去刑部，要做鐵臉王爺，是伸國法、順民氣去的。家下人良莠不齊，都想跟著發財。

你告訴他們趁早打消這個妄想，親戚也不例外！佛爺也會變閻王，有指稱我的名目到部院撞木鐘、詐財打秋風的，查出來剝皮！」他頓了一下，放緩了口氣又道：「挑二十個年輕識字的奴才，要精壯，能熬夜不貪財的跟我去——漂漂亮亮辦完差，錢我有的是！——就這話，你傳給他們！」說罷轉身向西花園書房迤邐而去。

張德明和阿靈阿早已等在這裡了。兩個人都是便裝，阿靈阿瘦弱，夾袍外加了件天馬風毛的套扣巴圖魯背心，張德明卻是單菖皀袍，足蹬雙粱四層底布鞋靠在沒有生火的熏籠和阿靈阿攀談，聽見胤禩的腳步聲，兩個人都站起身來，阿靈阿只揖手為禮，張德明拈鬚笑道：「善哉！無量壽佛！八爺此心上恪神明，必有厚賜！」

「什麼？」胤禩先是一怔，旋即知道他已聽去了方才的話，淡淡一笑坐了，喟然說道：「這只能勉盡我心了。」張德明踱了幾步，燈下看去，越顯得松姿鶴形，微微笑道：「心即神明。方才八爺吩咐家政那些話，何其堂皇正大！從此心行之一郡，則一郡治，行之天下，則天下治！」

阿靈阿卻不知兩個人說話的意思，呷了一口茶問道：「八爺，今兒萬歲有什麼旨意？見著太子爺了麼？」胤禩便將乾清宮受命的情形說了，又道：「太子也見著了，只是氣色不很好，言詞含混吞吐，連我也記不得他都說了些什麼，只叮囑我有事多和兄弟們商量。但我想他說的『兄弟』，無非是老三老四，他們各人有各人的事，有什麼商量頭？偏是該幫忙的老九老十老十四，連個照面也不打！」阿靈阿沉思了一會兒，笑道：「四爺眞是醋勁十足！想出這幾條也眞動了心思。而且想居高臨下挾制八爺，將來留下搶功勞的餘地。但據我看，無論怎樣用心全是虛費力，天降大任於八爺，非人力可挽——張德明眞是道德高深之士，他的話快要應驗了！」

「八爺！」張德明穩重地坐了對面，古井一樣的眼睛閃爍著，說道：「您知道麼？太子身上揣著春藥，叫養心殿的人見了，告訴了萬歲，他和鄭貴人的事萬歲也有耳聞。一旦東窗事發，就是不死也得脫層皮，還說什麼『太子』！」胤禩不禁全身一震：這樣的宮闈祕事，怎麼會傳到張德明耳中，自己還蒙在鼓裡！張德明見他吃驚，笑道：「八爺放心，我不是個妖心。這是白雲觀的功效。太監們常去祈福，向道祖懺悔心中事。養心殿的邢年怕這事主子知道了，去神前禱告求佑，恰被貧道聽了來。」

胤禩聽得心裡一動：怪道的張德明消息靈通，原來有多少人心甘情願源源送上門來！想著，笑道：「你也不怕褻瀆了神明，其實我並不想知道這些事。只願循自己的本心，國家吏治財政敗壞如此，有志之士應該起而振作，匡扶大清社稷是當今第一要務啊！」

「八爺，這眞是確乎不拔之理。」阿靈阿欠了一下身子，削瘦的面孔毫無表情：「方才和老張我們也議到這兒。說事情就連帶了局勢，如今人事紛繁，裙帶門生勾連，盤根錯節到這地步兒，收拾起來談何容易！就是九爺十爺，今晚不來，難道就沒有緣故？」胤禩吃了一驚，忙問：「什麼緣故？」「他們也有自己的算盤啊！」張德明嘆道：「如今又到轉捩關口，不但大阿哥三阿哥四阿哥，就是九爺十爺十四爺，哪個不是人傑——昨夜西風凋碧樹，獨上高樓——上樓幹什麼？還不是要望一望『天下路』，想一想自己的步子怎麼邁？」阿靈阿見胤禩聽得發怔，語氣沉重地說道：「天下，大任也，太子，重器也，同為龍種，焉能無動於衷？」

一陣寒風撲進來，滿室燈燭搖曳不定，窗紙都不安地簌簌作響，書房裡刹那間變得有點陰森。胤禩機伶打了個噤，彷彿不勝其寒地撫了一下肩頭，聽著院外蕭索的落葉聲，良久才道：「你們的意思我明白了。照你們的說法，我該怎麼辦才好？」

「其實八爺已經有了主意。」張德明冷冰冰說道，「天下吏治昏暗不堪，貪風熾烈，污吏盈庭。只有一條：鏟！鏟盡不平天下平。」阿靈阿道：「我最怕的就是八爺手軟。牛刀割雞原是必操勝券，但若手軟，那就另是一回事。比如刑部的案子，如果牽連到九爺十爺，八爺下得手麼？」

這正是胤禩最擔心的，被阿靈阿這個病夫一箭中的，胤禩的臉色一下子變得異常蒼白，半晌才道：「不但老九老十，恐怕這類事太子、大千歲、誠郡王和老十四都難免。如今臨事才知道老四的難。」

「所以才叫『天降大任於斯人』。」阿靈阿俯仰之間，顯得精神煥發，「讓太子暫時佔去天時，大阿哥三阿哥佔地利，八爺你佔人和。不操婦人之仁，而用申韓之忍，果然將吏治清出頭緒，連四爺十三爺也要跟著你走——今日四爺發言，反過來看，也未必不是要在你跟前站個地步兒。八爺，天與弗取，反受其咎！」張德明接口便道：「這話見得深。昔日鴻門之宴，項王不取，遂有垓下之刎；王莽篡漢，劉玄稱帝，不誅光武，於是更始短命；陳橋兵變，趙匡胤如愚忠戀恩，哪來的宋朝？千古機遇如電光石火，轉瞬即逝，後世人還不是枉自扼腕痛惜？」

胤禩霍地站起身來，急速在屋裡踱了幾步，倏然回頭上下打量著這兩個人，心裡眞是百感交集，原以爲王鴻緒是學問最好的，阿靈阿不過是個趁食旗人，張德明挾術士倚附王候，就料關節眼上才瞧出來，兩個人竟有如此心胸才智，而且忠貞誠篤遠在標榜道學的揆敍、王鴻緒等人之上！許久才點頭道：「今夕何夕，勝讀五車之書！你們好自爲之，一切如常。張先生，你在武備上替我操操心。中唐李泌以道士出山爲輔，我看你不亞於他！」

「武備」指給了張德明，「文事」自然就是阿靈阿的，阿靈阿深沉地點頭會意。張德明莊重地說道：「貧道爲拯生靈塗炭而來，功利二字不在計較之中。爲備非常之用，貧道早已在物色了。嵩山十六友，如甘鳳池、石騰蛟輩都和貧道有忘年之交。這就修書給他們，請進京來！」

22

冷胤禛初萌登龍志
熱胤禩知難退激流

從乾清宮下來，胤禛覺得渾身都是軟的。沒有想到，這樣高屋建瓴的幾個條陳，換來的只是「耐煩不怕瑣碎」的考語。早知如此，不如不說，還免了胤禩疑惑自己吃醋搶功呢！戶部差使辦砸是人人皆知心照不宣的事，雖然康熙沒有一句重話，沒黜貶一個官員，但惟是這樣淡漠的擱置，比之大發雷霆，罵個狗血淋頭更其無味，更不可捉摸。今日一席奏對，雖然看去是對了聖意，但「久旱逢甘雨」，卻只有幾滴，未免令人失望。胤禛想到自己和胤祥慘淡經營，千辛萬苦都是爲他人作嫁，人生斯世，運數無常，畢竟有何意趣？他癱坐在萬福堂的安樂椅裡閉目沉思，真的有點心灰意懶了。正自惓惓悶思，一陣拐杖杜地的聲音篤篤近前，鄔思道踱了進來，雙手一揖說道：「主人何憂思之深也？」

「什麼憂思？我不過是個天下第一閒人而已。」胤禛打疊起精神坐直了身子。一手讓座，悠悠地說道：「還是莊子說的『絕聖棄知大盜乃止，摘玉毀珠小盜不起』，我又何必橫身危難之中，弄得自己焦頭爛額？」鄔思道見案頭放著胤禛的詩文窗課稿子，一邊坐了，信手翻著，笑道：「只怕四爺難以心如古井。莊子還說過：『彼含其明則天下不鑠，含其聰則天下不累，含其知則天下不惑，含其德則天下不僻矣』，您含著這麼多的東西，想做閒人恐怕不行。」幾句話說得胤禛一笑，卻又蹙額嘆道：「我是智窮力盡了，想做事，做了事，千難萬難苦撐過來，卻是篙斷槳折，舟困淺灘！」

鄔思道聽了沒言語，一篇一篇瀏覽著胤禛的詩文，許久才笑道：「四爺這話學生不明白。據學生看，如今秋高氣爽，萬木蕭森，正是壯士遠行之時，哪裡就有那麼多的呻吟？」胤禛怔怔地望著窗外，良久，深深透了一口氣，說道：「一夜西風狂，吹落我家招鳳巢，梧桐葉兒落蕭蕭響……」一邊說，苦笑著搖了搖頭，又道：「戶部的事出來，我就細想了，這一回是齊根兒斷了梧桐樹！最可憐我那二哥，還像個沒事人，今兒下來去毓慶宮，他還勸我不要『庸人自擾』！就這一會子，大哥三哥和老八他們還不知議些什麼異樣的題目呢！可笑，我和老十三竟是一對兒癡人！」鄔思道聽著，似乎有點漫不經心，隨口問道：「如今呢？如今四爺有什麼打算？」

「現在什麼也打算不成。」胤禛皺眉說道，「刑部戶部都已成了老八的局面，禮部兵部原就是他的天下，顯見的是萬歲更換國儲的棋步兒，太子雖不說，我看他心裡也有個數。我想過了，太子安，我自然沒事，太子不安，橫豎總要有新太子。我左右是個辦事的，大諒也不會把我怎麼樣。」

「這就是四爺的打算？」鄔思道突然發了怒，臉色又青又白，「咣」地扔掉手中折扇，架起拐杖，咄咄逼人地盯視著胤禛斥道：「庸人之見！」胤禛驚愕地張大了嘴，茫然看著鄔思道，他從沒有受過任何人這樣呵斥，也從未見過這位彬彬有禮，氣靜意和的鄔思道發這麼大的脾氣，平常幾句話，怎麼就惱了？正愣怔間，鄔思道抗聲說道：「你說的不是『西風凋碧樹』麼？什麼叫『碧樹』？碧樹就是太子！陳勝一個赤腳桿子還敢說『王侯將相，寧有種乎』的話呢！何況你是王、是龍種，是爲國家卓有勞績的阿哥，不是太子的私人！不掰清這一條，你永無出頭之日！」鄔思道的雙拐點地錚錚有聲，激動地說道：「像大阿哥那樣的昏儒之夫尚且知道逐鹿中原，你怎麼抱了個壁上觀的宗旨？何其短志也！」

胤禛聽著，只覺得一股冷意直浸肌膚，心都緊縮成一團，臉色蒼白得可怕，許久，他低下了頭，擺擺手道：「鄔先生，我……你坐下，聽我慢慢談。」因將乾清宮召見，自己上了條陳，康熙的話都一五一十說了，末了又道：「先生責我志短，說的不錯，我確是有些心灰意懶了，如今情勢，不觀望又有什麼指望？」

「四爺就爲這個煩惱？」鄔思道仔細聽完，突然仰天大笑，說道，「哪位聖賢說過『耐煩，不怕瑣碎』的人不能擔天下巨任呢？據我看，這是當今天下最好的考語！」

胤禛一下子抬起頭來，「那——爲什麼阿瑪要起用胤禩？」鄔思道格格一笑，說道：「那是自然，都是他的兒子，他要比一比，看一看，哪個是高才捷足嘛！」胤禛一邊想，搖了搖頭，幽幽地說道：「老八這人我知道。他要眞的做起來，能辦好差使……」

下邊的話礙難出口，便打住了。

「所以我才給四爺出主意，上那個條陳。」鄔思道莞爾一笑，「他差使辦成，不過做了你條陳中的一件，他差使辦不成，是沒聽你的主意。萬歲眞的選中他，他也不至於輕看你——不過據我看，現在還議不到這麼深，太子畢竟在位，八爺牽制很多，他也未必就辦得下刑部的差使！」說罷又是一笑。胤禛悶悶不樂地說道：「這些我倒是都想到了。我最爲難的，是和太子難處，近不得，遠不得——老八看去眞是十分興頭，拿定主意要在刑部大展奇才了！昨兒十三弟告訴我，聽到他進刑部的風聲，他原在刑部的幾個門人想見見他，他都不肯接見，這不是兆頭麼？」

鄔思道見這個滿口要做「閒人」的王爺如此撕不斷，苦惱不休，只一笑，換了題目，問道：「皇上幾時去熱河？」

「十月初三。」

「沒有指令八爺何時完差麼？」

「沒有。」胤禛看了看鄔思道，「不過看胤禩的意思，說要皇上歡歡喜喜去熱河，我看他是近日之內就要大張旗鼓地幹起來。」

鄔思道沉思了一會兒，又道：「皇上近日查考阿哥爺們的窗課本子不？」「什麼？」胤禛奇怪地看著鄔思道，他有些不明白這個書生究竟想說什麼，半晌才笑道：「窗課是五天一看，從不間斷的，不過這一本是和文覺和尙對禪餘暇寫的，怕有礙聖聽，我沒有敢進呈。」

「我方才看了看，」鄔思道說道，「這裡邊的詩文雖不盡是上乘之作，但恬淡適性，很合著四爺性格兒，何妨呈進去給萬歲爺瞧瞧呢？比如這一首，你看寫得何其好！」說著隨手一翻，指著一首詩遞給胤禛。胤禛接過看時，卻是：

懶問沉浮事，閒娛花柳朝。吳兒調鳳曲，越女按鸞簫。道許山僧訪，棋將野叟招。漆園非所慕，適志即逍遙。

胤禛看罷笑道：「這詩沒格調，呈去討沒意思？做詩我比不了老三。」鄔思道笑著搖了搖頭，又指了一首，卻是：

人生七十古來稀，前除幼年後除老。中間光景不多時，又有炎霜與煩惱。過了中秋月不明，過了清明花不好。花前月下且高歌，急須滿把金樽倒。世人錢多賺不盡，朝裡官多做不了。官大錢多心轉憂，落得自家頭早白。春夏秋冬彈指間，鐘送黃昏雞報曉。請君細點眼前人，一年一度埋荒草。草裡高低多少墳，一年一半無人掃。

鄔思道因道：「這是唐伯虎的《一世歌》了。」胤禛點頭道：「是。因爲練字，信手抄來，又怕有什麼干礙，沒敢進呈御覽。」

鄔思道沉思片刻，一笑說道：「別小看了這些詩。也未必篇篇寫得激昂慷慨，歌大風，思猛士就是好的！如今大阿哥三阿哥和八阿哥他們各做各的文章，都在萬歲跟前顯擺他們的『大志』，殊不知這正犯了聖忌。皇上年未及耳順，夏秋鼎盛，一群胸有大志、謀有良謀的兒子們朝夕相伴，焉能不生疑懼之心？」「噢……」胤禛身子向後一靠，驚異地瞥了鄔思道一眼：這瘸子竟如此精通帝王心術，眞是深不可測！想著，把預備明日進呈的窗課本子抽出來，援筆濡墨，工工整整錄了一首七律：

山居且喜遠紛華，俯仰乾坤野性賒。
千載勛名身外影，百歲榮辱鏡中花。
金樽潦倒秋將暮，蕙徑蕭瑟日且斜。
聞道五湖煙境好，何緣蓑笠釣汀沙。

「好！」鄔思道拊掌而笑，暗讚胤禛心思伶俐：這樣一首一首進呈，確比乍然送一大册強得多。卻不敢說破了，只道：「四爺這筆字眞練到出神入化了！」

☆

鄔思道和胤禛計議的第二日，胤禩奉旨到差，進駐刑部。下車升堂便出手不凡，不管三七二十一，從刑部侍郎、員外郎到各司堂官，一律摘了頂子革職留任，犯官們把鋪蓋都搬進衙門，連後頭馬廐都騰出來住滿了大小官員，明說雖是「待勘」，其實形同軟禁，預備著清查一個拿一個。這一番睿斷措置，不但打得刑部各司堂書辦們暈頭轉向，眞個震撼朝野，連康熙皇帝也沒想到這位溫文爾雅的阿哥風骨如此硬挺。從毓慶宮到上書房，接應不暇的是胤禩遞來的折議，片子，俱都是整飭部務的方略，擬定重審的要案，凡各厚審讞案文書供詞有疑的、律例不合的，量刑欠當的，胤禩也眞不怕麻煩，一一加批評注封遞上書房，弄得馬齊和佟國維也如坐針氈。刑部的官兒們原本最怕胤禛和胤祥這兩個「魔王」來部挑剔磨勘，聽說「八爺來」還沒來得及撫額慶幸，便遭這一頓猛轟，頓時慌了手腳，找門子的、托同年的、求主子的……什麼樣的都有。胤禩眼裡瞧著，心裡冷笑，也不去理會。

亂到第十天頭上，胤禩一大早入宮請了安，回到刑部，在簽押房還沒坐定，便見老蔡頭進來稟道：「九爺十爺十四爺他們來了。」胤禩略一怔，命幾個等著回事的官員先回去，三步兩步出來，早見胤禟胤䄉胤禵帶著幾個長隨沿儀門內甬道散步而入。胤禩一邊笑著往裡讓，一邊說道：「整日價在我那裡混，可可我這幾日忙死，就不見你們的影兒了！」一轉臉瞧見任伯安也跟在裡邊，便斂了笑容。

「八哥風骨好硬挺！」胤禟隨著兩個哥哥進來，卻沒有坐，看著壁上條幅，用扇骨打著手心笑嘻嘻說道：「這刑部衙門我來過不知多少次了，沒想到幾日工夫就換了世界！你看這些個齷齪官兒們，一個個剝了補子，光著頂子，哭喪著臉靠牆根兒，擠眉弄眼交頭接耳，齜著黃板牙吃茶抽煙嗑瓜子兒聊天。哪裡是國家處刑重地，像煞了被孫行者趕出七十二洞的妖精，牛鬼蛇神魑魅魍魎應有盡有……」說罷哈哈大笑。胤禩不禁笑道，「說的是。我就是一根金箍棒打不及，盼著你們來幫手呢！」說著命人看茶，因轉臉問任伯安：「你來做什麼？」

任伯安一臉安詳，聽著他們兄弟笑語，見問到自己，忙看了胤禟一眼，向前一步，滿面謙恭之色雙手捧上一個册子。胤禩遲疑地接過，問胤禟道：「擠眉弄眼的，這算做什麼？」

「幫八哥搶金箍棒啊！」胤禟陰陽怪氣地晃了晃頭，「八哥要做包公，我來塡龍頭鍘。您不是要查盡刑部冤獄麼？好辦得很，一個外人不用傳問，就問老九就得，連不是我經手的也都有案可稽——都在這册子上呢！」

屋子裡一下子靜了下來。時近孟冬，天已寒冷，只聽房頂風聲呼呼，掀得承塵都在不安地翕動。胤禩彷彿被人打了一悶棍，臉白得沒一點血色，怔怔地看著門外蒼黃的天色，只覺得心猛地往下落，像是一直要落到深不見底的古井裡。

「怎麼樣八哥？」胤䄉從未見過老八這麼狼狽，倒覺好笑：「犯人尋替死鬼代刑，這叫『宰白鴨』，明白麼？白鴨宰了不少，都是咱們自宰自吃。其實我倒沒使你什麼銀子，我的帳一直是頂著不還！」胤禵笑著道：「你是死豬不怕開水燙！」「對了，老十四這話說的妙！」胤䄉嬉皮笑臉又道，「九哥使了四萬，下餘的都是八哥拿去行了人情。今日八哥要砸聚寶盆，該當的說說明白，八哥拿個章程。」

胤禩這才回過神來，嘴角掛了一絲獰笑，說道：「好，這才是好兄弟、好奴才辦的好差使！任伯安，我幾曾叫你做過這種事？收金稅，挖人參的錢還不夠使麼？要做這種傷天害理的事？」

「這就是做奴才的難處了。」任伯安低下頭去，輕聲回道，「八爺聖明，奴才並不能屙金尿銀，咱們財路有四個，行商、收金稅挖人參、皇莊年例，還有就是從六部裡掏。八爺想想，門人升遷、周濟窮官兒、買田置園子一年下來得使多少？就是四爺十三爺討債，也得現銀子塡還啊！說句不中聽話，換了旁人，想這麼著，只怕還摸門當窗戶呢！」

幾句話便說明了，幸白鴨這些事是胤禟他們幹的，但弄來的錢是胤禩自己使了。他思索良久，無聲透了一口氣，一手拈著册子，晃著火折子，默默點燃了，直到看著它燒成灰燼，目光一閃，眉棱骨不易覺察地一跳，哼地冷笑一聲道：「善有善報，惡有惡報。這麼作孽的事，你任伯安都做得出。不怕王法，也不怕雷擊麼？」陡地，他心中生出一片殺機。

「奴才明白。」任伯安何等精明，早已看了出來，一躬身子說道：「生天無路，地獄有門。奴才爲主子盡忠，雖死重於泰山！」說罷跪了道：「請八爺用刑！」

胤禩「啪」地拍案而起，看著瘟頭瘟腦的任伯安，眼睛幽幽地閃著：就於此時此地，一刀誅了此人，豈不一了百了？去掉這個累贅，連這三個兄弟也不須防範了。正思忖著如何下這殺手，胤禟也起身來，輕輕拍拍胤禩肩頭，意味深長地說道：「八哥，一失手成千古恨，再回頭已是百年身！」

「八爺殺了小人，要能澄清吏治，小人死而無怨。」見胤禟本主出來說話，任伯安斂起一剎那間流露出的怯色，侃侃言道，「小人不知是誰挑唆著要這麼辦，但小人知道誰是八爺的基業——就是八爺要整的這干子官吏！八爺沒有辦過多少差，名聲威望任那個阿哥爺比不了，爲什麼？就因爲八爺仁德寬厚，有學問、有度量、有識見！殺了我，就沒人敢再給八爺聚財；整掉這批官，八爺就和四爺一個樣。先頭多少水磨工夫全搭進裡頭去。如今外頭已經沸沸揚揚傳言，瞧八爺這陣仗，像是比四爺十三爺還狠……奴才可嘆的是，拚著身家性命不顧給八爺賣命，到頭是沒好下場……」說著已是淚流滿面，哽咽道：「八爺殺了我吧！……若論天理、王法，我眞是死有餘辜的……」

胤祺覺得頭一陣發暈，頹然坐回了椅子上。胤禟見今日「三英戰呂布」大見功效，滿意地舔舔嘴唇，勸道：「我和老十老十四八哥還不知道？再不能和八哥兩條心的！不是兄弟怨你，原本就不該接這差使——由著老四去幹，他把人都得罪完，這差使依舊是個不成！那時候兒你出來收拾殘局，撫定人心，不比走這險棋好？」胤禵笑嘻嘻說道：「八哥想一帚掃盡天下陰霾？算算看，就上書房裡，不說馬齊，張廷玉和佟國維有多少門生故吏？親結親、門連門、盤根錯節、恩連義結，一人有事八方來援，除了宰白鴨，黑天不見日頭的事多著呢！你掃得盡？四哥是無能之輩？憑著借條要帳還弄得人仰馬翻呢！刑部的事，你要動眞格的，馬齊立地就得捲鋪蓋滾蛋，佟國維也站不住，更甭說太子四哥、大哥三哥都虎視眈眈地瞧著你！要是那麼輕巧容易，大哥早就把差使搶過去了，還輪得到我們！」

「著啊！」胤祺瞪著眼一拍大腿，「我也是這麼說！你把刑部的人撤了，我就嚇了一跳，這麼幹，萬歲先就要猜疑：這老八是怎麼的了？他一向不是這作派呀？是揣摩著討朕的好兒，還是沽名釣譽？——人若改常，不病即亡！」一扭頭對任伯安又道：「操你祖宗的，這麼沒眼色？一味跪著，叫人瞧見了算怎麼回事？」

衆人析得條條在理，句句中肯，胤禩倏然間已經明白，自己原和胤禟等人是分不開的難兄難弟！就算殺了任伯安，要是這群人和自己作起對來，下場連胤祥也不如！想著，不由暗自懊悔，不該聽信阿靈阿和張德明這些愚蠢建議，差點弄亂了自己營盤。一陣心灰意懶，胤禩勉強笑道：「任伯安起來吧。我是心裡生氣，又不是眞要拿你作法典型。你是做老了事的，怎麼這麼渾？人命關天，就敢買賣！以後再也不許幹這種混帳事了！」衆人這才都鬆了一口氣，聊了一陣子淡話，胤禟笑道：「我們還得替八哥著想。張五哥這案子，那是掩不住的了，但老任手腳很乾淨，他們攀咬不出來！刑部的人既拿了，索性就做點文章：一個個過堂訊問，使勁查！反正獄裡已經沒有了『白鴨』，查到頭還是張五哥，拉了順天府監獄獄正，獄神廟的典史，還有驗刑官這些傢伙塡餡兒，我看也就差不多了。哪個廟沒有屈死鬼呢？」

「妙哉，吾心領而神受之矣！」胤禩笑道：「雲壓得重重的，雷響得轟轟的，風颸得呼呼的，雨點子稀稀的……」胤禟看了一下門外，說道：「老十四說話謹慎點。你和老十帶任伯安走吧。這裡頭能人多，是個是非之地。」

「老任的頭還長得牢牢的。」胤䄉呵呵笑著起身，拍了一下任伯安的脖子，和胤禵帶著一眾家丁去了。

他們前腳剛走，胤禩胤禟未及說話，便見胤祥帶著幾個護衛從儀門進來。腰間還懸著刀，腳下馬刺踩得嘰叮嘰叮作響，遠遠便笑道：「八哥九哥說什麼私房話？叫兄弟也聽聽！」胤禩胤禟急速對望一眼，忙都起身相迎，讓座獻茶罷，胤禩含笑問道：「十三弟，你不是還管著戶部的事麼？什麼風把你這大忙人吹到這裡？」

「戶部還有什麼狗屁事？我方才去養心殿辭差，阿瑪也是這麼說。又說『去刑部幫你八哥辦差』，就騎馬趕來了。」胤祥顰著八字眉，呷著茶說道。頓了一下又問：「方才十哥和十四弟出去，裡頭帶著一個人，像是九哥府裡那個任什麼狗日的伯安。他到這兒來做甚麼？」

胤禩胤禟都沒想到康熙會又塞個人憎狗嫌的胤祥到身邊來，都愣住了，心裡比吃個蒼蠅還膩，聽這一問，都嚇得一跳，半晌，胤禟才故作詫異地說道：「任伯安？我早就叫他出籍了！他沒來過呀……哦，想起來了，老十府裡那個胡狗子長的是有幾分像任伯安。必是十三弟看混了。」

三個異樣心思的兄弟各自端杯莞爾一笑，胤禩胤禟頭上都浸出密密一層細汗來。

23

皇帝失意悠遊巡幸
群雄逐鹿煞用心機

十月初六，康熙皇帝大駕由東直門出城。因這次巡幸是承德離宮落成，首次召集東西蒙古各王公台吉覲見大禮，文物聲明須得足以「昭德」，因此辦得十分隆重。八阿哥胤禩一手管著刑部，一手兼管此事，臨期那幾日竟是晝夜不停，連軸兒轉地忙，又邀了大阿哥作幫手，會同禮部、理藩院的官員曲劃指揮，直到當日凌晨五鼓，景陽鐘響才算停當。北京的細民們早前兩日便接到順天府憲諭，天不放亮已是家家龍涎時花，案上香煙繚繞，煙火爆竹滿城響得開鍋稀粥也似。雖說與天子同處一城，但親眼瞻仰「聖顏」的機會也極少的，因此，從正陽門關帝廟一帶到東直門沿途早擠得人山人海的，盡是看熱鬧的人。

直到辰正時牌，便聽東西鼓樓鐘鼓齊鳴，天安門樂聲大作。人們張著眼瞧時，天安門那邊黃傘旌旗遮天蔽日價迤邐過來。最前頭是五十四頂華蓋，四頂明黃九龍曲柄蓋打頭。接著兩頂翠華紫芝蓋，二十四頂直柄九龍蓋，什麼純紫、純黃大蓋扈隨於後，招招搖搖浩浩蕩蕩壓地黃龍一般，不斷頭地湧出。年輕一點的沒見過這排場，張著迷惘的眼只是傻看，見過康熙御駕親征的老人們跪在地下悄聲指點：這是壽字扇，這是黃龍雙扇，赤龍雙扇，那是羽葆……十六信幡、豹尾龍頭杆，一面面龍旗在微風中栩展，有的寫著教孝表節，有的寫明刑弼教，什麼行慶施惠、褒功懷遠、振武敷文、納言進善也不能盡述。導引過去，便是二十四面八旗大纛。十六羽杖大纛，都用纛車載著，轔轔簫簫怒馬如龍，緊隨著又是四十面銷金大纛，旗上卻是繡的祥禽瑞獸，諸如儀鳳、翔鸞、仙鶴、孔雀、黃鵠、白雉、赤烏、隼蟲、振鷺、鳴鳶、游鱗、彩獅、白澤、角瑞、赤熊、黃熊、天祿、辟邪、犀牛、天馬、天鹿……至此，才見到皇帝金輦，太子銀輦相跟而出。皇長子胤禔、皇八子胤禩、皇九子胤禟、皇十子胤䄉四人，騎纓絡御馬、穿團龍袍黃馬褂，手按腰刀前面導路，御前帶刀侍衛鄂倫岱、德楞泰、劉鐵成、素倫帶著四十名二等侍衛左右護持，簇擁著車駕徐徐而行。後邊望不斷頭的是御林軍，手持出警入蹕旗、五色銷金旗、節絨、黃絨、臥瓜、立瓜、鐙鼓、大刀、弓矢、豹尾槍、鳥銃，在寒陽之下光灼灼、亮閃閃，端的是燦爛輝煌。送駕百姓此時一發鼓躁興奮，一街兩行男女老幼齊跪俯伏、山呼海嘯般高唱：

「皇帝萬歲，萬萬歲！」

胤祉和胤禛二人同坐一車走在御林軍後。兩個人都沒有言語，只隔著紗窗望著外頭如醉如癡的人流，直到出東直門、過了接官亭，胤禛方吁了一口氣，靠在車後，說道：

「難爲老八，兩頭忙著，竟辦得這麼周備。」

「這是大阿哥的手筆。」胤祉冷冷一笑說道，「你別看兩個人騎馬並行，笑得臉上開花，其實心裡都在咬牙。就爲安排車駕這麼點子『功勞』，老大去我那裡訴了多少委屈，老八也說老大吃他的醋。兩個人都夠瞧的了，都是手足，什麼意思嘛！」

胤禛警覺地睨了胤祉一眼，沒有回話，盯著車前的黃土官道默然不語，他的思緒回到鄔思道身上，前半月已經命人將鄔思道送到承德，安置在自己獅子園的宅子裡，不知到了沒有？太子的侍衛已經全換了，聽說到承德皇帝跟前的侍衛也要換，明擺著是對太子和大阿哥都不信任。當此多事之秋，他身邊不能缺了鄔思道這個智囊。胤祉卻打定主意要在車上和胤禛好好談談，見他如此冷面，一時也尋不出許多話來，許久才自失地一笑，說道：「如今世情眞令人可嘆。出力的不討好，討好的不出力，眞下實力替朝廷辦事的哪個有好結果？施世綸走時，我送了點儀程，誰知就惹出許多閒話——可笑，那麼一個清官，眞叫他騎毛驢上任麼？」

「啊？啊——閒話？」胤禛回過神來，也覺得車廂裡氣氛太沉悶，挪動了一下身子道：「那都是小人見識，我也送了盤纏！」胤祉笑道：「你以爲你退避三舍就免了口舌？殊不知天下事難料的多著呢！上回老十去我那裡借《黃孽師集》，你知道這是禁書，裡頭都是推斷朝代興替的，我怕下頭人知道了不好，親自去討，老十咧著嘴笑我：『跟四哥一樣小家子氣，刻薄得六親不認！一本鳥書打什麼緊？』我勸他：『不要總跟你四哥過不去，他的難處你不知道。自家兄弟不體諒，還有誰體諒？』老十說：『他算什麼孝悌忠信？僞君子！』」說著，吊胃口似的住了口。胤禛驚訝地看了胤祉一眼，揣摸著這些話的意思，問道：「你沒問他，何以見得呢？」

胤祉笑道：「說的還是老話。當日避暑山莊修好，皇上看了奏折，說『寒而不凜，溫而不炙，好，眞是避暑勝地』，老十說四哥當時就頂了回去，說『皇帝山莊眞避暑，百姓仍在熱河中』，弄得萬歲臉上掛不住，這就算孝子？」

胤禛這件事是有的，不過當時說的委婉得多，再想不到這麼光明正大的諫諍之舉也變成了「不孝」！他哼了一聲，細牙咬了咬嘴唇，說道：「我行我素，確實有這件事，皇上當時不歡喜，幾天沒理我。我並不難過，我本就是個孤臣性子，有什麼說什麼。後來皇上還是想開了，叫張廷玉去我那裡宣旨，說這是『面刺寡人之過，受上賞』，賜了我一柄如意。老十放這個屁，只顯出他自己是個草包。」「老十是老八一尊炮，那裡裝藥他就放。」胤祉沉吟著說道，「當時我就駁了他：大王之風與庶人之風不一樣，你讀過宋玉的《風賦》麼？進諫就是不孝，你何其淺薄無知！」胤禛笑道：「他倒不是不明白道理，在他眼裡除了老八都不是好人。人哪，最怕心偏了。」

「所謂心不正，則眸子眊焉。」因車隙中吹進的風涼，胤祉掖了掖猞猁猴皮氅，笑道：「胤䄉確是如此。當時他就說：『進諫原是好的，比干是一種進法，魏徵是一種進法，東方朔是一種進法，李泌又是一種進法——不能從容些兒？委婉著點？哪裡有四哥那樣兒，有屁就放，不管別人鼻子受得受不得！』你聽聽，此人雖粗，並不是糊塗人呢！」

胤禛微睨了胤祉一眼，他知道這個誠郡王，素來講究慎言，城府甚深的，今兒這些話都是什麼意思？倒起了撩撥試探的心，因道：「我再沒這些防備，想著都是一個阿瑪，家雞打得團團轉，野雞打得滿天飛，還能怎麼樣了不成？近日看來竟是未必！要是存了別樣的混帳心思，家務國務攪和起來，眞是了不得。至今想起八月十五的事，我就心驚肉跳，要沒人給老十撐腰子，他敢！」胤祉見他反過來盤自己，倒不急於說話了。沉吟半晌才冷笑道：「是啊，誰不害怕呢？皇上怕的是學了齊桓公，英雄一世沒下場。我呢？我只想咱們是胡人，不要學了五胡亂華，曇花一現，不要學蒙古人，九十幾年就完。朱元璋說胡人無百年運，警句駭人聽聞，大清已經開國六十多年了！」

胤禛打了個寒顫，沒有言聲，只聽車外馬蹄得得一片單調的響聲，隔窗眺望，夾路枯黃的蓑草、鹽碱白地直接天際，一群群烏鴉在草灘上忽起忽落，翩翩盤旋。許久，才嘆息一聲，說道：「三哥這話驚心動魄，我們不幸是胡人，先天不足。不過據我看，我朝弊端雖多，開國氣象尚在，只要勵精圖治，何至於一時就亂了？後頭的事歸於天命，你我只盡當前人事罷了。」胤祉彷彿不認識似地盯著胤禛，撲哧一笑，說道：「人事？四弟素日伶俐，今兒是犯了糊塗還是跟我繞圈兒？眼見此行大變在即，你眞的一點也沒嗅出來？」大約車輪被石頭墊了一下，胤禛身子一晃才坐穩了，臉色變得異常蒼白：「三哥，有什麼消息，你可不能瞞我！」

「此行不利太子，」胤祉悶聲說道，「老大老八早就在準備了，前一個月，他們就把府裡的智囊都送到承德，以備顧問，王鴻緒、阿靈阿也都討了差事先期去了熱河，就你還蒙在鼓裡，太子也只是覺得彆扭，他那個身分，誰敢和他說實話？要是我是太子，我就不能叫他們把老王掞留在京師！蠢！」

「怎麼，要……廢了二哥？」

「那還說不準，」胤祉款款說道，「堯黜丹朱太子，尋個安靜去處，好生侍候著養老，是一種法子，湯放太甲，改過自新三年復位，又是一種法子；李世民處置太子太忍心，皇上是要名聲的，未必出此下策。」

胤禛心中一片空白，四邊沒有著落，連胤祉說了些什麼也沒聽清，癡癡思量半晌，問道：「這麼大的事，總得有個罪名吧？前日我還見他，有說有笑的，半點心事也沒，萬歲也沒露口風。三哥，你這話傳出去了不得！」胤祉笑道：「你醒醒神兒吧！沒見大阿哥八阿哥九阿哥十阿哥寸步不離萬歲？有侍衛扈從還不夠？再說，爲什麼護駕的撇開你我？在人家眼裡，我倆是太子黨！太子從政多年，毫無建樹，弄得吏治敗壞府庫空虛，是不是罪？你不要小看這一條，這是根子，萬歲創的這個基業太重，他承受不起！這兩個月萬歲三次提起索額圖謀反的事，說『索額圖乃本朝第一罪人』，他什麼罪？不就是立太子，保太子麼？」胤禛咀嚼著這些話，雖覺驚心，但多少有點言過其實。政務不靖，不是一天的事，也不是一人之責，連鄔思道和文覺也說這是「大勢所趨」，主張目前保持「太子黨」面目觀望待機。正思量間，胤祉又道：「你還不知道吧，太子隨身帶著藥，叫李德全和邢年收拾時撿點出來了！」

「什麼藥？」胤禛渾身一震，有點口吃地問道，「是……毒？」

「萬歲起初也這麼想。」胤祉冷笑道，「結果叫太醫院王柏齡驗查了，卻是春藥。當時我就在養心殿，你沒見萬歲臉色那個難看！不是我攔一攔，恐怕當時就發作起來了！」

胤禛兩手捏得全是冷汗，陡地想起朱天保有一次悄悄說：「四爺勸著太子爺些兒，別總往西六宮跑。雖說都是一家子，到底都是年輕人，有男女之別，名分之差。瓜田李下的，叫人說出半個不字兒來，下官們責任小事，太子爺落個什麼名聲兒呢？」這個胤礽大天白日揣著春藥，還叫皇帝覺察了，眞也忒煞地大意。若是自己宮裡房事用，不過落個笑柄，要眞有穢亂後宮的事……他不敢再往下想，嘿然良久說道：「怪不的老大這些日子走路揚塵帶風。打諒預備著靑宮備選了！」

「用你的話說，阿彌陀佛，總算明白了些兒！」胤祉車上費盡心機繞了半日，就等著胤禛這句話，因嬉笑道：「老大心裡就是這個算盤！也沒查查自己的陰騭簿兒，有這個福份？自古立太子，除了立嫡、立長，還有個立賢呢！」

至此，胤祉已經完全攤牌：太子不行，老大也不行，胤禩是政敵，你老四打算如何？下雨不戴笠，淋（輪）著保他三爺了吧？胤禛瞇著眼，心裡雪洞也似，卻裝模糊兒，笑道：「天道茫茫，大數難知啊！與太子君臣一場，眞要有事，我還是要保他的。這類事我是既不敢想也不敢說，但眞要保不住，我自然以三哥馬首是瞻。但大阿哥志在必得，老八虎視眈眈，你也得心中有數，這種事一筋斗栽倒，幾代兒孫都翻不過身來喲！」他心裡想的是胤禩，要立賢，目前老八是首當其衝，但胤祉這點熱辣辣的心思，旺炭兒似的，又怎好潑涼水？胤祉得了胤禛這幾句話，頓覺安心，身子鬆弛地向後一靠，說道：「不過閒話而已，我和你還不是一個心思？除了二五眼，誰肯往火炕裡跳，奪那個燙屁股座兒，我可沒瘋迷了！管它呢……睏了，瞇一會兒吧……」

☆

天氣不好，車駕過了密雲就下起了雨夾雪，幾千人帶著輜重、儀仗法物，在泥濘寒冷的燕山古道上整整跋涉了七天，總算到了承德。內外蒙古各部王爺十天前已經趕到，都住在自己的行宮中等候天子大駕。這座避暑山莊，於康熙二十二年踏勘，至四十三年才算粗具規模，已是氣度壯麗宏偉。內設行宮十二處，西北金山、東北黑山爲山莊屏障，正南設中麗、德匯、峰門三門，內中即是禁苑。因爲已經下詔，這處山莊爲外夷常朝之地，漠南漠北的蒙古台吉、王公，青藏紅黃喇嘛、教主及朝鮮使節，幾乎在修行宮的同時，各選佳地造起了不計其數的館驛、別墅，以備迎駕朝覲。一些精明的行商瞧準了這塊風水寶地，便在山莊四周蜘蛛網似地營建起店鋪房舍。十餘年光景，昔日滿是荒煙野草的熱河之濱，儼然已成都會之市。車駕當晚抵達，各王公俱都在蘆棚前侍候跪接，滿街張燈結綵，案酒香花供奉，煙火燦爛，爆竹聒耳，自有一番熱鬧，只苦了扈駕的御林軍，一刻也不得歇息，安置康熙宿了煙波致爽齋，接著就布防。隨駕而行的張廷玉和馬齊都兼著領侍衛內大臣，裡裡外外照應，還要處置佟國維從北京轉來的奏折，侍候了皇帝侍候太子，又要關照各位從駕王爺、阿哥住處警蹕，饒是兩個人好精神，也累得人仰馬翻了。

但康熙卻興頭極高，第二天便下旨著蒙古各王覲見，下午賜筵，與太子輪桌勸酒，直到戌時下來，看過奏章節略，直到子正時分才歇了。又起了一個大早，傳命太子帶阿哥在清舒山館會齊，扈從觀覽山莊景致，整整看了一天，晚間回齋殿便有旨意：明日到圍場打獵。

熱河圍場設在甫田，緊鄰萬樹園，地處山莊東北，在黑山之南，塞湖之北。其地林密草茂，山峻水闊，放養不計其數的鹿、麋、獐、狍、熊、虎、豹、豺之類，不知哪位墨客爲其取名「叢撼」，康熙東巡奉天曾到此圍獵，張廷玉爲之定名「甫田」，意即天子狩獵之田。從此成了皇家禁地。

第二日巳時，康熙乘馱轎來到甫田。早已等候在甕城箭樓上的百餘名蒙古汗、親王郡王以及貝子貝勒人人精神抖擻，個個摩拳擦掌，預備著今日要在御駕面前大出風頭。不料衆人請過安後，康熙卻笑著對幾個蒙古老王爺道：「你們幾次陪著朕圍獵，已經領教了你們的本事。這一番要坐享其成，我們吃酒作壁上觀，看看朕的這幾個兒子能耐如何——各王世子要願意下去玩玩，自然也聽便。」這些王爺一聽皇帝要考較阿哥，便都湊趣兒，各自約束子弟不得逞能，只隨康熙在樓上陪坐。康熙因叫過阿哥們道：「蒙古諸王都在，不要給朕丟醜現眼。這苑裡都是未馴之獸，一是要小心，二是要爭先。」說罷爽朗地一笑，指了指李德全捧著的一柄寶石雕花黃玉如意，道：「放出你們的手段，無分長幼高下，誰獵得最多，這如意就賞他！」

衆人立時一陣興奮。這柄如意因顏色近於明黃，一向是乾清宮鎮殿之寶——大行皇帝賞給康熙，如今康熙又要賞人了！坐在康熙身邊的胤礽不禁身上一顫，神色變得有點不安。胤禵兩眼直勾勾盯著如意，暗自扯了扯胤禟衣襟，胤禟咬著牙暗自一笑，胤祥用肘碰一下胤禛，悄聲道：「你瞧大哥那德性，涎水要淌出來了！三哥也是假惺惺，看他沒事人似的，手都捏出汗了。這一回咱們可得替太子爺爭個臉面！」胤禛卻似沒聽見，看他瞟一眼鎮定自若的胤禩，跪前一步，叩頭道：「皇阿瑪，此物恐非人臣能當得起的。求萬歲另選一物，兒臣們好努力巴結。」

「嗯？」康熙似乎沒想到這一層，略一遲疑笑道：「我們天家就有這麼多忌諱！終不成學小家子賭金子銀子？這樣，太子不與你們爭，君臣分際一明，也就無甚妨礙了。」說罷便傳旨開筵，令阿哥們下圍場會獵。

頓時，四面八方號角呼應，數千善撲營軍士分青、紅、皂、白四旗，從四方擂鼓鳴炮，搖旗吶喊，茂林豐草中伏著的猛獸弱禽乍然一驚，立時亂成一團，四處奔逐翱翔。康熙端著酒杯，冷冰冰瞥一眼滿臉不忍之色的胤礽，輕輕嘆息一聲，對身旁的科爾沁王笑道：「君子不近庖廚，怕聞哀嚎之聲，待吃肉時又講究割不正不食。這就是仁義！人，眞乃世間第一無情之物！」

說話間，便見東邊數十騎，北邊一百餘騎衝殺過來，狂躁的馬在半人深的秋草間橫衝直闖，掀起的枯草敗葉在半空中旋舞。康熙細看時，東邊是胤祥，北邊是胤禔。胤禔帶著皇孫和門人親兵，一個個挽弓搭箭，揮刀挺槍殺得渾身是血。草間的走獸被這突如其來的大劫難嚇昏了頭，四處亂鑽，有的被砍得血肉模糊，有的滾在草間掙扎哀鳴。東北卻是胤禟、胤䄉二人，胤䄉瘋魔了似的在前頭趕殺，胤禟在後堵截，收拾獵物，將野獸耳朵割了掛在馬屁股上，胤禔胤祥砍倒在地的，不少也成了他們囊中之物。康熙不禁暗笑：這兩個小子倒有章法！只西邊胤禛、胤祉毫無動靜，胤祉是網開一面，任野獸逃之夭夭；四阿哥胤禛信佛，守定了不殺生的宗旨，只帶著弘時、弘晝、弘曆三個世子並狗兒坎兒一衆人等牢守西北。闖入圈子的一概生擒，逃掉的各聽天命，絕不射獵。

風捲殘雲一場圍獵，未末時牌便見分曉。通算下來，胤䄉第一，胤禟次之，胤禔胤祥殺得筋疲力盡，平分秋色各得第三，胤祉胤禛得的最少，卻都是些活物，縛成串兒獻上，唯獨胤祺一無所獲。

「朕說過，獵物最多者可得此賞。」康熙呵呵笑著抬手叫過胤䄉：「沒想到老十露臉，如意賞你了！」又沉吟了一下，轉臉問胤祺：「你爲什麼毫無所得？」

「皇上！」胤祺苦笑了一下，說道，「堯帝捕獵網開一面，爲生靈開一線生路。兒臣願父皇爲堯舜之君，不爲竭澤而漁之舉。爲一柄如意，與手足相爭，兒臣不樂於如此。」

康熙聽了含笑點頭，胤䄉卻道：「我沒這份善心，只曉得誰的多，賞就歸誰。承蒙九哥送我十隻狍子，不合佔了頭名，阿瑪這賞，恭謝不辭了！」咧著大嘴笑著，便要接那如意。

胤祥突然一把攔住了胤䄉：「十哥，稍安毋躁。這是良心帳，你敢大喊一聲『我第一』，兄弟我讓你！」

「我第一！」胤䄉挑著眉頭大叫一聲。又冷笑道：「怎麼，你又想欺侮我？又要擺大總管的譜兒？這兒不是戶部！」說罷「呸」地狠啐一口。胤禩忙排解道：「何必爲這點子小事傷和氣？十弟有憑據，老十三，你就別爭了吧！」康熙笑道：「虧你胤祥說嘴，讀了多少兵書。打獵和打仗一樣，得用心！」

胤祥嚥了一口唾沫，也不顧胤祉殺雞抹脖子地遞眼色，梗著脖子頂了回來：「早知道和兄弟會獵也得使心眼兒，早知道誰偷的多誰得賞，兒子寧可學八哥，歇著！」

「你這是和朕說話？」康熙冷笑著，已是勃然變色：「跪下，掌嘴！」

胤祥面白如雪，氣得渾身亂抖，噗通一聲跪下，淚水奪眶而出，想到這些日子受的窩囊氣，更覺悲不自勝，因哽咽道：「兒子反正是多餘的人，活著也沒意思，就此辭了，阿瑪保重！」說著抽刀猛地橫向頸前，唬得劉鐵成、德楞泰一干侍衛一擁而上，奪去了胤祥手中寶刀。

「啪」地一聲，康熙將那柄玉如意在箭樓堞石上一擊粉碎。

24

情重阿哥情牽一線
昏懦太子昏夜失道

一場圍獵乘興而來，掃興而歸。在回獅子園的路上，胤禛儘管自己也是一腔心思，因見胤祥累得筋疲力盡，沮喪得痛不欲生，反打疊起精神勸胤祥：「你不要這樣英雄氣短，要像這些小事情都生氣，我早就氣死了。若聽我說，佛經體性之別，爲貪、嗔、癡，你雖不貪利，卻貪功，三條毛病俱全，怎麼會不生煩惱？好在萬歲今兒摔碎了如意，要眞的賞了老十，你又該如何？」

「我和他拚了！」

「你又來了不是？」胤禛在馬上一縱一送，款款說道，「在性氣這一條上，你欠著火候，如來原也是肉身人，在菩提樹下覺悟妙諦，三七日間，自受用解脫妙樂，知色空相。人不能去愛樂煩惱，空有知識，不能正果。我們雖不是聖人，難道連克制也做不到？學一學張廷玉，他是一字眞經：默——你細審量，熙朝大臣中有哪個及得上他始終榮寵的？用儒家說，這就是愼獨功夫……」他長篇大論引經述典地勸善，胤祥起先只默默地聽，後來不禁破顏一笑：「眞是『虎狼屯於階陛，尚談因果』，皇帝不急，太監著哪門子急？四哥，我在戶部忙得昏天黑地，又跑到刑部爲他人作嫁，受盡窩囊氣，一無所獲，圖他娘個什麼？又落了個什麼？我這些日子眞的是想死。你那佛經說叫涅槃，人死吹燈拔蠟，大徹大悟一了百了！」見胤祥精神好了些，胤禛倒沉鬱了下來，他自己何嘗不是滿腔憂思煎慮，只能把持著，不像胤祥那樣形諸於色就是。思量半晌，胤禛微嘆一聲，問道：「你是十月初八的生日？」

胤祥詫異地看了一眼胤禛，說道：「我是二十五年十月初一生——鬼過年，我生，最他媽不吉利的一天！」「這陣子心緒不好，連你的生日也沒有給你賀一賀。」胤禛彷彿不勝慨然，嘆道，「生於憂患死於安樂，也未必就是不吉利。不過閒時我也想到，你也該立一個福晉了。上回老五說了一個，是費揚古的侄女，我還特意看了看，人滿不錯，費揚古也是正經人家。你要願意，我就去說。」胤祥低著頭想了半日，說道：「我已經……相中了一個……」

「眞的？」胤禛一怔，偏著頭看著胤祥，半晌才道，「滿人漢人？」

「漢人。」

「不行。」

「情之所鍾何分滿漢？她還在著樂籍呢！」

「荒唐！那更不行！」

胤祥和胤禛幾乎同時勒住了馬。後邊遠遠跟著的八十名王府護衛也都駐馬，不知他兄弟之間出了什麼事。胤祥抬頭看了看天，陰得很重，鉛灰的雲壓得低低的，緩慢又略帶遲疑地向南移動，不時飄落著紙屑一樣的雪在風中旋舞著，許久才道：「此人四哥也認得，就是江夏我們救的那個阿蘭……」因見胤禛只一味搖頭，胤祥又道：「我出錢買出她來，請四哥在內務府弄張空白抬籍文書，把她抬入旗籍，找一戶破落旗人認了女兒，人不知鬼不覺的，怕什麼？」

「十三弟，祖宗家法可畏呀！」胤禛陰鬱地說道，「若要人不知，除非己莫為。何況這事根本瞞不過老八！十步之內必有芳草，好女子多的是，你何必要尋一個賤民？不成！」「賤民？」胤祥冷冷看著斬釘截鐵的胤禛，說道：「就在我朝，我代，我的骨肉兄弟裡頭，有一位善心向佛的皇阿哥，曾與一位漢家樂籍女子有一段催人淚下的纏綿情意……那女郎後來被族人用火在柿子樹下活活燒死……她至死都沒有一句話，只那雙悲凄欲絕，望穿重山的眼睛日夜折磨這位龍子鳳孫，叫他永夜難眠，叫他夢魂不安，叫他變得心如鐵石……」

胤祥的話沒有說完，胤禛早已面白如紙，舉目望天，眼睛已經紅了，卻乾涸得一滴淚水也無。半晌，胤禛突然揚手「啪」地摑了胤祥一個耳光，厲聲道：「走！回獅子園！再提這往事，我與你割袍斷義！」說罷雙腿一夾，那馬潑風價飛奔而去。胤祥一怔，忙加鞭追了上去，雖然挨了一掌，他倒覺得心裡熨貼清爽了許多。

二人回到獅子園口，已是酉初時分，孟冬日短，天又陰，已是麻蒼蒼的，朔風微嘯中雪漸漸大起來，已經在堅凍的大地上蓋了薄薄一層。胤祥遠遠便見高福兒陪著三個世子在門口挑燈守望，旁邊還站著一個官，穿著雪雁補服，戴著青金石頂戴，便對胤禛道：「那不是戴鐸嘛！」胤禛也是一怔，正要說話，戴鐸早迎上來叩下頭去，說道：「奴才戴鐸給四爺請安，給十三爺請安！」

「老戴！」胤祥方才得到胤禛默許阿蘭的事，與胤禛並轡狂奔一路，一天煩惱消失得無影無蹤，一邊下馬，笑道：「你這馬屁精，不在漳州道好好營生，跑這裡做什麼？你倒活得結實，吃得黑紅油亮，一時半會怕是死不了了。」

戴鐸看了看胤禛臉色，像是很高興的模樣，胤祥自幼在四貝勒府裡混，彼此玩笑慣的，因躬身湊趣兒賠笑道：「十三爺這麼康泰，奴才怎麼捨得死？得侍候著爺封了王，娶了福晉，生了世子，活到個一百多歲，奴才才好去見閻老五呢……。」胤禛不等戴鐸說完，便打斷了，說道：「往後你們見十三爺也要規矩點——接到我的信了？」

「是——接到了。」戴鐸忙正容答道：「奴才十月初七回京，主子已經走了，遵主子的命看了看遵化的莊子，又回到北京，恰好年羹堯也來京述職，他也惦計著主子，我們就一起來了。這一路的道兒可眞難走……」戴鐸一邊說，胤禛已經移步往裡走，聽著他說任上的事，也不言聲，只胤祥插著問幾句一路風土人情，迤邐來到獅子園東北角的梵清閣，年羹堯早已迎了出來，只鄔思道腿腳不便，坐在椅中靜候，見胤禛胤祥進來，鄔思道笑道：「瞧神氣，今兒射獵，兩位爺想必得了彩頭？」

「哪有好事給我們得！」胤禛斂了笑容，命年羹堯和戴鐸坐了，撫膝嘆道，「今兒個老十三差點死在甫田！剛剛才勸說好了些。」說著便將圍獵情形細述了。鄔思道一直目光炯炯凝神聽著，沒有插言。年羹堯和戴鐸交換了一下目光，說道：「不管皇上賜如意是什麼意思，今兒幾位爺都用盡心思，其實是各做了一篇文章。」

鄔思道冷冷說道：「這還用說？難窮其妙！面兒上是大阿哥和三阿哥出風頭，其實最有心勁的還是八爺——好嘛，他成全了萬歲堯舜之君，他自己做大禹豈不是順理成章？」胤禛笑道：「你們都瞧見了的，我是坐定了聽天由命的宗旨。大哥實在是太熱中了。今兒三哥雖沒露臉，焉知這不也是上策呢！」年羹堯道：「三爺是個謹慎人，武的上頭能耐有限，說不定萬歲倒賞識他這『藏拙』之道呢！倒是橫地裡殺出一個十爺，有點出人意料。」鄔思道格格一笑，說道：「八爺是要什麼有什麼啊！他在那邊開網放生，甫田裡頭依舊有人替他廝殺。十三爺今兒這個藥引子放得好，其實逼著八爺也露了露相。」

胤禛怔怔地聽著，望著院落裡越來越大的落雪，良久才長嘆一聲：「太子還在，兄弟們就這麼個樣兒，萬一有個什麼事，還不知怎樣呢！唉……令人可畏啊！今兒一早去煙波致爽齋，馬齊就告訴我，八阿哥不到一個月，盤清刑部案件，萬歲誇獎了，說『胤禩畢竟不是凡品，牛刀一試，快不可當。』他若也有別的什麼心思，加上大哥三哥，不知將來如何收場？如不明哲，恐不能保身吶……」他說著，深深伏下身子，不住用手撫著腦後的髮辮，胤祥雙手骨節揑得山響，冷笑道：「別做他娘的春夢！都是些什麼『心思』？敢亮一亮麼？刑部的事我只是隨大流兒，作主的是八哥，我也沒意在裡頭折騰。可我心裡一直疑惑：就張五哥這麼一個冤殺的？放屁打梆子——點子趕得倒巧！四哥說一句，只要叫我翻騰，我就去見萬歲，重查！不叫我好過，大家都別安生！」

「螳螂捕蟬，不知黃雀在後。」鄔思道臉色平靜得像一泓池水，許久，一笑說道：「這麼大的事，哪有一蹴而就的？難道我們就不能當個漁——」「翁」字未出口，便見狗兒匆匆進來，也不打千兒，逕至胤禛耳邊私語幾句，方後退一步聽命。

「太子來了！」胤禛的臉蒼白得一點血色也沒有，眼睛閃著綠幽幽的光：「獨身一人，要單獨見我！」他咬著牙，彷彿要擰乾腦汁子似地緊蹙眉頭，瞥一眼鄔思道，緩緩說道：「天近子時了吧？叫高福兒去回稟太子，說今兒在果親王那兒著實灌醉了，這會子人事不醒呢！明兒一早就過去請安領訓！」狗兒聽了回身便走，鄔思道忙道：「慢！」略一沉吟又道：「是非之時是非之人，豈可拒之門外？四爺，是否請十三爺代見一下？」一語提醒了胤禛，嘴裡吸著涼氣說道：「好！十三弟瞧瞧去！記住，他扔什麼你接什麼！」鄔思道急急追了一句：「接了什麼放什麼，一句磁實話也別說！」

「成！」胤祥唰地站起身，命狗兒前頭引路，腳步騰騰踏雪而去。

屋子裡靜極了，外面落雪的沙沙聲，隔壁爐子上水壺的嘶嘶聲都清晰可辨。人人都有一種大事臨頭的預感，都在緊張地思索：出了什麼事？這麼大的雪，以太子之尊摸黑道獨身來訪？鄔思道看了看衆人，對癡坐不語的胤禛說道：「四爺，咱們兩個去屏後聽聽。」胤禛強自鎮定，心神不安地一笑，說道：「老十三應酬得下來。」鄔思道知他不願聽壁角，故作矜持貴人心性，點點頭架起拐杖，說道：「舉大事不拘小節。我不但要聽聽言，還要觀觀色。」說罷，輕輕用拐杖拄地踽踽消失在滿院風雪中。

胤祥身穿灰銀鼠錦袍，腰中束一條絳紅帶，快靴踏得雪地吱吱作響，穿過薜蘿藤牆出來，果見胤礽獨自一人在養瑞軒中背著手來回踱步，身上沒彈盡的雪還沒有化完。胤祥在屏後穩了穩神，趨出一步打千兒行禮道：「太子爺好興致！雪夜獨遊，這早晚還駕臨獅子園！十三弟給您請安了！」

「是老十三啊！」胤礽彷彿驚魂未定，被突然出來的胤祥嚇得身上一悸，半晌才回過神來，問道：「你四哥呢？」胤祥笑吟吟起身道：「太子爺知道四哥平素戒酒。今兒偏是去七叔那一趟，剛碰上萬歲賞七叔酒，就留住了。老親王的面子，沒法子，這麼大半盅就灌了下去。這會子胡天胡地，酒屁夢話連篇，攪得我在隔壁都睡不沉！太子爺，您氣色很不好，敢怕是走夜路受了驚，或者凍的了？誰在那邊——是坎兒？給太子爺釅釅沏一碗普耳茶，兌上紅糖閩薑！」

胤礽無可奈何地搖搖頭，焦慮地看了看滿臉不在乎，毫無心事的胤祥。嘆息一聲坐了，命高福兒「所有家人都退下」。卻自沉吟不語。胤祥情知大變在即，心裡暗自提著勁，斜簽著坐了太子側旁，試探著說道：「看您心事很重呀！是出了什麼事麼？四哥實是醉得動不得。要是我能給您排憂，您只管吩咐。要不方便，明兒一大早我就叫起四哥去清舒山館。」胤礽被他逼得毫無辦法，幾次張口欲言，又囁嚅著住了口，嗒然垂首移時，方嘆道：「十三弟，我要你捫心答我一句話：你覺得我平素待你如何？」

「太子怎麼問這個話？」胤祥滿臉詫異之色：「恩重如山！誰都知道四哥和我是你的哼哈二將嘛！您瞧著我長大的，自幼受了人家多少腌臢氣，還不全虧了四哥和您？不然，不叫人家作踐死，自己也氣死了！」胤礽的臉色愈加蒼白，望著忽悠忽悠閃動的紅燭，竟無聲淌下兩行淚來！胤祥全身一顫，忙起身道：「太子爺……？」「不干你的事。」胤礽掏出手帕拭淚道，「兄弟你好生坐著。」胤祥急得說道：「主憂臣辱，主辱臣死，焉能說不干我的事？」

胤礽惶急間，便聽門後沙沙一陣響動，貼金大自鳴鐘連撞十二聲，已是子正時牌，他打了一個寒顫，忽然從椅上一滑，竟雙膝跪到了胤祥面前！

「天爺！您要折死我麼？」胤祥驚得面如土色，頭「嗡」地一響，忙也跪了，盯著胤礽道：「就是天塌了，地陷了，日頭黑了，好歹也叫我知道個緣故呀！」胤礽彷彿不勝其寒地抖著，恐怖得臉都有點變形，許久，才從齒縫裡迸出幾個字來：「好兄弟，我大難臨頭了！或今夜或明日，就要被廢黜了！」

儘管這事久已輿論，像冰下的潛流一直沖激著，一旦開閘直瀉而出，胤祥一時還是不敢接受這一現實，他覺得頭暈，狂跳的心似乎要衝胸而出，憋得氣也透不過來，額上青筋暴起，礙礙直跳，好半日才從驚怔中回過神來，正要問，胤礽又道：「我是特來託付妻子的。四弟面冷，你豪爽。但我知道，你們都是古道熱腸，肝膽血性的男子漢。自古廢黜太子沒一個有好下場，我死不足惜，世子還小，萬一有個三長兩短，我可怎麼……」說到這裡已是淚如泉湧。

「太子別說這些。」胤祥忙道，「到底出了什麼事？」胤礽硬咽著搖頭道：「我心裡亂極了，這裡頭委屈太多，一言難盡。總之有小人蒙蔽聖聰，下了毒手，皇上盛怒之際又無從解釋。雪裡埋屍，久後自明。十三弟，你和老四好歹不能撂開手不管！」胤祥聽了，仍是不得要領，料知太子有難言之隱，也就不再問，雙手扶胤礽起來，口中說道：「我們君臣一場，知心換命，您不要小看了我！不管出什麼事，我必定心堅如鐵，擎天保駕！至於太子妃和世子侄兒那頭，更不必掛心，說到天邊也是骨肉，全都包在我身上！」

胤礽看了看不緊不慢走動著的自鳴鐘，神色悲淒中又帶著茫然，半晌才道：「我得走了，我要……走了……」他喃喃地，彷彿在夢中囈語，踉踉蹌蹌，像踩著棉花堆似地消失在紛紛揚揚的大雪之中，在養瑞軒留下了可怕的沉寂和僵立如偶的胤祥。

一聲悶啞的午炮透過雪幕傳過來，胤祥方回過神來，一跺腳轉身便走，卻見鄔思道在後門候著，便道：「先生，四哥也來了？」

「沒有。」鄔思道冷峻地說道：「——我都聽見了。十三爺，你不該不聽我勸，答應得太乾脆了。」說罷回轉身子又道：「走，和四爺計議一下。」胤祥點頭勉強一笑，沒有答話，和鄔思道並肩緩緩而行，一陣朔風裹著雪襲來，他掖了掖袍子，暗中看了看鄔思道，只瞧見鄔思道一雙眸子在雪光中爍爍閃動，看不清臉色，胤祥不禁想：「這個瘸子眞是個怪人，他心裡到底想的什麼呢？」正想著，已見胤禛站在梵淸閣的石階上等著了。

胤禛一邊讓他二人進去，叫過高福兒道：「你和狗兒坎兒把家人聚一處說說，就說我的話，今晚的事誰走漏出去，我滅了他滿門！」高福兒嚇得喏喏連聲退了下去。年羹堯和戴鐸看了看胤祥神色，攙鄔思道進來，竟一人掇一把椅子坐在門口親自把風。

「唔。」聽胤祥備細說了養瑞軒的事，胤禛沉默了許久，看樣子心裡也翻騰得厲害，良久，方皺眉說道：「這人也是的，巴巴兒半夜地來，又呑呑吐吐不說句明白話。我們就是保，也得知道他為什麼廢了呀！」「四爺眞呆！」鄔思道仰天大笑，說道：「這還用問麼？」胤祥驚異地盯著鄔思道，略帶譏諷地問道：「你是神仙，未卜先知？」

鄔思道笑道：「神仙是沒有的。太子夤夜而來，明擺著是變起倉猝，口欲言而囁嚅，顯見是難言之隱。廢黜大事，不是謀逆就是宮掖陰私。在這個地方，他要謀逆不能不和十三爺商議，這一條除了，必定是宮掖醜聞！」胤禛托著下巴，思索著鄔思道的話，半晌，搖頭道：「也不一定，後宮的事不至於動搖國本。鄭春華不過小小一個貴人，怎麼會因她割捨了太子？沒聽人家說：臭漢髒唐埋汰宋亂汚元，明邋遢淸——」「淸鼻涕」

三個字到口邊，覺得甚不雅聽，便打住了。鄔思道冷笑道：「這不過是個藥線兒，積了多少柴，潑了多少油，就等這個火種兒——當然不會爲一個無名嬪妃黜廢他——東窗事發就在今夕！」

年羹堯坐在門口，眉棱骨不易覺察地抖了一下：他一向覺得鄔思道言過其實，只礙著胤禛寵信，不好掃主人的興，聽他又在危言聳聽，在旁說道：「這麼驚心的事，先生倒像是很高興？須知太子是四爺靠山，太子出事，不是四爺之福啊！」「年亮工，沒有讀過《易經》？」鄔思道清癯的臉上閃過一絲笑容：「窮則變，變則通，通則久！如若是座冰山，那就不如沒有。爲什麼不敢進一步境界去想這件事？不過，眼下不是清談的時候，要預備著應付大變！」

「這一場逆波橫襲而來，令人可懼。」胤禛撫膺嘆道，「覆巢之下無全卵啊！」

鄔思道嘿然良久，身子一仰說道：「我們得天獨厚，先知道了消息。四爺，我以爲目下最要緊的，要燒掉太子從前給四爺的書札，年亮工在外帶兵，要避嫌，今晚就得搬出獅子園進城去住；這裡駐軍原是古北口的兵，十三爺帶過，從現在起要謝絕接見所有軍官。同時與所有阿哥不再私相往來。這樣，就和所有軍國大事撕擄淸白了，就小有不安，決不至於傷筋動骨的。靜觀待變，坐收漁翁之利，不須有什麼懼怕，天加橫逆於君子，實加福於君子，此乃千古不易之理！我料今晚還會有消息的——」話音剛落，高福兒一頭一臉的雪闖進來，呵著寒氣稟道：「二位爺，德楞泰軍門來傳密旨！」

屋裡幾個人不約而同站了起來，面面相覷，用目光交換著神色。鄔思道一笑說道：「來的好快！——亮工，老戴，咱們迴避吧！」年羹堯和戴鐸緊張得臉色有點發白，呆滯地點點頭，三個人便踅進了套間。說話間，便見兩行黃西瓜燈，一色寫著「煙波致爽」四個字，導引著五短身材，孔武有力的德楞泰迤邐進來。德楞泰邁著稍稍有點羅圈的腿，踏著積雪進來，腳下馬刺踩得地板嘰叮作響，進了梵清閣，脫下油衣南面立定，只看了胤禛胤祥一眼說道：「皇四阿哥胤禛、皇十三阿哥胤祥聽旨！」

「臣！」兩個人都跪了下去，叩頭說道，「恭聆聖訓！」

德楞泰卻沒有奉敕，他是蒙古摔跤場上的「第一英雄」，漢語卻極有限，結結巴巴背誦著康熙的口諭：「自即日起，停用『體元主人』印璽。停用太子印璽。著皇長子胤禔總領行宮宿衛，皇三子總領熱河駐軍行營布防事宜。非奉朕親筆手諭，無論何人不得擅自向各部及各省發文調兵。所有從駕侍衛、親兵、善撲營兵士及駐地兵馬，一體由長子胤禔、皇三子胤祉會同皇四子胤禛及上書房大臣馬齊合議請旨節制。皇太子胤礽患疾暫行療養，內外臣工暫停覲見請安。欽此！」

「謝恩——領旨！」

「還有旨意。」德楞泰又道，「著即加封胤禔、胤祉、胤禛、胤祺為親王，仍以原號領銜。並命所有阿哥即刻至戒得居候旨。欽此！」

「萬歲！臣，謝恩！」胤禛似乎有點意外地怔了一下，忙叩下頭去，胤祥便也跟著叩頭。

胤祥因在古北口練兵，與這位蒙古勇士早年相識，極相與得來，因見德楞泰說完就要走，騰地跳起身來，笑嘻嘻道：「老德，你這草原上的摔跤老狗熊，今兒跟我搭官腔麼？這早晚回去，除了挺屍有什麼事？來來！四哥，把你陳年老酒給弄一罈，我和德哥撞三百杯祛寒！」

「十三爺，我酒，不渴，不喝，還要去冷香亭辦差。」德楞泰歷來纏不過胤祥，憨然一笑，說道：「我知道，你們想問太子，事。剛才去三爺府，我沒說。我不道知。」他老實到這份上，胤禛不禁一笑，一邊命戴鐸取酒，說道：「沒說知不知道是兩回事，必有一假。酒不喝沒什麼，你帶兩罈子去。」德楞泰紅了臉，說道：「四爺，我眞的不道知。」

「小飲三杯，你辦你的差去。」胤祥見戴鐸的酒取到，潑了茶碗斟了，嘻嘻笑道：「四哥晉了親王，這是老大老大的面子，不渴也渴，不喝也喝！我不管你『道知』不『道知』，不賞這面子，我可要發『氣脾』了！」說罷哈哈大笑，和德楞泰連碰三碗，咕咕飲了，又問：「冷香亭沒有住阿哥，你辦的哪門子差使？別騙我老十三了！」

德楞泰略一怔，只一笑，說道：「你別問了，我不道——知道。賀了四爺，我該去了！」說罷略一拱手，便忙忙帶人去了。

此時鄔思道三人早已出來，立在階下看著欽差遠去，胤祥方斂了笑容，說道：「四哥，天冷，穿厚點，咱們坐暖轎去戒得居。」鄔思道沉吟著問道：「冷香亭住的什麼人？」

「我不知道。」胤祥說道。

「我知道。」胤禛陰鬱地說道，「鄭貴人，鄭春華。鄔先生有先見之明。」

25

大故驟起波浪翻湧
風雲色變魚鼈驚慌

胤礽回到清舒山館下處，已是雪人一般，這一夜，彷佛惡夢一直追逐著他，迷迷離離、恍恍惚惚。狩獵回來，怎樣到煙波致爽齋請安，如何侍候皇帝睡下，又和朱天保下了一盤棋，又鬼迷心竅似的跑到冷香亭和鄭春華幽會……這一切都記得不大清楚了。他弄不明白，已經安歇了的康熙何以會悄沒聲突然駕臨冷香亭，殺死守望的太監直入臥寢，當場捉姦……這一切都不像是眞的，但又不像是假的，只康熙那猙獰的笑聲，狠毒中帶著輕蔑的眼神不時地抹去，又不時地掠過，愈來愈眞切地顯現在心中眼裡……直到遠處寺鐘透過雪幕悠揚地傳過來，他才明白，自己已經站在清舒山館的垂花門下，回到了寢宮，而且實實在在地發生過那一切，即便昏昏沉沉地找過四阿哥，這一點子努力也是枉費心機，車薪杯水，勉盡人事而已。他心裡像潑了一盆漿糊，邁著飄忽不定的步子進來，太監們忙著給他拂落身上的雪，都似毫無知覺，接著便有管事太監何杜兒過來，說：「張廷玉中堂來了有一會兒了，在書房等著太子爺呢！是叫他到暖閣來，還是爺自個兒過去？」

「啊？啊！」胤礽一驚一怔，才回過神來，抽回已經踏上暖閣的腳，回身便往書房走。早見燈影裡張廷玉已經迎了出來，身邊還陪著陳嘉猷和朱天保兩個人。待他們行過禮，胤礽失態地一笑，大聲說道：「廷玉，你這個太子太保也要當到頭了罷？」

朱天保和陳嘉猷渾不知出了什麼事，他們和張廷玉一處坐了半個時辰等太子，談的都是詩律，幾次試探張廷玉來意，無奈這個深沉得百尺潭水似的上書房大臣總是顧左右而言他，乍聽胤礽這一句，兩個人心裡猛地一揪，頓時面白如紙！正愣怔間，張廷玉微微笑著答道：「自然要保的，太子是聰明人，也要自保重才好。」說罷將手一讓，請胤礽進來，方南面立定，款款說道：「奉旨，有問胤礽的話！」

「臣，胤礽……」胤礽慌亂地看了看木雕泥塑似的陳嘉猷和朱天保，兩腿一軟，抽了筋似地癱伏在地下，他心裡又是混沌一片，不知道該怎樣對奏冷香亭的事，也不知道陳朱二人聽了這件事會是怎樣的情景。正張皇間，張廷玉問道：「皇上問你，九月十六，你與托合齊、耿額圖、凌普、陶異、允晉、勞之辨等人會飲，是在什麼地方？你們議了些什麼？」

「回奏萬歲，」胤礽叩頭答道，「那次會飲，是因臣門人凌普、允晉、勞之辨等人進京述職。托合齊在府設筵，說請主子一併樂一樂，我就去了。並沒有議什麼事。」

「你問沒有問三阿哥門人孟某人去向？」

胤礽聽是追查這件事，略覺放心，說道：「三阿哥門人孟光祖出京採辦藥材，據雲貴總督奏稱，在外結交大臣，甚不安份，有干例禁，因勞之辨剛從貴州回來，臣問了孟光祖的情形是實，並說，『此類小人在外招搖撞騙，傳播宮中祕聞，有不利於我之心，應飭貴州巡撫就地擒拿，解送回京，不但我，就是於三弟也是有好處的。』」

張廷玉只是奉旨問話，並無駁斥權力，聽胤礽奏了，略一點頭又道：「皇上問你：你說沒有說，『我是命運最不濟的人，天下古今，哪有四十年的皇太子？』你何以如此喪心病狂？朕有何虧負你處？你據實奏陳！」張廷玉雖然盡力說得辭氣平和，但這些刀子一樣的問話，如何使人不驚心動魄？朱天保兀自掌得住，陳嘉猷一個踉蹌，幾乎暈厥過去！

「回萬歲……」胤礽面如土色，顫聲答道。「兒臣的原話是：我眞是命運不濟，太子當了快四十年，毫無建樹，深負皇上聖恩。天下古今，沒有比我更窩囊的了——並回皇上，這是醉後囈語，雖無不臣之心，有失太子大體，皇上責我負心，難辭其咎——請中堂代爲轉奏！」說罷連連叩頭。張廷玉看了一眼可憐巴巴的太子，心裡嘆息一聲，又道：「還有更要緊的問話，太子不可迴避，一定據實回奏——你今夜見沒有見十三阿哥胤祥？」

胤礽一下子抬起頭來，愕然盯著張廷玉：自己剛剛從獅子園回來，張廷玉看樣子也不是剛到清舒山館，方才的事就知道了？就是耳報神也沒這麼快呀！想著，答道：「見過，不過不是晚上，是隨駕會獵之後，兒臣見胤祥心緒不好，安慰了幾句，並沒說別的話。」

「凌普率兩千兵士擅自進駐行宮，你知道不知道？」

書房裡立時變得荒廟一樣死寂！連胤礽也沒有想到，變中有變，今晚除了冷香亭風月冤孽案，居然還有一齣不知誰操縱的兵變！他被這駭人聽聞的消息嚇呆了，渾身麻木得毫無知覺，半晌才道：「有……這樣的事？」

「有。」

「兒臣不知！」

「但凌普隨身帶有太子關防的調兵手諭！」

「手……諭？寫的什麼？」

「萬歲要你自己說！」

「張中堂！」胤礽完全被逼到絕路上，反倒把恐懼拋到九霄雲外，他挺了挺身子，聲音大得連自己也嚇了一跳：「請代回萬歲一句話：全屬子虛烏有！我辦差不力，行止有虧人子之道都是有的，小人輩構陷大逆罪名，置我於不臣之地，污我爲叛君奸邪，胤礽雖死不能瞑目！」

話問完了，張廷玉舒了一口氣，說道：「太子請起，恕臣不恭敬，這是奉旨問話，身不由己。臣也知道，太子爺束髮即受聖人之教，縱然小有失誤，斷不至於調兵逼宮——這些事，太子爺見了萬歲，盡能從容分辯。太子放心，萬歲極爲聖明，絕不會輕易入人以罪，臣當竭盡綿薄在皇上跟前爲太子辯白。」

「誰要你辯白！」胤礽突然暴怒地揮手說道：「我這會子就去煙波致爽齋，當面跟皇上講清白！就是都認了，無非一個剮字罷了，沒什麼了不得的！」說罷掉頭便走，朱天保手一揚，突然大叫一聲：「張衡臣！你說明白些，是哪個小人在萬歲跟前下蛆，離間父子，撥弄是非構陷儲君？」

張廷玉處身這種情景，眞是萬般無奈，苦笑著嘆息一聲，說道：「士明，少安毋躁嘛！你和陳嘉猷侍候東宮，朝夕不離左右，你還不知道，我哪裡能知道底蘊？太子，你稍等一下，外頭都是善撲營的兵，你走不出去。萬歲有旨命所有皇阿哥都去戒得居侍候，臣陪你一道兒去安穩些。不過，萬歲今晚盛怒之間，你不宜見他，太子要想仔細了！」說著便踱步出來，站在檐下，說道：「劉鐵成！」守在雪地裡的護衛們忙傳呼出去，不一時，便見劉鐵成大踏步過來，問道：「中堂，差使辦完了麼？」因見胤礽也站在門口，又進前一步，打千兒行禮道：「奴才給爺請安！」張廷玉便吩咐：「鐵成你留下，把印封了，所有文書奏章妥送煙波致爽齋。至於這裡的太監、吏員……就不必鎖閉了，傳令他們不得隨意出宮就是了。」

「是！」

「太子還是太子，」張廷玉皺著眉頭沉吟道，「並沒有處分旨意。你們除了遵旨辦差，不可造次唐突，出了岔子，恐怕其罪難當！」說罷將手一讓，說道：「太子爺，臣的暖轎就在外頭，臣與你同轎而行。」

胤礽看了看天，還在沒完沒了地丟絮扯棉，環顧四周，彷彿都是陌生人，眼見一隊隊兵士從側門湧進來，布防把守這處除了皇帝，便是至高無上的機樞重地，眞像又回到噩夢之中。他緩緩踏著雪，走了幾步，突然仰天狂笑：「廢太子原來是這個樣兒？我也算不虛此生！哈哈哈哈……走哇，去當階下囚……」

☆

戒得居地處甫田獵場回煙波致爽齋的中途，原是預備皇帝行獵乏累，暫作歇馬之地，最是偏僻不堪，孤零零矗在四面曠野之中。此刻正是天亮前最黑的時候，肆虐的狂風拉著又尖又長裂帛一樣淒厲的呼嘯，雪塵團團裹著像是搖撼著這處小小的偏宮，把它連根拔起，撕成碎片，拋向無邊無際的天穹……

康熙皇帝手裡拿著一片二指餘寬的小紙條，坐在後殿燒得暖烘烘的大炕上，一杯又一杯喝著釅得苦澀的茶水，情緒顯得亢奮，雙目炯炯有神地望著殿內搖曳不定的燭光，不知在想什麼，卻是臉上毫無表情。他挨身站著大阿哥胤禔，戎裝佩劍，一臉莊重肅穆之色，三阿哥胤祉卻似憂心忡忡，黜漆一樣的倒八字眉顰著，不時瞟一眼對面臉色又灰又青，死人一樣難看的上書房大臣馬齊。馬齊穿著仙鶴補服，裡邊套著康熙賞的紫貂袍子，在這暖融融的房子裡，兀自心噤得縮成一團，手心裡全是冷汗。太子在冷香亭出事的詳情他不知道，但凌普帶兵入苑，是他親自處置，整整兩千鐵騎兵，勵兵秣馬，就憑著太子那張條子就闖了進來！若不是被那個剛選進侍衛裡的張五哥發現，誰能預料此刻是在囚籠裡還是在逃亡的道上？他也不相信太子會有這大逆不道的心膽，但字條上又明明加著「毓慶主人」的關防，這是怎麼一回事？方才幾個人都辨認了字跡，連太子隨身太監何杜兒都叫過仔細看了，都說「彷彿像」，沒一個人敢說一句紮實話，但馬齊從那故意做作摹仿太子手跡的鍾王體小字上，看著很像十三阿哥胤祥的手筆。但是，從外任轉上書房這六年，他已領教了康熙這群兒子們的手段心地，沒有一個是省油燈，沒有一個不是人中之精，誰又敢保不是詐中有詐？正自一門心思胡思亂想，卻聽胤祉輕聲說道：

「皇阿瑪……」

「唔？」

「車駕到熱河已經五六天，」胤祉娓娓說道，「兒子在旁瞧著，父皇接見群臣，會見外藩，視察山莊，又會獵，還要料理處置北京遞來的奏章，合起來也沒好生歇過幾個時辰，昨日凌晨到現在更是一眼沒合。兒子想恁是天大的事，泥鰍翻不起大浪的。漫說是匪人奸謀已經敗露，即便眞的變起倉猝，萬歲爺威重九重，登牆一呼，小人們也未必得志！其實，眼前的事滿可以從容辦，您老人家有春秋的人了，好歹得保重龍體。這會子太子還沒來，請萬歲略躺一躺，就是睡不著，養養神兒也是好的……兒子給您背唐詩……鬆緩一下精神也好……」說著，聲音已是嘶啞哽咽。胤禔卻完全是另一門心思，自從離京，他就覺得風頭順了自己，受命爲頭號侍衛管帶，更是興奮不已：大事當前，禍福不測的危疑關頭，皇帝居然頭一個就想到自己！居然由自己全權管理阿哥事宜和駐蹕密勿，這意味著什麼呢？若不是在這種場合，他眞想來一嗓子道情！因見老三是這個作派，心裡暗笑，又生怕好話叫胤祉獨自說完，接口便道：「阿瑪，三阿哥說得極是！現在兒子和三阿哥就是萬歲的秦瓊和敬德！您只管歇著，您身子骨兒萬安，就是兒子們的福份！」

康熙彷彿發洩心中愈積愈重的鬱氣，長長透了一口氣，說道：「朕也不是生氣，也不是害怕。朕八歲登極，三次親征，人頭血海裡滾出來的人了，不信小小一個淩普就能率兵造逆？就是淩普，朕看也是蒙在鼓裡！——朕是不明白：胤礽並不是笨人，爲人平素也還善和，機辯才智，就是詩書學問也並不在哪個阿哥後頭，怎麼會變成這樣？莫非糊塗油蒙了心，再不然就是有邪祟鬼魅附身？眞眞不可思議！……想想這些年，朕在他身上操了多少心，耗了多少精神，先頭是明珠，和他過不去，朕抄了明珠的家。後頭是索額圖，把他往邪道上引，朕圈死索額圖，也沒動他一根汗毛。他的師傅朕都是選了又選，挑了又挑，從熊賜履、湯斌、顧八代到王掞，哪一個不是飽學碩儒，方正君子？他這暴戾淫恣的秉性兒是哪裡來的？」康熙拊心攢眉，頭有點神經質地搖著，眞是痛苦到了十二分，已是泣下如雨：「……他這麼不成器，朕的一生事業怎能交付給他？可廢了他，朕又怎麼去見地下的太皇太后和皇后？朕造了什麼孽，遭這樣的報應？……」馬齊自從隨了康熙，從來沒見過康熙如此傷心，聽他說得凄惶，也不禁垂下淚來，胤禔和胤祉對望一眼，火花一閃，都又避了開來，各自低頭假作啜泣。衆人正自陪哭，太監李德全聽見外頭邢年說話，忙出來看時，是張廷玉回來繳旨，便挑起簾子。張廷玉趨步而入，有些慌亂地看了看屋內情形，問道：「萬歲爺，您身子欠安麼？臉色很不好呀！」「他都說了些什麼？」「沒有什麼。」康熙接過太監遞過絞乾了的熱毛巾擦了擦臉，問道：「張廷玉這才放下心來，將在清舒山館傳旨的情形說了，又道：「太子和奴才一道兒來的，安置在戒得居西閣裡，其餘阿哥爺都在正殿跪候。只正殿裡沒有生火，天太冷。依著奴才主意，聖駕還是回煙波致爽齋，這屋裡炭氣也太大了……好好兒歇一晚，慢慢把事情弄明白才好。」

康熙沉著臉，聽得極爲專注。思索移時，冷笑一聲說道：「朕何嘗不知道煙波致爽齋好？只今夜若不逃亡一夜，朕一生吃的苦豈不少了一樣？你說那邊冷，朕看你張廷玉還是太忠厚，邢年過去傳旨，所有阿哥不得在屋裡避雪，全都到外頭跪著！」張廷玉沒想到自己反勾得康熙更加光火，撲通一聲跪倒，說道：「使不得！萬歲，阿哥們都是金枝玉葉……」

「放心！」康熙刁狠地一笑，咬牙說道：「他們結實著呢！心裡的火太旺了，用雪水澆澆，也許就能醒醒神兒，少盤算點登龍術！」張廷玉道：「奴才不是這個意思，求萬歲珍重龍體，愛惜龍種，即是社稷之福！」康熙的精神似乎又亢奮起來，哼了一聲，一笑說道：「你大約是想，這些人裡頭日後總要有一個皇帝，怕他們記這筆帳？朕告訴你，他要坐不了這龍椅，大約拿你沒辦法；若坐了龍椅，心裡歡喜還來不及呢，哪裡顧得上整治你這先朝老臣？去，傳旨——叫胤礽也去，暖閣裡沒他的地方兒！」胤祉默默看著邢年出去，小心地跨前一步，說道：「阿瑪，都是一樣手足骨肉，兄弟們都在外頭跪，兒臣在這兒侍候，心裡不安。兒臣也去外頭，留下大哥在這裡，萬歲有使著兒臣的去處，傳旨叫兒臣進來。可好？」

「你留下，和馬齊張廷玉陪陪朕，就給朕……背點什麼吧……也不必一定是唐詩……」康熙略爲鬆弛了一點，轉臉又對胤禔道：「你身上擔著干係，差使要辦得勤愼些，朕的安全，全靠著你和三阿哥，不可大意。」

胤禔心裡方暗自懊悔，這麼得體的話怎麼讓老三說去了？聽康熙吩咐，忙賠笑道：「兒臣雖笨，怎敢在這事上頭粗疏？我這就出去，巡查一下駐蹕關防，再到弟弟們那兒瞧瞧，萬歲安枕高臥，萬無一失！老三，撿著詞氣閒適的詩詞吟給萬歲聽，聲音小些兒，要能叫萬歲好生睡一覺最好。」說罷輕手輕腳去了。康熙見張廷玉還跪著，擺手示意他起來，便自和衣臥下。馬齊和胤祉親自忙著點了息香，又撤掉宮燈，只留了兩台蠟燭，小聲吩咐邢年：「聽說何杜兒推拿得好？叫他進來給萬歲按摩。」

一切安置停當，何杜兒已經過來，在幽幽閃動的燭影裡，輕輕給康熙從腳到胸緩緩揉摩，在無盡暗夜中，風雪呼嘯聲裡，殿裡格外的安謐恬靜。胤祉一首接一首舒緩地背誦著：

爾從山中來，早晚發天目，我屋南窗下，今生幾叢菊？薔薇葉已抽，秋蘭氣當馥，歸去來山中，心中酒應熟……長憶西湖湖水上，盡日憑欄樓上望。三三兩兩釣魚舟，島嶼正清秋。笛聲依約蘆花裡，白鳥成行忽驚起。別來閒想整綸竿，思入雲水寒……煙抑風薄冉冉斜，小窗不用著簾遮，載將山影轉灣沙。略約斷時分岸色，蜻蜓立處過汀花，此情此水共天涯……

……曼聲吟哦中，康熙的呼吸漸漸平緩均勻。何杜兒因太子去冷香亭，原本是失職待囚太監，得了這個差使，眞是意想不到之福。他是保定人，祖傳全掛子侍候人本事，這會子小心翼翼地打疊著精神，按揉搓摩，處處恰到好處，不消一頓飯光景，康熙已經矇矓混沌。

不知過了多長時間，殿外傳來了說話聲，聲音愈來愈大。張廷玉立時睜大了眼睛，細聽時卻是太子胤礽的聲氣：「你是什麼東西，敢擋我的駕？你活夠了麼？」接著便聽侍衛張五哥道：「太子爺，您省些事吧。萬歲爺剛剛才入睡，我責任在身，怎麼敢放你進去？」張廷玉一個驚怔，看了一眼瞠目結舌的馬齊，剛剛站起身來，便聽「啪」的一記清脆的耳光，胤礽大聲道：「王八蛋！你不過一個死囚，才攀上來，就敢跟著那起子小人作踐我麼？」接著又是一陣寂然，聽著像是張五哥在低聲懇求：「爲人得講孝道，太子爺……您得體恤萬歲……」

「叫他進來！」

康熙突然一翻身跳了起來，一把將何柱兒推到旁邊，哆嗦著雙腿趿了鞋幾步走至殿門口，「唿」地掀起簾子，一團冷風挾著雪花立時襲了進來，吹得馬齊和張廷玉都打了個冷顫。康熙卻似全然不覺，厲聲問道：「張五哥，是什麼人在這裡攪鬧，還叫朕活不活了？」

張五哥是西市刑場上被康熙親自救出來的冤殺罪囚，因有一身不錯的功夫補入善撲營爲差，這次車駕北巡熱河，善撲營管領趙逢春因他曾蒙聖恩，特選從駕，路中途被康熙親選入侍衛中，雖是末等蝦，卻很受聖寵，一直隨侍左右，勤謹當差。見康熙被驚動起來，五哥一陣慌亂，連忙跪了，說道：「是奴才不好……太子爺在這轉的有時辰了，奴才勸不走他……」

「啊哈？」康熙紅著眼道，「是你呀！你還折磨得朕不夠？半夜三更，有什麼事呀？是不是調兵符不管用，來取朕的玉璽？」

「兒臣……」

「你進來！」康熙說罷，返身回來，向榻上一坐，哆嗦著手蹬上靴子，惡狠狠叫道，「進來！」

胤礽輕輕挑簾進來，看了一眼呆若木雞的馬齊和張廷玉，他的臉色蒼白得令人不敢逼視。

「皇阿瑪！」胤礽伏地叩頭道，「兒子自知有罪，今晚來見，專請處死兒臣，以正視聽。」

康熙突然仰天大笑，聲音又犀利又尖銳，說道：「你居然有罪？眞是天下之大，無奇不有！看你有多孝順？朕今晚嚇得連煙波致爽齋也不敢回！你若不孝順，敢情活活把朕送到左家莊化人場燒掉？你眞也是小看了朕，指望著承德這點子兵就想造亂，告訴你，狼瞫的兵就駐在黑山，三萬鐵騎雪夜前來勤王。你自個預備的熊掌，還是你自個吃！——龍生九種，種種有別，朕是知道的，萬萬不料還會生出夜貓子來，略大一點就啄他娘的眼充飢！」

久聞康熙伶牙利齒口如刀劍，愈是危疑愈見顏色，張廷玉入上書房近二十年，今日一見眞是半點不假？馬齊聽著，身上竟起了一層雞皮疙瘩！

「如今情勢，構陷已深。」胤礽連連叩頭道，「兒臣辯無可辯，告訴無門，只求皇上聖鑑燭照，千罪萬罪，罪在一身，父皇慈悲，網開一面，不事株連。兒子就死，也瞑目了……」說罷伏地啜泣。

康熙一聽便知，所謂「株連」，是指胤禛胤祥一干人，「嘻」地冷笑一聲：「至今你還說是『構陷』，朕竟不知怎樣發落你才好了！你做的那些事，褻瀆神明辱沒祖宗，難告天下臣民！朕即不料理你，天也要料理你！你泥菩薩過河，還要顧及廟裡判官小鬼？你好生放心，種瓜得瓜，種豆得豆，你想拉墊背的，朕只怕還不許呢！也有叫你來諫朕

『不要株連』的？」他愈說愈激烈，狂躁不安地急步踱來踱去，臉色光潤潮紅。馬齊見情形不對，忙上前請他安坐，卻被康熙一把推開：「快點打發這逆種走，朕看著噁心——他有什麼屁話，叫張廷玉代奏！」

胤禔早已巡視回來，守在門口沒敢進來，巴不得康熙這一聲，忙幾步進來，一臉假笑來攙胤礽。胤礽將生死置之度外，反倒不怕了，見胤禔一臉小人得意相，假惺惺還要給自己行禮，猛挺身「啪」地扇了胤禔一記耳光，又向康熙磕了個頭，起身便走。

「慢！」

康熙突然叫住了胤礽，「你金尊玉貴之體，不必回去和阿哥們一處跪雪地，就在戒得居前殿候旨，省得你再發太子脾氣打人。等回北京，朕告祭了天地，自然要明發詔諭廢黜你——你不要尋短見，朕不要你的命，只這太子你當不成了！」胤礽氣得渾身發抖，頭也不回說道：「我這太子，我這一身一髮都是阿瑪給的，父皇要廢，要怎樣就怎樣，何必告祭天地？」說罷拔腳一逕去了。

「你們幾個都跪下，聽朕說。」康熙目光變得十分陰森可怖，「有幾個事得立刻辦。胤禔傳旨給阿哥們，不奉旨，擅出戒得居者格殺勿論。胤礽雖沒有明旨，朕已決意廢黜，不要再把他當太子看，連他的話也停止代奏！」胤禔出去，康熙又轉臉對張廷玉道：「你擬旨，三日之後我們回北京，沿途警戒由狼瞫辦理，命佟國維預備接駕。馬齊著人用快馬探一下，狼瞫的兵到了哪裡，他一到，你就帶這裡的所有護衛先回北京。狼瞫是個老侍衛了，來了也不必見朕，先護住八大山莊再說！」說罷，也不就座，站在几旁立等。

張廷玉素以行文敏捷辦事迅速著稱。康熙一邊說，他已在打腹稿。此刻援筆濡墨文不加點，數百言諭旨頃刻即成。康熙略一過目，鈐了隨身印璽，立刻交馬齊帶至煙波致爽齋文書房謄發。

一切事畢，天交四鼓。乍聞遠處一聲雞鳴，康熙剛笑著說了句「聞雞起舞……」忽然臉色煞白，身上一抖，說道：「朕好頭疼……」身子一晃便沉重地倒在榻上，驚得眾太監「喲」地圍了上去。

「皇上，皇上！」張廷玉驚得面如死灰，一邊大聲呼喊，一疊連聲命人。「快，快傳太醫！」

帳外守著的張五哥三步兩步跨了進來，怔著盯視昏睡不語的康熙，良久，突然大叫一聲，撲到康熙身上嚎啕大哭：「萬歲爺……你醒一醒兒？我是張五哥，就是您殺場上救下來的張五哥……你怎麼了？你睜開眼瞧瞧我……嗬嗬……老天爺……你這是怎的了……」張廷玉見他只顧咧著嘴哭得發昏，急得說道：「你慌什麼？你的差事是守住外頭！」連連催五哥出去，他自己也似熱鍋螞蟻在殿裡兜著圈子，一不小心，平平的水磨青磚地，居然把這個沉穩持重的宰相絆了個仰面朝天！

26

蓄險心胤禵進密言
抱惡意移禍社稷臣

大約過了一刻時辰，康熙漸漸醒轉來，他臉上已沒了潮紅，顯得憔悴怠倦，彷彿一下子蒼老了十年，只用目光睨了衆人一眼，深長嘆息一聲，說道：「朕是老了……老了……」說罷接過李德全遞過的茶呷了一口，搖頭道：「朕心悸，想安靜一會兒，留下廷玉在這侍候，別的人都退出去……」

「萬歲……」張廷玉滿臉淚痕，想起方才情形，兀自餘驚未消，長跪在康熙榻前，哽咽道：「您千萬要保重，這不是出差錯的時候兒……方才幾乎唬死了奴才！您要萬一……誰能控住如今的局面呢？……」「朕的病自己心中有數，一時半刻還死不了。」康熙苦笑著說道，「你把茶几上那個金皮匣子打開，裡頭有朕自製的蘇合香酒，倒一盅給朕……朕懂得些醫道，這酒，還是《夢溪筆談》裡傳的方子呢！聽說你父親張英也有心悸頭眩的毛病兒，早說賜你的，就忘了，明兒抄個方子給你……」張廷玉忍悲含淚「嗯」了一聲，便侍候康熙服藥躺下。

果然片刻時間康熙顏色便回轉過來。他雙目炯炯仰臥著望著殿頂的藻井，似乎在回顧他自己壯麗的以往，又似乎在沉思著理順亂麻一樣的局勢，不知過了多長時間，才自失地一笑：「衡臣，記得是你進上書房第二年元旦，朝賀過後，朕曾經留筵你和佟國維？」

「是……」

「你不要這麼必恭必敬地，起來坐著。」康熙說道，「當時朕曾笑話李世民，英雄一世，功業彪炳史冊，卻沒處置好太子的事，骨肉慘變貽笑後世。朕自以為能把持得定，不論別人怎樣擠兌，總不能叫太子這沒娘孩子吃虧。索額圖說『有了後娘，就有後爹』朕雖然斥他愚妄胡言，其實心中倒常警覺著，別要叫這狗才說中了……唉！到底還是……百代之下，必有笑朕自大無知的啊……」

張廷玉忙欠身答道：「萬歲，不要多想這些。太子的事臣是最早知道的，萬歲眞做到了仁至義盡，即有今天的事，萬歲無愧於天下後世。太子失德，咎由自取，人人心中明白的。但萬歲既然說到此，奴才也要替太子說一句。他有他的難處……奴才心裡不信，調兵進園，太子會有這個膽量，他也沒有這個心機……要從容查辦，要緩緩處置，和氣才能致祥……」張廷玉心裡想的，其實還不止這些，他一向以為，太子並非全然無能之輩。但清朝制度不同前明，皇子一落地就分封采邑，這些阿哥人人一套班底，個個手中掌握權力，干預朝政，插手人事，處處掣肘爲難太子，太子的差使怎能辦得順手？但這一條事關滿洲祖制，別說他一個漢臣，就是康熙也未必敢冒八旗貴胄全體反對，斷然改革。就是這幾句話，他也覺得是過於交心了，正忐忑間，康熙點頭道：「你說的朕明白，朕也知道這裡有弊端。但前明制度也不見得好，除了太子，其餘兒子都養得蠢如豕鹿，只會玩女人吃飯！李自成破洛陽，福王庫裡堆金積玉，不曉得掏腰包兒激勵守城將士……那樣也是不成……」

君臣二人正談心，邢年躡腳兒進來，輕聲稟道：「太醫院的賀孟頫來給萬歲看脈來了。」康熙道：「不要張揚得滿世界都知道了，朕沒有病。」張廷玉便忙起身，跟著邢年到外頭廊下，吩咐道：「邢年帶太醫在東配殿候著，沒事最好，有事隨時聽宣。」說完看看天，雪是小了些，地下已積了三寸多深，想想阿哥們都在外頭跪著，可怎麼受？正思量怎麼進去給這群千歲爺討情，卻見胤禔爲首，隨後跟著胤祉、胤祚、胤祐、胤禩、胤禟、胤䄉、胤禵、胤禮等一群阿哥急步踏雪，沿著回廊一盞盞宮燈下迤邐而來，不禁怔住了：今晚這是怎麼了？沒完沒了了麼？

這群阿哥們是衝著大阿哥，要來尋事的。

胤禔至戒得居天井裡傳了旨，發落了胤礽，因見衆人都垂頭不語，料是心中震驚，便撫慰道：「弟弟們不要驚慌，皇上已經說過，胤礽的事不株連。就是胤礽二弟，只要恪守臣道靜養思過，也沒什麼大不了的事——一切都有大哥維持，千萬不要爲無益之舉。」胤禟見他滿面紅光，一副春風得意的架式，低著頭輕聲笑道：「八哥、十弟，大哥今兒吃了蜜蜂屎，渾身骨頭沒四兩重，瞧他那輕狂樣兒！」胤禩一笑，別轉臉只裝沒聽見，那胤䄉卻是天生的惹事秉性，歪著頭一哂，起身打了一躬，嬉笑道：「大哥這麼得臉，瞧這陣勢儲君有份了，我得恭喜您哪！我們有什麼事，又是什麼『不要驚慌』，又是怎樣『不株連』？你看我們垂頭喪氣，那是凍的！虧殺了戒得居有幾張鹿皮墊子，不然早他娘凍死了！」說著又呵手又跺腳，幾個小阿哥早連天價叫起苦來。

「怎麼樣？」胤䄉擠眉弄眼笑道，「大哥如今是座上客，咱們都是階下囚，你守著阿瑪暖烘烘的熏籠，還能走動走動，忍心叫弟弟們跪在這喝西北風兒？瞧瞧三哥，還曉得來陪我們跪一會兒呢——好歹體恤著點弟弟們嘛！我曉得你不敢作主叫進屋避雪，叫他們點幾堆火烤烤也算你是仁君！說實在話，積這個福，你必定早正東宮！」胤禔本不是笨人，無奈今晚一直太興奮太歡喜，竟沒有聽出胤䄉話中揶揄的意味，連聲道：「早怎麼沒想到！這事我做得主——傳話叫蘇拉太監們給各位爺點火取暖！你們小心些兒，萬歲今晚龍顏大怒，連老二的話都不叫代奏了。方才我去看他。他對我說：『父皇說我百樣的不是，我都可承受，但說我謀逆弒君，我連想也沒想過。』叫我轉奏，我只好說：『這話方才當面講多好，此刻我愛莫能助了。』」

跪在一旁的胤禛思量半夜，已想定了主意，當前情勢並無別路可走，與其吞聲受辱，不如咬定牙根繼續保太子，遂冷冷說道：「都是自家手足，何必落井下石？這也太絕情了！別的話一千句也罷了，這話關係重大，你就代奏一下何妨？」胤祥也梗著脖子道：「大哥，天上這麼多的雲，說不定是哪一片下雨呢！二哥如今落難的人，咱們得有點香火情份！」

胤禔這才覺出衆人心思和自己全然不同，深悔自己賣弄多口，乾笑一聲道：「你們何苦衝我來？不許代奏是父皇旨意，誰敢抗旨？」

「罷了吧，大哥！」胤禩怪聲怪氣笑道，「大人得有大量嘛！父皇氣頭上一句話，你也忒薄情的了！誰沒個旦夕禍福？子曰『嫂溺援之以手』，不從權就是禽獸，何況二哥當過咱們主子！」胤禔見衆口一辭反對自己，知道是自己得意招忌，心裡暗自叫勁，口中卻道：「不是我不願，是不敢。如今案子不清，連你們都頂著罪名呢！何必大家都饒進去呢？」

「你不奏，我奏！」胤禛沒想到八阿哥一幫也助自己說話，更加膽壯，雙手一撐站了起來，「大哥，我如今是親王，又管著內務府，也有面見直奏之權，你到底奏不奏？」胤禩、胤禟也都紛紛起身，衆人一片亂嘈：「走！我們一起去！」

胤禔原想胤礽倒台，至少三阿哥八阿哥等人趁願，不會和胤禛一鼻孔裡出氣，見此情形倒犯了嘀咕，沉思良久，慨然嘆道：「你們何必這樣？老二倒楣，打量我心裡好過？我們一處捏泥人兒，養蟈蟈看螞蟻上樹那辰光，還沒有你們呢！——我是想著消停一下，萬歲氣平了緩緩進言，既然兄弟們都這麼說，我少不得再擔待一回了……」說罷掉頭便去了。阿哥們誰肯把偌大人情讓給這個胤禔，互相遞個眼色便都跟了上來。倒是首先倡議的胤禛悄悄拉住了胤祥沒有動……

張廷玉怔了片刻，沒有立即返回殿中，轉身衝胤禔走來，問道：「你們這是做什麼？」胤禔見他臉板得鐵青，從沒見這個大臣這樣威嚴的，倒一時被問了個怔，半晌才道：「我……是回來繳旨。弟弟們嘛……大約方才見傳太醫，心裡惦記萬歲，進來請安的……」

「這也太不成話。」張廷玉心裡雪亮，這起子阿哥各有各的算盤，因冷冰冰說道：「無論繳旨請安，都要講個規矩時分，該叫你們時，自然就有旨意。別說是皇家，就是山野村民小戶小家子，哪有接二連三半夜折騰老爺子的理？」胤禟見老大被問得直瞪眼，心裡暗笑，湊上一步說道：「我們也沒敢說這會兒就驚動萬歲。只聽說萬歲欠安，焦躁得跪不住——萬歲如今到底怎麼樣？就是隔門縫兒叫我們瞧一眼……心裡也好過點……」不知哪句話感動了他自己，胤禟的聲氣竟帶了哽咽，說著便拭淚。張廷玉又恨又笑，略一思忖，說道：「這會子萬歲除了我誰也不見。你們略站站兒，我進去瞧瞧。」說罷也不理衆人，獨自入內。

誰知這一進去就是一個多時辰，衆阿哥進退不能，束手鵠立廊下。這裡不比天井，好歹那邊還生著幾堆火，實在累了，藉故兒入廁還能搓手跺腳和泛和泛身子；這裡雖不露天，穿堂風卻刀子似的，裹著雪片子襲進來，凍得發木的臉被打得生疼也一動不能動。在等待中，這個不安的夜終於過去了，大雪茫茫，早已把整個山莊蓋得嚴嚴實實，一片銀裝素裹玻璃世界。眼見小太監們挨次吹滅了廊下吊著的宮燈，衆人方有了點活氣，胤祇頭一個忍不住跺腳取暖，口中不住含糊地小聲罵娘，其餘阿哥見他開了頭，也都動手動腳起來。

康熙終於被他們弄醒了，他睜開眼，看著發白的窗戶，神情多少帶著點迷茫，因見張廷玉兀自側身坐在身旁打盹兒，便道：「生受你了，竟一夜沒睡，外頭已經大亮，是朕睡過頭了？」張廷玉一下子醒過來，忙替康熙掖掖被子，賠笑道：「這兩個時辰萬歲爺睡得深沉！天還早呢！只是雪下得大，映得窗戶亮……萬歲，您再睡一會兒，狼瞫丑時已經到了，遵旨沒敢進來，只叫人遞了個請安帖子，還有駐兵布防圖。您歇會兒，奴才陪你回煙波致爽齋……」康熙聽說雪下大了，目光興奮地一閃，起身便被大氅，一邊蹬著靴子，說道：「是麼？雪下得很厚了？朕要起來看看——是什麼人在外頭，像是跺腳的模樣，這起子太監閹寺越來越沒王法了！」

「是幾個阿哥爺……」張廷玉無可奈何地嚥了一口唾液，「他們聽說主子欠安，要進來瞧，奴才擋了駕，還訓斥了爺們……」「你訓得好！」康熙平生最愛踏雪賞景，聽見這事，立時興致掃盡，一屁股坐了回去，冷笑道：「他們哪裡是來請安？成心是要氣死朕！朕給你特旨：從此你見這群孽障，不必給他們行禮！」說著氣得呼呼直喘。張廷玉笑道：「主子，您又來了！這『非禮勿行』是聖人之教，奴才不敢奉詔。就是教訓阿哥，也是拿著太子太傅的身分管教的……」

康熙沒再理會張廷玉的話，漱漱口起身踱了兩步，說道：「叫大阿哥進來！」

胤禔大踏步跨進殿內，一股暖流立時融遍全身，說不出的舒坦，他熟練地給康熙打千兒行了禮，躬身笑道：「阿瑪歇得香麼？」康熙用熱毛巾擦著臉，冷笑道：「朕自然想香香地睡一覺。只你這個帶侍衛的阿哥聽聽，外頭腳跺得打雷似的，能睡麼？你夜來給胤礽傳旨，他都說了些什麼？」胤禔忙道：「胤礽沒什麼，兒子怕他尋短見，安排了兩個太監侍候著。」說著又把胤礽的話複述了，只回避了胤禛和阿哥們那件事。末了又道：「外頭是弟弟們在等著請安。阿瑪，這冷的天兒，難爲他們跪了一夜，兒子給他們告個情兒，請免跪了吧。」

「唔。」康熙不置可否地點點頭，說道：「你回得是，胤礽這話決斷他的生死榮辱。朕也很疑惑，胤礽雖然無道，肩頭不寬膽子也小，未必就敢打朕的主意。」胤禔看了看一臉倦容漠然侍立的張廷玉，湊近康熙說道：「張廷玉是皇上股肱之臣，不是外人，兒子有句心裡話，不知當講不當講？」康熙漫不經心地說道：「你這話奇！父子君臣有什麼間隙？只管說就是。」

胤禔遲疑了一下，彷彿在斟酌字句，許久才款款說道：「皇上說的極是！兒子昨晚也是反覆惦量，承德這場風波又嚇人又出奇，太蹊蹺。二弟不是個膽大人，他斷不敢稱兵逼宮的。但別的阿哥心性不一，智量頗高，其中緣故令人難猜！像老三、老八、老十三、老十四他們，存什麼樣的心，也就難說。」康熙陡起驚覺，抬眼看了看胤禔，問道：「依你見識，是什麼緣故？」

「京師傳言太子失寵，已經幾年了。」胤禔皺眉道，「雖是小人造言，但阿哥們身居鼎鉉之側，有一等不可告人心思的，難免就起意兒，構陷太子的事，也許是有的。這次出事，肘掖之間倉猝而辦，能這麼周全，也不爲無因。」康熙點頭嘆道：「這話說得有理，何嘗不是如此？不過朕從沒有起心廢太子，是他無道自食其果，你得體諒朕心。」胤禔受到鼓勵，微微一笑又道：「俗語說『隴中脫兎、萬人齊呼』，比如野地裡跑出兎子來，難免人人吶喊著要捉，待到兎子被人拿住，也就風平浪靜了。」

張廷玉聽著這陰險的譬喻，不禁怦然心動，忙躬身道：「萬歲，估約北京轉的奏折該到了，奴才先去煙波致爽齋整理一下節略如何？」康熙笑道：「你不要走嘛，聽聽大阿哥的見識——你且說，該怎麼辦呢？」

「夜來兒臣憂心如焚。」胤禔說道，「替萬歲想想，萬歲眞難。所謂慶父不死，魯難未已，胤礽結黨多年，私人門吏遍佈天下。所以胤礽一日在，朝廷永無寧日，但由皇上決斷，又關父子之情。替主分憂、爲父解愁，我想我做長子的，責無旁貸……」下邊的話礙難出口，胤禔便打住了。張廷玉愈聽愈驚，已是背若芒刺，但康熙卻似渾然不覺，笑問：「你的意思是——？」胤禔陰森森一笑，咬著牙輕聲道：「由兒子處置掉胤礽。此人一除，皇上可以從此安枕。」

康熙似乎吃了一驚，彷彿不認識似地盯視著胤禔，良久，笑道：「衡臣，你聽見沒有？大阿哥見識不凡！眞是士別三日，便當刮目相看！胤禔，你這麼想，難道不怕後世說你殘忍？史筆如鐵，人言可畏呀！」張廷玉乾笑一聲，只說了聲「是」，一句多餘的話也不敢摻和。胤禔見康熙並無怒色，便道，「兒這是盡孝道，人言不足恤，天命不足畏。爲了父皇，兒死且不怕，還怕那些無知之徒妄加評論？」康熙聽了默然不語，陰寒的光波在眼瞼中無聲地流動著，他站起身來，悠悠地踱了兩步，突然說道：「張廷玉，傳旨叫殿外的阿哥都進來。」

胤禔這番密陳說得得意，正想著如何措辭把胤祉胤禛胤禩諸黨都包羅進去，一舉粉碎這群虎視眈眈盯著太子位置的弟弟們的夢想，聽見康熙好端端地叫弟弟們都進來，不禁一愣，傻呵呵怔在當地，眼看著張廷玉出去，眼看著胤祉、胤祺、胤祚、胤祐等人魚貫而入，竟一時說不出話來。

「叫你們進來爲了兩件事。」康熙含笑說道，「頭一件，昨夜出了無頭案。有人用通封書簡發加緊手諭，命熱河都統凌普帶著兩千騎兵進了御苑。這件事須得弄清，是誰竟敢如此大膽？條子就在這裡，廷玉，拿給他們看，是不是太子的手跡，是就罷了，若不是，須辨出是誰的。」

張廷玉答應一聲，小心地取過几上那張紙條，雙手遞給胤祉。這字條胤祉雖然已看了兩遍，還是接過來，裝作仔細辨認，心裡想著如何對答康熙出的這個題目。許久才轉交給胤祺，胤祺排行第五，生性最是忠厚樸訥，抖著手接過來，心頭如撞小鹿，突突直跳，慌亂地看時，上面只寥寥幾行：

皇太子胤礽諭：皇上近侍鄂倫岱等奉旨移防奉天直隸等地，著熱河都統凌普率親兵護衛進駐山莊，聽候節制以資關防。此諭。

字跡十分潦草，與胤礽臨懷素帖格調十分相似。只筆意之間顯著刻意描摩，幾處點畫略有修飾。胤祺暗自搖搖頭遞給胤祚，接著胤祐、胤禩、胤禟……挨次傳閱，卻都不言聲，連胤䄉這一號大炮也只是搓目揉鼻，一聲不吱。

「怎麼樣？」康熙口氣沉甸甸的，帶著巨大的威壓，說道：「朕夜宿戒得居，不爲無因吧？說說看，從胤禔打頭起，每個人都說。」

胤禔還在想著方才康熙古怪的神氣，此時心裡才亮堂起來：原來父親立即就採納了自己的條陳，要處置胤礽！因頭一個說道，「這張手諭兒子幾次端詳，雖有造作痕跡，從筆鋒腕力行走圓熟看，很像胤礽親手所書。有幾處不像，也許故意揑弄，也許另有人作了迷惑視聽手腳，故意加了幾筆——」說到這裡，突然又多了個心眼，又道，「不過胤礽處置政務多年，手跡傳遍朝廷，極易爲人揣摩僞造，所以兒臣不敢斷言。」

「大哥你錯了。」胤祉搖頭道，「從點劃勾撇處處詳檢，這張紙絕非二哥所寫，乃另出他人之手！此人摹寫本領甚高。但卻只學得二哥筆法筆意，沒有學來筆神筆性。二哥每字寫完，筆鋒都要藏墨暗挑，他這裡邊沒有一個字造得神似！」胤禩接口便道：「我看也是，只是形似，神氣中沒有二哥的飄逸筆致。」接著胤祺胤祚胤祐胤禵等人也都說不是胤礽親筆。康熙一邊聽一邊想著，躊躇著說道：「那——是誰寫的呢？」

胤禔認定已摸透康熙心思，一哂，斷然說道：「我看還是老二作的孽！」

「不是的！」胤祴驀地頂了回來，「萬歲不用犯嘀咕，誰想當太子，那必定是誰！」說罷紅著眼盯著胤禔，胤禔沒幹這事，倒覺得胤祴這話頗有道理，於是便看三阿哥胤祉，笑道：「老十說的有理。不過就是捏作僞字，也得有這個本事，你說呢老三？」

胤祉騰地紅了臉，論起寫字「本事」，公認他是第一，但此刻回敬胤禔，連康熙也不信，嚥了口唾沫沒言聲。胤禔此刻也冷靜下來，這時候攀咬胤祉，不但康熙難以置信，說不定引起公憤，引火燒身，那就更不上算，一邊尋思，口中已轉了風：「這事情不單要從字跡上想，這上頭還有胤礽的隨身璽印，除了他親近的人，難以僞造。」這個話說得就顯得公道近情了。胤祴見胤禛、胤祥都沒來，咬著牙一橫心道：「我看像……老十三！」

全殿的人都被這話說得打了個冷顫。其實，傳閱這張手諭時，人人都閃過「胤祥」這兩個字，只事關重大，一言興邦一言喪邦，往死裡得罪胤祥，也就連帶了胤禛，連胤祉平素也和這個遊冶神相處得好，誰敢輕易出口？胤禩立即響應：

「兒臣也是這麼想。」

「我瞧著也像……」

「除了他，誰敢？」

「他臨過太子字帖。」

「他天天進毓慶宮，拿一張空白印璽紙還不容易？」

所有清理虧空逼債時的怨氣，都從這似猶豫似肯定的話裡不鹹不淡地傾吐了出來。胤祉垂著頭，緊張地思索著，眼見連胤祺也說，「不妨請下旨問問胤祥，看他自己是怎麼說，這事不好輕易下決斷的。」胤祉最後才道：「父皇，有些處筆意興致，確實有點像十三阿哥，請慎重查問。」胤禔也道：「請父皇裁奪，十三阿哥素日依附胤礽作威作福，欺凌阿哥，見太子位置不穩，聽信小人諂言做出這事，也許是眞的。此人有亡命徒性情，這個膽量是有的。」

「嗯！」康熙腮上肌肉抽搐了兩下，「這件事就議到此，等會兒朕再發落。第二件事——方才大阿哥造膝密陳，怕朕擔了殺子惡名，他願意親自殺掉胤礽，除去慶父之憂，大家以爲如何？」

彷彿一聲炸雷，驚呆了所有的人，殿中幾十雙眼睛都盯向胤禔，彷彿在看突然從地下冒出的一個妖精！衆目睽睽下，胤禔僵跪在地，臉上五官錯位，形同鬼魅，又像一個在大庭廣衆下突然被剝得精光的人，難堪得無地自容。連張廷玉也張大了口，不知康熙竟這樣突然發作胤禔。

「父皇……」不知過了多長時間，胤禔方略略恢復了神智，伏地叩頭顫聲說道：「兒臣方才說的是心腹之言……孟子云『社稷爲重，君爲輕』……苟有利於大清朝局，兒臣甘冒斧鉞，痛陳利弊……望父皇默察兒臣忠愛之心。是，則取之，非，則棄之……兒臣並無一己私念。」

「放屁！」康熙「碰」地擊案而起，頓時勃然大怒，「像你這樣的蠢豬，居然想做太子？居然還記得聖人之教？什麼『捉兎子』又是什麼『天命不足畏』？王安石這樣的胡說八道都搬出來給朕聽！你是什麼東西，敢說這樣無法無天的話？」

衆人的心彷彿提得老高，又一下子跌落到無底的恐怖深淵裡，此刻大殿裡緊張得一個火星兒就能爆燃起來！

「容兒臣分辯……兒臣眞的沒有……沒有存著奪……奪嫡自爲的心思……」胤禔語不成聲，像秋風裡的樹葉，全身都在瑟瑟發抖……

27

落井下石誠王搖舌
杯弓蛇影雍王驚心

除了康熙和張廷玉，衆阿哥見胤禔這副可憐相，人人解恨趁願。胤祉想起大阿哥借孟光祖的事整自己，更是快不可言，但此時臉上卻一點不肯露出，因轉臉對康熙說道：「萬歲，和大阿哥生這麼大的氣，不值當的。如今倒是查明二哥的事更爲要緊。有一件事，窩在兒子心裡很久了，總不得明白，還是昨兒萬歲說出來，兒子才想到其中凶險蹊蹺……」

「什麼事？」康熙見他正言厲色，一副欲言又止的模樣，便知又有了文章，因道：「這事與胤礽還有干連麼？」胤祉忙道：「打從康熙四十四年之後，胤禔曾幾次去兒子《松鶴山房》借書，品類很雜，二十一子及《易經詮注》也都罷了，但有些書，像《黃孽師詩集》、《燒餅歌》、《推背圖》各類珍版，都是久借不歸。兒子也沒在意，還是陳夢雷先生說『大千歲借這些《奇門》五行星命書，都不是治世君子應當留意的。』叫兒子小心點著。後來，大哥又去借玉牒，兒子才有些驚覺：玉牒上頭記載的都是宗室子弟生辰八字，於治學毫無用處，他借這些東西做什麼？後來毓慶宮總管太監何柱兒告訴兒臣一件事……」

說到這裡，滿殿的人都驚得目瞪口呆，一陣陣寒意襲得人毛髮直豎！胤禔已是面如土色，回頭道：「老三，你……你含血噴人！」

「放肆，住口！」康熙斷喝一聲，「胤祉，你接著講！」

「是。」胤祉一副小心翼翼的神氣，頓著又道，「何杜兒悄悄告訴我『您得勸勸大千歲，沒事別老往毓慶宮裡串，出了事兒奴才當不起……』兒臣當時還訓他離間我們兄弟。何杜兒逼得沒法，才說，他瞧見大阿哥在太子常住常去的地方藏東西。萬歲……」

「這眞反了！」康熙「啪」地一拍桌子，「既有這種事，你何以至今才說？你的書讀到狗肚子裡了？」胤祉嚇得搗蒜價連連叩頭，咽聲兒道：「是……但胤禔是長兄，早封王位，與兒子身分不同，兒子毫無憑據，焉敢以區區太監的話褻瀆聖聽？這是何等樣事！事涉詭譎陰謀，兒子也不敢胡疑亂猜。昨兒萬歲一句話，說『胤礽似有鬼物附身』，兒子方連起來想，又怕萬歲看出來，在雪地裡跪著苦思半夜，又怕冤枉了大哥，又可憐二哥……兒臣千難萬難，難取中庸之道……天使胤禔作法自斃，險心畢露於皇上之前，兒臣若再緘默，即是不忠不孝不臣不悌之徒，尚有何面目再見皇上？皇上……請默察臣心……」胤祺在旁聽了，不由佩服地看了一眼胤祉！刁狀告得五毒入心，卻絲毫不著痕跡——這才是讀過大書的人呢！

康熙已是氣得臉如金紙，咬著牙道：「好！眞是一群好阿哥，好孝子！胤禔，胤祉說的可是有的？」胤禔此時橫下了一條心，重重一個響頭，說道：「父皇不要信胤祉信口雌黃！都是沒有的事，他是見兒子失愛於父皇，要落井下石！此人飽讀史籍，深諳陰謀之術，心有山川之險，胸有城府之嚴！除了派孟光祖出外結交大臣，他還結交妖人張郁之，在府設壇攘星，觀相推命，其心其志不可告人……即有魘魅太子的事，也必是胤祉所為！」

「眞是蛇咬一口，入骨三分！」胤禩突然說話了。本來他坐定了隔岸觀火的宗旨，要收漁翁之利，但胤禔攀出了張德明大弟子張郁之，眼見就要引火燒身。胤禩目中火花熠然一閃，叩頭奏道：「胤禔親口對兒臣說，張郁之京房神術無人能及，說他大貴之年連逢兩個黃甲。兒臣因為這都是不經之談，沒有理會。今天他竟反咬三哥一口，眞是天理難容！」他這一開口，胤禟、胤䄉便紛紛響應，都說胤禔拉過自己看過相。胤䄉大叫助威道：「眞的假不了，假的眞不了！陳夢雷、何柱兒還有松鶴山房的人都不是死人，萬歲一問便知！」

康熙萬萬沒想到這些兒子間平素暗地裡還有這些陰微下賤的來往，已是氣呆了，兩手冰涼渾身發抖，只是怔著不言語。張廷玉很怕他發作起來，窮治這群阿哥，便湊到康熙身邊輕聲說道：「家醜不可外揚，大阿哥是罪首。」康熙身上一顫，冷靜了下來：若一體追究，阿哥們都捲進去，立時就轟動天下，變成開國以來第一醜聞，很難善後，思量半晌，冷笑一聲道：「清水池塘不養魚。朕原想你們即便不成材，不至於到這地步兒的。如今看起來，你們竟齷齪得狗屎一樣，朕還七旺八旺，你們已經盤算著請王八鼓手送朕的終了！胤禔，朕且不問你下頭那些行同豬狗的作爲，只你今日要害胤礽，已是死罪難赦！人生天地之間，都有五倫，你胤禔不忠君，不愛父，不諳君臣大義，不顧手足之情，刁狠陰毒梟獍之性，天叫你敗露，地不載你這衣冠禽獸——傳何柱兒！」

何柱兒就守在殿外廊下，裡頭的情形早聽得一清二楚，不等宣詔，連滾帶爬地進來，雞啄米價連連叩頭，說道：「萬歲……奴才死罪……三爺說的那些……都是真的……」說著，兩手抖成一團，撕開袍角，從裡頭抽出一方黃絹，頭也不抬地雙手捧上，期期艾艾說著：「——這是奴才親見大千歲塞到太子爺枕頭套兒裡的……請萬歲爺過、過目……」張廷玉忙接過來，自己不敢先看，雙手轉呈康熙，康熙看時，上邊繪著一幅水墨畫兒，淡淡如染，上頭濃雲遮著日月星三光，中間山河上兀立一人，依稀是胤礽面目，卻是雙足深陷，下頭是奈何地獄，五個青面獠牙的惡鬼拚命拖著那人往下拉，左上角寫著「三才照命」，右邊一行細字，寫著：

癸丑　壬申　丁巳　己亥

正是胤礽八字，細看筆意，毫無矯飾，正是胤禔一手圓熟工巧的顏體行書。康熙也不說話，「唰」地將黃絹摔向胤禔。胤禔面如死灰，竟一句話也答不上來！何柱兒兀自嘮叨著替自己分解：「奴才見這東西，魂都嚇掉了，無論太子大千歲，要殺奴才比捻死個螞蟻還容易——奴才實在一個也不敢得罪，只好性命似的把它揣在懷裡……」

「滾蛋！」康熙暴怒地咆哮一聲，順勢一腳，踢得何柱兒翻倒在一邊，又叫道：「劉鐵成張五哥！」

「扎——奴才在！」

「把胤禔這畜牲架出去！」康熙怒喝一聲，「監禁到胤礽隔壁配殿！」

「扎！」

「張廷玉！」

「奴才在！」

「你去叫胤禛進來，」康熙臉色又青又白，「去傳問胤祥：朕看你素日尙屬誠信，爲何喪心病狂，擅自調兵入苑？此舉意欲何爲？著他據實回奏！」

「扎！」

「傳問之後，立即鎖拿，與胤禔同監一處！」康熙咬牙道，「還有那個撒野的鄂倫岱，竟敢在煙波致爽齋前使酒胡鬧，立刻打發這王八蛋出去，到趙逢春營裡當參將！」

衆人還不知鄂倫岱也犯了事，胤禩悄悄湊近胤祉，問道：「鄂倫岱是怎麼了？」胤祉小聲道：「他吃醉了酒，在萬歲寢宮外頭撒尿，和劉鐵成對罵，驚了聖駕。萬歲氣得睡不著，才去冷香亭的……」胤禩這才明白，這場軒然大波，原來由此而起。

人都出去，只剩了康熙父子，康熙的神氣漸漸鬆弛下來，兩眼向前望著，似乎要穿透前面的牆壁，不知是淚光還是火光，晶瑩地閃著，顯得疲倦和悲凄。許久許久，康熙方嘆息一聲，口氣變得異常柔和：

「你們跪了一夜，起來說話罷……離朕近些兒，朕有心腹話要講。」

兒子們艱難地爬起身來，一個個覺得膝蓋骨僵硬生疼，慢慢湊近了康熙。接著簾聲一響，胤禛也進來了，他的臉色又青又灰，本來就不苟言笑，越發顯得石頭雕塑似的，十分呆板難看。胤禛呆滯地看了看剛剛起身的兄弟們，彷彿還沒有從劇烈的震驚中清醒過來，一個頭叩下去，乾巴巴說了句：「兒臣給阿瑪叩安……不知何人誣陷，張廷玉方才……」

「胤祥的事先不說。」康熙喝了一口熱茶，「你且起來——朕有句話想問你們，當年我們大清入關時，我朝兵力是多少，漢家兵力是多少，你們誰能對上來？」

兒子們面面相覷，誰也猜不透老皇帝是什麼意思。胤禵見哥哥們都不言聲，便賠笑道：「兒子因習掌練兵，略知道些。我朝入關，八旗披甲人十二萬七千人，加上吳三桂山海關降兵四萬一千人，共是十六萬八千人。李自成的兵在直隸的約一百十一萬，加上南明的和各地團練自保的漢軍，不曾詳加統計，總數約在三百萬上下。」

「十七萬對三百萬。」康熙點了點頭，「說說看，為什麼三百萬打不過十七萬？」

胤祉此刻是最年長的阿哥，因見康熙注目自己，便道：「皇天無親，唯德是輔，我朝天兵入關為明雪仇，應天順民，所以勢如摧枯拉朽。」

「漢人陰柔疲軟，抱殘守缺，」胤禩見康熙不言聲，似有不贊同的意思，便道：「我朝深仁厚德，以武備稱雄關外，士卒用命，百戰不殆，一鼓作氣收拾金甌，所以數年之內略定中原。」

康熙搖了搖頭，阿哥們便七嘴八舌各述己見：

「漢人久亂思治，沒有明君明主，天意授我華夏！」

「李自成無能昏庸，不曉得籠絡漢族士大夫，惹翻了吳三桂！」

……

康熙聽著，只一味搖頭，因見胤禛呆呆地，便問道：「你怎麼不說話？」

「據兒臣看，兄弟們說的都有道理。」胤禛想了這許久，揣出了康熙的心思，已是胸有成竹，因勉強笑道：「漢人雖多，卻是群龍無首，各懷異志。我們擊敗李自成，別人非但不助，反而高興，我們收編李自成的兵，各個擊破，他們反而以為我們為他去掉政敵。史可法守揚州，勢如累卵，黃湘的兵近在咫尺，卻作壁上觀。漢人丟天下，丟在他們自己手上，這就是天意。」

康熙熟視胤禛，良久，嘆道：「這話說得近了。李自成敗在自己的驕兵悍將手裡，明唐王敗在政令不行於下，也是自己打敗自己！」說著，口氣一轉，變得沉重又有點嘶啞：「這點子道理其實一點就明，你們為什麼還要鬧家務？今日你在我枕頭下塞點什麼，明日我派門人聯絡外官，他後日就暗自調兵——你們這叫幹什麼？你們是自殺，自殺！懂嗎？」

阿哥們被他凶光四射的目光鎮得一顫，都又跪了下去。

「爲了收拾漢人的心，朕費了多少工夫？」康熙陰沉沉地說道，「三藩亂起，十一省狼煙沖天，朕也不敢停止科考。黃宗羲顧炎武寫了多少辱罵本朝的詩文，朕硬著頭皮禮尊，一指頭也不敢碰他們；開博學鴻儒科是亙古沒有的盛典，這群碩儒們有的死不從命，有的裝病不來，有的故意不繳卷，有的存心把詩寫錯韻……朕都嚥氣忍了，還不是爲了這江山，還不是爲了你們這群不成器的東西！」說著，眼淚已走珠般滾落下來，他兩手手掌向上空張著，抖動著，下氣泣聲說著，幾乎近於哀懇：「漢人是多少人？一百兆還多！我們滿人這一百多萬，混在裡頭，胡椒麵一樣，顯得出來？可你們……還要鬧，摳鼻子挖眼睛，盤算著你吃了我，我吃了你！你們到底要鬧到什麼份兒上？鬧到樹倒猢猻散？鬧到五公子割據朝堂，鬧到……我們回滿洲，漢人捲土重來？兒子們哪……你們別折騰了，醒一醒兒好麼？……」說著康熙已是面白氣弱，幾年來鬱結的氣、悲、苦、恨一齊湧上心頭，竟忍不住放聲大哭：「老天老天……兒子少了，怕宗嗣難接，兒子多了，又是窩裡炮、打內拳……你可叫朕怎麼好……」

兒子們見老爺子放了聲，也自傷感，頓時也嚎啕起來，把個戒得居後殿弄得靈棚也似。張廷玉在前頭正接見北京佟國維派來送奏折的上書房司官，乍聽後邊哭聲大作，驚得一溜小跑進來，跪下便問：「主子……您這是……？」

「沒什麼。」康熙拭淚起來，收了悲色，唏噓一聲，已是漸漸如常，「我們父子說說心裡話，已經好了。你該辦什麼事還辦去……等這場雪化了，咱們回北京去……」

☆

阿哥們釋放出戒得居，立刻分群四散。胤祉回頭默然看了看夜來自己跪的地方，升轎而去，胤祺胤祚胤祐三人同住塞湖行宮，舉手一揖各自上馬並轡而行。胤禩胤禟胤䄉是老搭檔，在門前站著說了一陣子話，胤禩一臉莊重，胤禟便連聲叫餓，埋怨家裡奴才不省事：「連個飯盒子也不曉得送。」胤䄉卻是開鎖猴兒般歡蹦亂跳，笑道：「怕什麼？餓不殺你！咱們本就是挨千刀的，落個囫圇屍首算白撈！喂——老四！聽說你那兒熬了兩對熊掌？不請十哥麼？」看著這群毫無心肝的兄弟有說有笑，胤禛孤伶伶站著，心裡越發不好過。來時還和胤祥商量，十月十三是自己生日，要弄一桌野味樂一樂，如今一夜之間，情勢大變，太子被廢也還是料中之事，接二連三連胤禔胤祥也鋃鐺囹圄……人生斯世，禍福吉凶竟如此不測！

「四爺，請上馬吧……」

胤禛回頭一看，見是戴鐸高福兒率著一群王府侍衛來接自己，高福兒手裡還捧著兩件玄狐皮大氅，一件是自己的，另一件卻是胤祥素日所著……胤禛覺得鼻子一酸，幾乎墜下淚來，接過轡繩，踩著一個家人的背，神情迷惘地上馬踏雪而去。

「確乎出人意料。」鄔思道聽胤禛細述了夜來的情狀，雖然詫異，卻並不十分震驚，「撲朔迷離竟至如此！」胤禛深深嘆道：「早知如此，我很該和十三弟一同去見萬歲，當著面辨別那張字條，就是有什麼，他們也不敢明目張膽地陷害老十三！這些也都罷了，我只不明白這些兄弟，萬歲慟哭撲地，悲傷欲絕，怎麼就毫不動心——還說我是鐵石心腸！」

鄔思道用火筷撥著紅炭沒說話，胤禛這樣推心置腹，連康熙滿漢分際的絕密言語都訴給了自己，他心裡既不平靜又感動。許久才道：「這不奇怪。幾個爺不受感動並非他們是草木之人。但當太子當阿哥，關乎一君一臣，一天一地，大利當頭，人情自然要往後放放！比如你四爺，如果是太子，你的哥哥，你的叔祖叔父，見你要行君臣大禮，一日登極，榮辱生殺都決於你一念之中，這是小可的事？怎麼能叫人不動心？」

「我就沒這個想頭。」胤禛抱著頭，看著旺旺的火盆，喃喃說道：「太子有太子的苦，皇帝有皇帝的苦，爭來爭去什麼意味？」

這話胤禛說了不止一遍了，無論是眞是假，反正眼下絕沒有立胤禛當太子的理。鄔思道沒有理會他的表白，只是沉思著，半晌方問道：「據四爺看，那張調兵手諭出自誰手？是不是十三爺寫的？」胤禛苦笑道：「我的心亂得很，想不出頭緒來。不過老十三要做這事，不會不和我商議。」鄔思道點頭道：「自然，這只是一面理兒。更要緊的一層，十三爺骨子裡並不是太子黨，說句難聽話，他是『四爺黨』，壓根不會如此爲太子賣命！這一層，不但阿哥，就是皇上心裡也明鏡似的，爲什麼不由分說就拿下了呢？」

胤禛聽了一愣：他倒沒有想到這一層。

「皇阿哥們自幼同窗，誰的筆跡摹仿不來？」鄔思道又道：「幹得出這種事的，我看只有大阿哥或十四爺。萬歲接連囚禁了大千歲和十三爺，一爲示群臣至公無私，二爲敲山震虎，做給兒子們看，誰敢亂動，即照此辦理！殺一殺奪嫡的銳氣，打滅一些人非份之想，未始不是菩薩心腸啊！」胤禛邊聽邊點頭，他自己也是精細人，但鄔思道的心思，石頭裡也要擠出油來，確到了爐火純青的地步兒。正想說話，年羹堯從外頭進來，向胤禛行了禮，說道：「四爺，馬齊叫太監傳請四爺，說叫四爺去戒得居，陪太子和大千歲十三爺。」

胤禛吃驚地抬起了頭，臉色急劇地變幻著，是「請」，是「陪」，無論說法如何客氣，也許就是囚禁的代詞兒！許久，胤禛才吃力地問道：「是僅我一人去，還是帶著護衛去？別的阿哥去不去？」年羹堯見他有點慌神，忙道：「奴才沒問，既沒旨意，爺自然要帶著從人去的，奴才親自護送您去。來人說還要請三爺八爺也去，大約是一回事情。」

「四爺只管放心去。」鄔思道知他亂了方寸，有點像驚弓之鳥，遂笑道：「不要杯弓蛇影，沒有那麼多的事。年亮工也不必去，你是朝廷二品大員，抬牌大了反而惹眼。有什麼事打發狗兒回來說一聲就成。」

胤禛匆匆去了。屋子裡只留下年羹堯和鄔思道兩個人，一個站一個坐，似乎有點無話可說。年羹堯睨著眼上下打量著鄔思道，見他連座兒也不讓，心裡暗罵：「這個窮酸跛子如此恃寵拿大。」便端起桌上的涼茶吃了一口，順手潑了，逕自坐了鄔思道對面，向著火，許久才問道：「老鄔，你在想什麼？」

「唔——」鄔思道一怔，從沉思中醒過來，「我在想今後，局面更是紛繁，可怎麼應付？」年羹堯粗聲粗氣一笑道：「你可眞是赤膽忠心！過去、現在、將來，是如來三世法身，凡人哪裡知道？這份心操得無味！」鄔思道盯視年羹堯一眼，說道：「人定而勝天，也不見得我們就全然聽由命運擺佈。哲人察堂下之陰，而知日月之行，陰陽之變，觀一葉之落，而知秋之將至。」

年羹堯扳起二郎腿，笑道：「那你可算前知五百年，後知五百年的賢哲人了！閒來時我常想起你，人品、學識、智謀都不是常人所能及。只可惜怎麼就如此坎坷遭際！不然，廟堂之上，還少了你出將入相麼？」「我雖不能出將入相，難道現在不是爲朝廷出力？」鄔思道聽了這番刻薄譏諷，不禁一笑，「我遍觀史書，前知豈止五百年？至於後加，五行星命也略知一二，天人感應，醫卜相術也都還將就得來。只你也知道，醫不自治，所以有李鐵拐，有孫臏，那也是沒法子的事。」年羹堯身子一探，說道：「哦？原來先生還精於子平京房之術？你看四爺命相如何？」

「十三爺也問過我四爺的命相。」鄔思道說道，「我說四爺龍鑲虎步，鷹隼雄鷙，爲君則是理亂龍泉，爲臣則是治世英才——這不消問，四爺命繫於天！」

年羹堯哈哈大笑，拍著大腿道：「先生滑稽，瞧不出是個搗鬼的能手，弄玄的積年！爲君爲臣你都說了，眞是萬無一失！」鄔思道笑道：「本來君相之命無常無定，德配於天，即爲君；德配於地，則爲相，這點子道理你明白麼？亮工，說四爺，是一碼事；說你，我或者就不搗鬼弄玄。別看你回到北京，在四爺府循規蹈矩，出了京，就又是一番光景，老鄔錯說你沒有？」年羹堯正笑著，聽見這話嘎然而止，驚道：「你這是什麼意思？」

「你除了德、能、權、謀，還多了一個膽。」鄔思道架起拐杖，悠悠地踱著，「這一條，無論四爺哪個門人都不能比，這原極好。不過，你生性忍而多疑，所以不可玩火。你本命是金命，貴極人臣，但若玩火，火可要剋金，那就不堪設想。」年羹堯也站起身來，一句話不說，緊盯著鄔思道。

「我雖通五行，遵的卻是儒道。」鄔思道看也不看年羹堯，繼續說著：「你不同，你自幼就無賴頑皮，讀書不成，打走了三個塾師。你在南京玄武湖練水軍，洗了一個村子。你從軍西征，以一員微末偏將，先斬後奏，殺掉陝西總督葛禮。你不是善人。」

年羹堯聽了，神情鬆弛下來，笑道：「我當什麼大不了的呢！這都是人人知道的。」

「也有人不知道的。」鄔思道端詳著年羹堯，緩緩說道：「你嘴角這條紋，名曰『斷殺紋』。你有沒有殺婢的事？三個塾師是學問不好，還是管了你的閒事？你剿水匪，血洗一村，有沒有籌餉勞軍的意思？你殺葛禮，是單因他阻你籌糧，還是因他在南京任總督時曾得罪過你？就是這次來承德，你是奉旨來的，還是自請述職？」

年羹堯背上微微沁出汗來，下意識地摸了摸腰間，倏然間一股殺氣衝了上來。

「不要玩火，這是我一片慈心相勸。」鄔思道一邊踱一邊娓娓而言：「大丈夫立於天地之間，遇知己之主，結骨肉之親，託君臣之義。你與一個殘廢人嘔哪門子氣？我們都是爲了四爺，爲了天下社稷，存此一念，你可與古之良將相匹，置圖於凌煙閣上；滅此良知，則地獄之設正爲斯人！四爺是雄主，你打定主意才好！」

年羹堯垂下了頭，他已經服了鄔思道，這是他有生以來頭一次打心裡服別人。良久才道：「先生，羹堯謹受教。說實話，我和三爺、九爺的門人都有交往，但天地良心，我這心沒有自外於四爺。」「這我知道。我這是給你觀相嘛。」鄔思道淡淡一笑道：「非可言之人，我就敢如此放肆？」兩個人正說著，狗兒從外頭進來，搓著手道：「下雪不冷化雪冷，眞是一點不假！——四爺叫我回來稟鄔先生，他一切都好。他和三爺八爺一同照看大千歲、太子和十三爺。沒事！」

「萬歲和太子還是有情份，割不斷，理還亂啊！怕人加害太子，竟用了三個阿哥！」鄔思道舉目望天，長舒了一口氣：「亮工，要回北京了。不便和四爺同行，我們只怕得先走一步才是！」

28

邀功名叔侄存芥蒂 攔乘輿孤臣逞強項

接到康熙十月二十六日巳時入京的詔諭，留守北京的上書房大臣佟國維綳得快要斷了的心弦略覺舒張，立即諮會六部尙書侍郎到他在鐵獅子胡同的府邸會議，當面安排接駕事宜。命戶部刑部將所有積案處置情形疊成文書，寫出節略以備皇帝查考，命禮部鑾儀司籌措迎駕儀注，兵部則會同步軍統領衙門，順天府和狼瞫派來的參將商定交割關防——狼瞫的兵不進京畿，以防引起人心更加動盪。佟國維思慮周詳，胸有成竹，足足說了大半天。這些官員早已知道承德出了大事，但太子究竟犯了多大的罪，與自己有多大的干連，卻都揣猜不來，一個個懷著鬼胎，想詢問佟國維。但這位佟中堂侃侃而言，長篇大論說得不著疼癢，大家不禁都有些發急。佟國維見衆人巴巴地瞧自己，回笑道：「諸位老兄，我知道你們想問什麼。但只眼下我同你們一樣，並不知情。爲臣子講究忠心事主，想那麼多做什麼？你們各安其分就是。我跟了皇上幾十年，什麼事沒見過？萬歲幾時也不曾加罪過忠臣。要存著異樣的心思，你想你和哪個阿哥走得近乎，他想他和哪個爺有杯水之交，反倒要招罪，這叫自作孽！安生辦差，乃是天經地義的自全之策！」說罷端茶送客。衆人叨著這漫無邊際的官話，越發不得要領，只得各自怏怏散了。

佟國維訓教別人一番道理堂皇，其實多天以來最急的是他自己。胤禩幾乎每日一信，熱河那邊一動一靜他全都瞭如指掌，他自己也面臨抉擇關頭。佟國維是康熙皇帝生母佟佳氏的堂弟，正牌子宗室勛戚，煌煌國舅。但佟佳氏康熙三年就薨了，人去茶涼，加之他是明珠一派，索額圖把持朝政，硬是二十多年沒讓佟家的人沾上書房的邊兒。康熙皇帝征葛爾丹，烏蘭布通一戰，索額圖借刀殺人，把佟國維的長兄佟國綱派往絕地，被亂箭射得刺蝟也似，一命嗚呼，兩家仇恨愈結愈深。有這層過節兒，他進上書房，處處對太子加了提防小心。如今胤礽出事，他原是歡喜不盡的，但接著大阿哥也出了事，剛剛鬆和一點的精神又拉得綳緊。還有胤禩信中的話「胤礽雖已無權，太子之勢尙存，聖眷亦似未盡」，更引他警覺。宦海沉浮翻雲覆雨變幻莫測，就胤禛也不是個好惹的角色。因此到底該怎麼辦，他也拿不出定見。

佟國維在書房正搜索枯腸地想主意，卻見管家進來稟道：「中堂，隆二爺來了。」

「隆二爺」是佟國綱的兒子隆科多，時常來府走動，原是順天府的同知，因牽連到張五哥一案閒居在家。佟國維此刻心煩意亂，哪裡願見這個倒楣蛋？因沒好氣地說道：「就說我歇下了，有什麼事明兒再見吧。他要來打抽豐，你瞧著不拘哪筆銀子給他點就是。」

其實隆科多已經進院。這是個五短身材的中年漢子，四十多歲，紫棠臉上腮邊兩處刀傷，閃著黑紅的光，那是隨駕西征留下的戰創。此人早已官居都統，罷了官又起復，當了同知又遭事，一再磋跌潦倒，滿想著有這個權傾朝野的叔叔，一步一步還能熬出來，但佟家的人一個一個早都飛黃騰達，不知爲什麼就是輪不到他！他站在廊下，聽見佟國維的話，氣得渾身冰涼，幾乎墜下淚來，又強壓下了，只裝沒聽見，一腳跨進書房，笑道：「六叔，身子骨兒結實？」

「老二啊！」佟國維料想他聽到自己的話，不禁紅暈上臉，將手一讓，說道：「我乏得身上生疼，剛想歪一會兒，你就來了！缺什麼跟下頭說一聲就是了，何必一定見我？」隆科多一肚皮不自在，見他這麼瞧不起自己，一發不受用。壓了又壓，終久忍不住，一擺袍子對面坐了，冷冷說道：「看來我這喪門星著實叫六叔厭憎了。前年候補郎中時借了三百銀子，六叔惦記著了！恰恰相反，今兒我連本帶利都給你老人家拿來了！」說罷從靴頁子裡抽出一張五百兩的龍頭銀票遞了過去。佟國維被他噎得一怔，忙道：「賢卿！你不要錯怪我，我不是這個意思……我心裡煩，說給你也不信。你不能這麼寒磣你叔叔！」

隆科多的五百兩銀子是剛從戶部借來打飢荒的，見佟國維說得誠摯，就腿搓繩兒收起，正色說道：「既這麼說，侄兒領情了。聽說太子爺壞了事，我看您坐定了上書房頭把交椅！我是想請六叔幫我說說起復的事——六叔，憑良心說，您瞧瞧我一道兒西征出來的，有誰跟我一樣？連馬大炮都是起居八座的將軍了！」佟國維一聽就上了火：這時分竟來找我要官！但他宰相城府，講究的是喜怒不形於色，略一沉吟，緩緩說道：「論資格你當兵部尚書也滿夠。西征回來就放你副將，你要不攢紗帽，私自從烏里雅蘇台回來，誰比得了你？」

「六叔這麼看麼？」隆科多冷笑道，「看來倒是侄兒不識抬舉了。烏里雅蘇台那個鬼不生蛋的戈壁灘，除了發配充軍，犯官降調贖罪，誰肯在那兒做領兵管帶？我能回來算我識時務，沒有學我的前任副將，出去巡哨，叫流沙給活埋了！」

佟國維聽著這話，有疑自己故意整治的意思，噓了口氣說道：「老二，你聽我勸，如今北京城烏龜翻潭，太子怎樣怎樣，大阿哥十三阿哥如何如何，謠言滿天飛，還不知朝局往哪個去向走呢——早已有人說我什麼『佟半朝』。吳三桂選官叫『西選』，我選的又叫『佟選』！你聽聽，這是什麼好話？這時分再選你出來，你還帶著罪，有什麼好處？」

「太子垮了，只有於你有利的，你怕什麼？」隆科多臉上氣色平和了些，「如今是四爺的日子不好過！」「可大千歲也倒了！」佟國維皺著眉頭道，「看其來勢，事情比太子還大！這裡頭的事瞞不住你，說句難聽的，皮之不存，毛將焉附？」隆科多一笑，說道：「原來六叔爲這煩惱！三爺、八爺還在嘛！新太子跑不了他們裡頭一個，他們還得指望你保駕呢！」

佟國維吃了一驚，許久沒說話。隆科多隨便一句話，對他來說便如醍醐灌頂。三爺八爺與自己雖說沒有與大阿哥那麼近，卻也親密，爲什麼就只想自己難處其間，就想不到別人更有求於自己？眞是當局者迷！想著，他臉上露出欣慰的笑容，剛要說話，門上司閽的家丁進來報說：「大學士王掞求見中堂爺！」

「這樣，你先回去。」佟國維笑著起身，說道：「我老了，指望著你們後輩的事多著呢！好自爲之——請王大人進來！」說罷便迎出滴水檐下。降科多忙辭出來，站在玉蘭樹下等王掞進了書房，才匆匆離去。

「皓翁！」佟國維請王掞坐了，從家人手接過茶親手敬上，滿臉堆起笑來，「早就說到府上拜望你的，就是事多纏身，只好打發人勤問候著點。聖上幾次朱批都問著你，我都轉過去了，可曾見著了？照應不到處，皓翁多體諒著點，就算體恤我了。」王掞一臉倦容，乾咳一聲道：「我老天拔地，死都死得著的人了，聖恩如此高厚，越發愧地無門。如今謠言愈來愈多，又沒有明發旨意，我原來只當是過耳秋風，如今也坐不住了。你不要和我打官腔，告訴我，皇上廢太子，到底是眞是假？」佟國維親切地向前移了一下座位，說道：「停用太子璽的詔書皓翁必定看過了？」

王掞搖頭道：「那個作不得準。萬歲早就說過，給下頭行文，用『毓慶宮主』字樣不妥。」老先生如此迂腐，佟國維只好微微一笑，又道：「皓翁，你不叫我說官話，這是信得過我。我敬重你的道德文章，實言相告，如今太子、大阿哥，還有十三阿哥，不知犯了什麼事，都已軟禁了！」王掞點點頭，目光霍然一跳，說道：「我已有了預備。

這種事，當臣子的有死而已。」說著，抖抖索索從懷中取出一疊雪濤紙，遞給佟國維，「請中堂大人過目。」

「這是什麼？」佟國維接過看時，無題頭，無落款，幾張紙密密麻麻寫的都是人名字，但他立即就明白了，是這個糟老頭子聯絡了自己一干門生故吏，合本奏章要保胤礽，心裡冷笑，口中卻道：「我明白了，皓翁要保太子。這是我輩臣子見骨氣見風節的時候。我佟國維豈肯後人？」他說著，毫不躊躇地提筆走向案角，在王掞名字之下恭楷塡上自己的名字，「我也算一個——不但我，連張衡臣，馬秀水他們也不至於袖手旁觀的！」

王掞到這裡來，原本不指望佟國維聯名具保，只爭取他袖手旁觀不要壓制就算滿意，見他如此慷慨，親自簽名，意思還要勸張廷玉馬齊也來保太子，不禁大起知己之感，接過紙來，已是老淚縱橫，說道：「佟相，想不到你……忠義如此！我原想佟氏一門與索額圖有隙，雖不致幸災樂禍，斷然不會援手的……太子是國本，國本一動人心難以收拾……你這樣肝膽相照，倒叫老夫愧怍，這人，是從哪裡說起喲……太子，太子……你到底出了什麼事？我眞恨我自己，爲什麼當時不抗旨，一同去承德……你這不中用的王掞……」他語無倫次地說著，已是淚濕袍襟。佟國維見他如此傷感，突然升起一種自愧的內疚，心裡一酸，也墜下淚來，撫慰王掞道：「老先生不要過於悲慟。保太子固國本，是臣子分內的事，我雖不敏，也不至於糊塗到大體也不識。你且安心，太子的事還沒有最後定下來。就我知道的情形，萬歲爺六天六夜都沒合眼，又知道了大阿哥魘昧的事，聖心尚在猶豫。太子縱有過錯，也是教人害的，這就有保奏餘地……」

「唉……」王掞淒然長嘆一聲，什麼也說不出來。他是正統道學，壓根不相信什麼妖法能害人，太子柔弱無能，在他看來是可醫之病，但風言風語聽到他那些宮闈曖昧，要是眞的，可就枉操了一世的心了……。想到此，更覺刀子剜心般難過，竟自放聲大哭起來。佟國維又好一陣才勸住，親自送他出府不提。

☆

朝局在急劇地變化。康熙馬不停蹄回到北京，第二天便命張廷玉賚詔，會集百官到天壇，告祭天地，明發了廢黜太子胤礽的文告：

總理河山臣愛新覺羅•玄燁謹告昊天上帝：臣以涼德，兆緒丕基四十七年餘矣。於國計民生，夙夜兢照，不徇偏私，不謀群小，不敢少懈，此匪特天下臣民所共知，冥冥上天，實鑑臣心！然不知臣有何辜，生子如胤礽者，居青宮之位，不思上進，狂易成疾。臣觀其舉動，不法祖德，不遵臣訓，口不道忠信之言，身不履德義之行，鳩聚黨羽，暴戾淫亂，戮辱廷臣。臣思祖宗艱難締造之宏業，豈可付諸此人？用是熏沐修敬，上奏於天，即將胤礽廢去儲君之位。設大清國祚綿長，乞請增臣壽算，臣必殫精竭慮，孜孜求治以付上蒼憫生之德；設天禍大清，則請賜臣速死，以全臣令名，免睹不忍言之慘劫……臣不勝屏營顫慄，椎心泣血謹告以聞！

張廷玉讀著，想到康熙方才口授詔書時慘痛的面容，病骨支離的身體，看了看下面黑鴉鴉的群臣，見前面一列阿哥有的低頭不語，有的摳磚縫兒，有的泰然自若，一副副毫不動心的模樣，心裡一灰，也自滴下淚來。哽咽著拜了壇，揮手命各官散去，便上轎回乾清宮繳旨。阿哥們已知皇帝欠安，便也跟著由西華門遞牌子進大內請安。

康熙戴著小毛熏貂緞台冠，貂皮黃面褂外套著醬色江綢面天馬皮袍，手裡捻著一串椰子王方佛朝珠，在乾清宮西暖閣正等著張廷玉回來。馬齊和佟國維一邊一個長跪在地，靜靜望著康熙，都沒有說話。見劉鐵成和張五哥導著張廷玉上了丹墀，德楞泰便進來稟說：「張廷玉回來了。」康熙便立起身來。

「主上，」張廷玉神色黯然，緩步走到須彌座前，雙手將祭天文告捧上，說道：「臣回來繳旨。」康熙沉甸甸向文書躬施一揖，接過來，長嘆一聲，轉交給侍立在旁的李德全，坐下問道：「下頭有什麼話沒有？」張廷玉此時沒了祭天使者身分，先請了安，便跪在佟國維下首，勉強笑道：「沒有什麼話。阿哥爺們也遞牌子進來了，在天街候旨。奴才從乾清門進來，見王掞跪在門前，哭著求見主子。主子見他們不見？」康熙怔了一會兒，說道：「阿哥們不要進來，望宮請安，打發他們回去。叫……王掞進來吧。」

張廷玉答應著出去了，偌大的殿中又恢復了寂靜，連殿外輕手輕腳走路的太監的動靜都聽得見。馬齊和佟國維的心裡都有些焦灼不安。按理說，廢一太子就該立一太子，原以爲告天文書中必定要涉及這事，但卻一個字也沒提，皇帝到底打的什麼主意？正低頭悶思，康熙輕咳一聲問道：「佟國維，你在想什麼？」

「奴才……」佟國維猝不及防，慌亂了一陣，靈機一動，說道：「奴才在想太子的事。」這話圓滑得四邊不落地，既可說是想胤礽的事，也可說是想選新太子，馬齊聽了不禁暗笑，康熙卻道：「這是當今第一要務，當然應該想一想。胤礽被廢，一半是被人魘鎭，已不堪爲人主儲君，一半是他自己，不讀書，不修德。他本是個伶俐人，聰明才學比別的阿哥不在下，要是像三阿哥那樣肯讀書，八阿哥那樣又讀書又肯修德，怎麼會著了小人的道兒？」

兩個人把康熙這話每一個字都掰開、揉碎了，仔細咀嚼著。看來康熙是屬意於這兩個阿哥了，但再細比較，似乎八阿哥更佔先枝！正想著，康熙又道：「但老三老八，朕也有不取他們處。三阿哥摘章引句，八阿哥寬柔無度，兩個人都沒有老四那點剛骨，看來天生人降於世間，總難集全德於一身啊……」正說著，張廷玉帶著王掞進來，剛向康熙行了禮，王掞已匍匐在地，痛哭失聲道：「萬歲！究竟太子身犯何罪，無端地就廢了？……」

「無端？」康熙待他克制著住了聲，冷冷問道，「他犯的罪由都寫在詔書裡，告天文書裡，你沒聽見？」王掞連連頓首，說道：「臣見了也聽了，捕風捉影言之無物——他爲三十五年太子，就憑幾句空話就廢了？這何足以取信於天下？」康熙盯視著激動得渾身顫抖的王掞，一時沒有說話，良久才道：「王掞，你一定要知道，朕抽空兒獨自和你講。撇開他暴戾淫亂這一條，你平心想想：他主持政務，出了多少弊政？科場舞弊，他治不了，官員結黨營私，他治不了，捐賦不公，獄訟不平，地土兼併，他都一籌莫展——朕要的是能治國平天下的人，他夠得上這一條？」

王掞叩頭有聲，朗聲答道：「這些帳難道都算到太子一人頭上？」康熙哼了一聲，說道：「當然不是，所以朕沒有治他的死罪！你是他的師傅，太子失德，你有重責在身，朕自然要一一清理。」王掞聽著康熙的話，一挺身跪直了，說道：「臣有罪，萬歲就是不說，臣自己也知道，爭明了道理，朝廷不處分，臣也羞在人間。但上書房諸大臣平素明哲保身，於太子毫無贊善之言，諸王諸阿哥各自爲政，萬歲也未加抑制，萬歲難道無責任？諸臣工難道無責任？如今太子被廢，人言洶洶皆曰可殺，請萬歲默察，小人輩諛奉於前，設陷於中，下石於後，該殺不該殺？而今獨自說太子失德，難道不失公允？……」

「扠出去！」康熙不等聽完，已是赫然震怒，大喝一聲，「他要做比干，朕成全他！」

張廷玉馬齊佟國維早已聽得渾身冷汗，自他們入上書房，從來還沒有見過哪個臣子敢這樣和康熙說話，以康熙德威勢炎，稍稍變臉，沒有一個不嚇得魂不附體的，王掞居然一攬子罵盡文武百官，連康熙的「責任」也掃了進去！滿殿侍立的太監也人人臉色慘白，腿肚子直轉筋，半點不敢怠慢，早過來三四個，架起王掞便向外走。王掞索性放聲大哭：「老佛爺，先帝爺呀……你們睜開眼看看……他們要把少主子往死裡治啊……」

「回來！」

康熙突然擺擺手，命人架回了王掞，他的臉色變得異常平靜，盯著王掞半晌方道：「你罵得好！這是朕一生中第二回聽人罵，頭一回是郭琇，罵朕是桀紂之主，看來你給朕還是留了情面。一個朝廷裡也得有兩個這樣的，所以，朕不罪你！」

「我不要皇上恕我！」王掞瞠目說道，「我請皇上恕了太子以安天下！」

康熙搖了搖頭，說道：「那是另一回事。朕並沒有怎樣胤礽，他如今已經去了刑，倒是大阿哥，朕已嚴令圈禁！王掞你是書香人家出身，什麼書沒讀過？天下重器，非君子不可託，這道理不懂麼？自朕本心而論，也為胤礽好。丹朱不肖，堯也廢了他的太子，太甲荒淫，湯帝放他去桐，吃點苦頭，他或許變成個好人！」張廷玉不禁倒吸了一口涼氣：怎麼比出太甲放逐的掌故來了？太甲放桐，三年改過，又復了太子位，這個學貫古今的皇帝，到底是什麼心思？正胡思亂想，康熙又道：「朕意已決，今日就發明詔，由百官從阿哥中舉荐，推舉誰為太子，朕一惟公意是從！」

「萬歲，」佟國維還在想著康熙前頭的話，「群臣公舉，前無古例，恐怕又生事端。萬歲屬意於誰，定下來就是，何必再徵詢下頭？」康熙冷笑道：「你和馬齊一個滿人，一個漢軍旗人，學學張廷玉，好生讀點書！前明昏君立儲，還要徵詢臣下意見呢！」

王掞早已停了哭，只臉上還掛著淚痕，盯著問道：「萬歲，要是臣下仍舊保舉太子爺呢？」

「豈有此理！朕已經說過，一惟公意是從！」康熙臉上毫無表情，半晌方轉臉道：「只是要秉公，朕不許有拉幫結派的事。聽說你王掞弄了個聯名奏折保胤礽？你那個不算！」

衆人都辭了出去，康熙看去顯得很疲倦，便叫了張五哥進來，由何柱兒捶揑著，和張五哥有一搭沒一搭地說話。

「張五哥，」康熙半閉著眼問道：「你是下頭百姓裡來的，據你看，哪個阿哥最好？」

「十三爺……」

康熙似乎很意外，瞿然開目問道：「何以見得？」張五哥低垂了頭，說道：「奴才窮家子出身，販過私鹽，被官府拿住。十三爺巡視時放了奴才，訓斥官家說：『眞販私鹽的是鹽道鹽梟，運升斗鹽靠氣力養家餬口的，你們往後不許拿！』十三爺知道下情。爲人仗義，是好樣的……」康熙聽著，已閉上了眼，十三阿哥再好，也不能當太子啊！張五哥見康熙只是睡不沉，輕聲道：「主子，我就守在這，憑誰不叫驚動您，您實在該睡個好覺了……」

「朕睡不著……」康熙懶洋洋說道，「一閉眼，就夢見祖母、母親、皇后……一閉眼就是她們，她們都不歡喜……你既說十三爺好，叫人傳旨……放他出去吧……」

雍正皇帝〈九王奪嫡〉上册結束

【帝王系列⑪】
雍正皇帝——九王奪嫡〈上〉
作　　者　二月河
出 版 者　巴比倫出版社
發 行 人　花逸文
地　　址　台北市八德路四段六二六號四樓之一
電　　話　(02) 2762-2890
傳　　眞　(02) 2749-3312
郵政劃撥　14925535／巴比倫出版社
法律顧問　王秋霜律師
電　　話　(04) 2204818
美術設計　劉開工作室
印　　刷　晨捷印製股份有限公司
登 記 證　局版臺業字第四七五一號
定　　價　新台幣一九〇元
《雍正皇帝》由二月河授權本社出版

ISBN 957-9238-26-X
本版・一九九九年六月
二刷・二〇〇〇年十一月